조력 전문가를 위한
공감적 경청

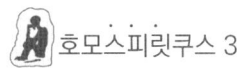 호모스피릿쿠스 3

조력 전문가를 위한
공감적 경청

고미야 노보루 지음

이주윤 옮김

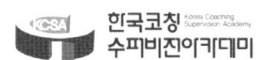

KYOKANTEKI KEICHOJUTSU: SEISHINBUNSEKITEKI NI "KIKU" CHIKARA WO
TAKAMERU by Noboru Komiya
Copyright © Noboru Komiya 2014
All rights reserved.
Original Japanese edition published by Seishin Shobo, Ltd., Tokyo.

This Korean edition is published by arrangement with Seishin Shobo, Ltd., Tokyo in care
of Tuttle-Mori Agency, Inc., Tokyo through Imprima Korea Agency, Seoul.

Korean translation Copyright © 2021 by Korea Coaching Supervision Academy
이 책의 한국어판 저작권은 Imprima Korea Agency를 통해
Seishin Shobo, Ltd., Tokyo in care of Tuttle-Mori Agency, Inc., Tokyo와 독점계약으로
한국코칭수퍼비전아카데미에 있습니다.
저작권법에 의해 한국 내에서 보호를 받는 저작물이므로 무단전제와 무단복제를 금합니다.

목 차

역자 서문 8
프롤로그 11
제1부. 정신분석적 심리치료에서의 공감
    제1장. 공감은 인간 중심 상담이고, 정신분석은 냉정한 거울 17
            같은 태도인가?
    제2장. 공감에 관한 뇌과학의 견해 43
제2부. 정신분석 개념 정리
    제3장. 프로이트의 성 심리 발달 단계 59
    제4장. 오이디푸스 콤플렉스 71
    제5장. 저항 83
    제6장. 전이에 대하여 91
    제7장. 전이 반응의 다섯 가지 특징 103
    제8장. 전이 저항 119
    제9장. 전이 치유 125
    제10장. 전이에서 치유와 변형으로 133
    제11장. 전이의 이해를 통한 내담자 고통에 공감하기 145
    제12장. 상담사는 무엇을 하는가? 155

제3부. 정신분석적 경청 상담의 실제
　사례 1. 상담사에게 불신감을 품은 남성 대학생 ⋯⋯ 165
　사례 2. 오이디푸스 갈등으로 고뇌하는 남성 고등학생 ⋯⋯ 211
　사례 3. 부모와의 동일시로 괴로워하는 고등학교 남성 교사 ⋯⋯ 235
　사례 4. 상담사에게 전이 반응을 일으키는 여성 대학생 ⋯⋯ 261
　사례 5. 아이에 대한 억압된 분노로 고민하는 남자 초등학생 ⋯⋯ 275
　　　　의 어머니
　사례 6. 아들을 성적으로 원하는 생각에 시달리는 남자 초등 ⋯⋯ 287
　　　　학생의 어머니
　사례 7. 연애를 계속하지 않으면 괴로운 여성 회사원 ⋯⋯ 301
　사례 8. '좋은 내담자'를 연기하려는 여성 회사원 ⋯⋯ 315
　사례 9. 이전 상담사와의 전이 반응을 현 상담사에게 나타내 ⋯⋯ 333
　　　　는 여성 공무원
에필로그: 상담은 행복이 아닌 성장을 위한 것 ⋯⋯ 345
색인 ⋯⋯ 348
참고문헌 ⋯⋯ 350
발간사 ⋯⋯ 356
저자 및 역자 소개 ⋯⋯ 359

역자 서문

　직장 생활을 한 지 10년도 더 넘었을 때의 일이다. 누구보다도 열심히 살았다고 자부했는데 문득 돌이켜보니 '내가 걸어온 길이 맞는 길인가?' 하는 질문이 머릿속을 떠나지 않았다. 그때의 당혹감을 어떻게 설명해야 할까? 깊은 늪에 두 발이 빠진 채로 꼼짝도 못 하는 느낌이었다. 나 스스로 이해할 만한 근거를 찾아야 했다. 그렇게 어둠 속에서 헤매고 있을 때 나를 빛 가운데로 건져준 것이 바로 코칭이다.

　내가 만난 코칭은 사람을 살리는 대화였다. 어떤 이야기를 해도 평가나 비난받지 않고 완벽하게 받아들여지는 경험은 어디서도 해보지 못한 것이었다. 코칭은 나라는 존재에 깊이 공감하며 함께 호흡해주었다. 있는 그대로의 나를 인정하고 나니 내가 누구인지, 어디로 가야 하는지 조금씩 보이기 시작했다.

　사람을 온전하고 창의적이며 이미 해답을 가진 존재로 바라보는 코칭 철학은 내 정체성과 의식을 180도 바꾸어 놓았다. 코칭 철학과 신념을 실제

삶으로 살아내고 싶다는 마음으로 2018년부터 지금까지 국제코치훈련원에서 배움을 이어오고 있다. 앎과 삶은 별개의 문제라 온전한 통합에 이르는 길이 쉽지는 않지만, 이제 방향을 잃을 염려는 없으니 그것만으로도 이미 크나큰 발전이다.

코칭을 배우는 과정에서 이 책을 번역할 기회도 얻었다. 코칭에서 가장 중요하다 해도 과언이 아닌 경청에 관한 책이다. 이 책은 정신분석 이론을 근간으로 삼고 있다. 그렇지만 상담사나 정신분석 전문가에게만 국한된 내용은 아니다. 저자의 풍부한 정신분석 경력에서 우러나오는 다양한 사례 연구들은 공감적 경청이 필요한 대화 전문가라면 누구에게나 도움이 될 것이다. 또 추상적인 정신분석 개념이 실제 대화에서 어떻게 작용하는지 자세히 살펴봄으로써 코칭 세션 안에서 코치와 고객 사이의 역동이 어떻게 이루어지는지 알 수 있다.

전문서적 한 권을 오롯이 번역해낸다는 것은 상상 이상으로 부담되고 힘든 작업이었다. 책을 끌어안고 지새운 밤들과 들이킨 커피잔을 셀 수 없다. 그런데도 부족한 면은 보듬어주시고 잘하는 것에는 칭찬을 아끼지 않으며 번역자로서 첫걸음을 내디딜 수 있게 해주신 모든 분께 진심으로 감사드린다.

처음 번역 출판의 길을 제안하고 격려해주신 황현호 코치님과 이희영 코치님, 정신분석 개념에 대해 조언을 아끼지 않고 완성도 있는 번역서의 출간을 위해 지속해서 안내해주신 김상복 코치님, 후반부 교정 교열과 편집을 맡아주신 정익구 코치님이 안 계셨다면 지금 이 글을 쓰고 있지 못할 것이다. 또 어려운 순간에 함께 고민해준 윤신애 님과 가마모토 레이나 님의 도움으로 문장과 표현이 더욱 풍성해졌다.

한결같은 지지로 자신감을 불어 넣어주신 나효진 코치님과 국제코치훈련원에서 인연을 맺은 모든 코치님께도 감사를 전한다. 그리고 기도로 동역

해준 오륜교회 지체 여러분의 중보로 끝까지 힘을 잃지 않을 수 있었다. 좋은 환경에서 번역할 수 있게 배려하고 헌신해주신 부모님께는 늘 죄송할 따름이다. 부모님과 오빠 부부의 전폭적인 신뢰와 응원에 감사와 사랑을 보낸다. 길고 어려운 과정을 함께 지켜봐 주신 많은 분께 감사드린다.

마지막으로 '내게 능력 주시는 자 안에서 내가 모든 것을 할 수 있느니라'(빌립보서 4장 13절)라는 말씀대로 내 삶에서 일하고 계신 하나님께 모든 영광과 찬양을 올려드린다.

앞으로도 코치로서의 전문성을 높이기 위한 공부와 함께 삶을 통해 온전한 통합에 이르기 위한 몸부림은 계속될 것이다. 그 길 위에 새롭게 펼쳐질 과제들을 기쁘게 맞이하며 한 걸음씩 나아가겠다.

2021년 3월
역자 이주윤

프롤로그

공감만으로는 고객이 좋아지지 않는다?!
심리치료사나 전문코치 등 마음 돌봄 전문가들 사이에서 '공감만으로는 부족하다'라는 말을 많이 듣는다. 그렇게 주장하는 전문가들은 대부분 라포 형성을 위해서는 공감이 중요하지만 라포가 형성된 뒤에는 '조언이나 교육도 필요하다'거나 '행동을 끌어내지 않으면 변화가 늦다', 또는 '인지認知를 수정해야 한다'라고 주장한다. 이들 가운데는 공감 자체가 필요 없다는 사람도 있다.

공감을 잘하기 위해 노력해본 경험이 있는 전문가라면 '공감을 하는데도 대화가 진전되지 않는다'라는 고민을 한 적이 있을 것이다. 솔직히 말해서 나도 그 가운데 한 명이다. 얼마나 고민했는지 모른다.

내 이력
나는 미국에서 전문가의 지도로 인지행동 치료, 행동 치료, 가족 치료, 해결 중심 단기 치료, 게슈탈트 요법, 정신역동 이론, 인간 중심 상담을 훈련받았다. 그 귀중한 경험을 거쳐 정신분석(정신분석적 심리치료), 인간 중심 상담으로 개업한 지 15년이 지났다. 내담자를 소개해 주는 사람과 억지로 인연을 이어가려고 하지 않는데도 상담 의뢰는 내가 대응할 수 있는 한계를 넘어섰다. 현재는 신규 신청자의 경우 오랫동안 대기해야 하는 상태이다.

내가 전문가들에게서 '수용과 공감만으로는 부족하다', '공감을 하는데도 상담이 진전되지 않는다'라는 관련 사례를 들을 때마다 늘 생각하는 것이 있다.

공감이 충분히 이루어지지 못해서 상담이 잘 안 되는 것이다.
'공감을 제대로 했는데도 내담자가 좋아지지 않은' 것이 아니라 '공감이 이루어지지 못해서 내담자가 좋아지지 않는' 것이다. 공감이라는 단어에는 따뜻하고 상냥하며 부드러운 어감이 있다. 그렇지만 일부 전문가가 하고 있을 공감과 내가 생각하는 공감은 질적인 면과 깊이에서 상당히 다를 것이다.

공감이란 '큰일이네요', '힘드시겠어요'와 같이 친절한 말을 건네는 것이 아니다. 고객의 말을 단순히 되풀이하는 것도 아니다. '내용 요약'이나 '감정의 반사反射' 등 대화 기술을 능숙하게 사용하는 것도 아니다. 고객의 고통을 깊이 있게 이해하지 않고 '큰일이네요', '힘드시겠어요' 등의 '공감적'인 응답을 하면 오히려 상처가 되는 때도 있다.

전문가 수준의 공감이란?
치유와 변형變形을 끌어내는 전문가 수준의 공감이란 이론의 도움을 받아 고객이 대화만으로는 표현할 수 없는 생각까지 헤아리는 것이다. 그러한 공감에 기반을 둔 경청을 하기 위해서는 고객의 이야기를 어떻게 듣고 진단하며 응답해야 할까? 이 책에서 그에 대한 배움을 얻을 수 있을 것이다.

1부는 이론편이다. 여기서는 인간 중심 상담과 정신분석 이론의 본질이 우리가 통상적으로 생각하는 만큼 다르지 않다는 것을 밝혀보려고 한다. 그리고 그 이론들을 토대로 전문가의 조력 자세가 어떠해야 하는지 살펴보겠다. 또 공감에 관한 최신 뇌과학의 견해도 다루려고 한다.

2부에서는 정신분석 이론에서 공감을 어떻게 이해하는지 알아볼 것이다. 여기서는 일부 강좌나 책에서나 나올 법한 '인간' 부재의 이론이 아닌, 살아 있는 '인간'의 마음에 관해 살펴볼 것이다. 최대한 그 사람의 입장이 되어 공감하기 위한, 실천에 도움이 되는 지식을 전달해보도록 하겠다. 이는 정신분석 이론의 관점에서 깊이 공감하기 위함이다.

3부는 사례편이다. 지금까지의 책에서는 이론이 추상적인 수준에 머물러 있어서 어떻게 진단하고 활용하면 좋을지 알기 어려웠다. 이 책에서는 상담 대화[1]를 자세히 검토함으로써 이론을 어떻게 공감적 진단과 응답에 활용할지 구체적으로 알아본다.

조력 활동 능력을 더욱 높이기 위하여

이 책을 통해 당신은 전문가의 공감에 관해 더 깊고 구체적으로 배우게 될 것이다. 그것을 통해 고객을 공감적, 수용적으로 이해하는 힘을 키울 수 있을 것이다. 이것은 조력 활동 능력 향상과 연결된다.

이제 깊고 세밀한 공감의 문을 열고 함께 들어가 보자.

2014년 5월

고미야 노보루 古宮 昇

---

[1] 이 책의 상담 대화는 모두 상담사 및 지도자로서 저자의 개인적 경험을 바탕으로 한 픽션이다.

Psych &
Empa Listening

제1부

정신분석적 심리치료에서의 공감

제1장. 공감은 인간 중심 상담이고, 정신분석은 냉정한 거울 같은 태도인가?

이 책에서 내가 전하고자 하는 것은 정신분석적 심리치료에서 공감의 중요성과 전문가 수준의 깊고 정확하게 공감하는 방법에 관한 것이다.

지금까지 '공감은 인간 중심 상담'이고 '정신분석은 거울과 같은 태도와 해석'이라고 구분됐으며, 정신분석과 정신분석적 심리치료에서는 공감을 중시하지 않는 경우가 많았다. 그러나 나는 '정신분석과 인간 중심 상담 이론이 전혀 다르다'라고 하는 견해는 옳지 않다고 생각한다. 이것에 관해 좀 더 살펴보기로 하자.

1. 인간 중심 상담과 정신분석

임상심리학 교과서에는, 대체로 다음과 같이 쓰여 있다.

정신분석은 19세기 오스트리아의 정신과 의사인 지그문트 프로이트 Sigmund Freud가 창시하였다. 프로이트는 '인간은 본래 파괴적이고 자신의 충동을 즉시 만족시키려는 자기 중심적 존재이다. 근본적으로 악한 부분이 이성과 도덕에 의해 통제되고 있다'라며 성악설의 입장을 보였다. 또 그는 과거와 무의식의 영향을 중시하였다. 치료에서 정신분석가의 역할은 중립적인 거울과 같은 태도로 환자의 과거와 무의식을 발굴하여 지적인 이해를 촉진하기 위한 해석을 제시하는 것이라고 말했다.

한편, 인간 중심 상담은 20세기 미국의 심리학자 칼 로저스Carl Rogers가 창시한 것이다. 그의 이론은 심리학 '제3의 물결'이라 불리는 인본주의 심리학에서 중추적 위치를 차지한다.[2] 로저스는 프로이트와 달리 인간의 본성은 성장과 조화를 추구하며 건설적이라는 성선설을 믿었다. 그는 과거보다 '지금-여기'를 중시했으며 심리치료사의 역할은 내담자를 수용하고 공감하며 경청하는 것이라고 말했다. 또 지식적으로 이해하는 것은 내담자의 변화에 도움이 되지 않는다고 생각했다. 그는 내담자가 세션 안에서 경험하는 정서적 체험에 가치를 두었다.

위와 같이 정신분석과 인간 중심 상담이 완전히 다르다는 시각은 너무 피상적이며 지나치게 단순화한 것이다. 물론 프로이트와 로저스의 이론은 같지 않다. 로저스는 정신분석에 대해 비판적 견해를 가지고 있었다. 예를 들어, 그는 '프로이트 학파는 인간의 본질이 파괴적이라고 믿으며, 인간 중심 상담에서 심리적으로 건강하다고 보는 인간상을 이성의 통제력을 잃은 정신 이상자라고 생각한다'[1]라고 서술하고 있다.

정신분석가들 가운데에는 로저스가 중시한 공감에 부정적인 견해를 가진 사람들이 있었던 것도 사실이다. 그러나 역사적으로 보아 모든 정신분석가가 공감에 대해 부정적이었던 것은 아니다. 특히 최근의 정신분석가들 사이에서는 공감과 조건 없는 수용을 중시하는 관점이 주류를 이룬다. 또 인간

---

2) '제1의 물결'은 정신분석 이론, '제2의 물결'은 그것과 정면으로 대립한 행동 심리치료를 가리킨다. 또한 '제3의 물결'의 대표적인 심리학자로는 욕구 단계 이론으로 유명한 에이브러햄 매슬로Abraham Harold Maslow, 실존주의 심리학의 롤로 메이Rollo May 등이 있다.

중심 상담 이론은 정신분석 이론과 중요한 부분에서 공통점이 있다. 그것에 관한 내용을 함께 살펴보기로 하겠다.

● 인간 중심 상담 이론의 기본 – 로저스의 발달론

로저스는 '당신의 저서와 논문에서 가장 중요한 것은 무엇인가?'라는 질문에 '인간 중심 상담에서 발전한 치료와 인격 및 대인관계에 관한 이론'[2]이라는 장과 '진정한 사람 되기'[3]라는 책이라고 대답했다.[4] 여기서는 이 두 가지를 바탕으로 로저스 이론의 기본적인 인간관을 개관槪觀해보기로 한다. 먼저 '인간 중심 상담에서 발전한 치료와 인격 및 대인관계에 관한 이론'의 내용을 참고하여 그의 이론을 정리해보자.

아기는 생존과 성장에 도움이 되는 경험을 쾌快, 반대로 성장에 마이너스가 되거나 자신에게 상처 주는 경험을 불쾌不快라고 느낀다. 이것은 동물의 자연스러운 정서이다.

아기의 세계에 어머니라는 존재가 나타난다. 어머니는 특정한 가치관을 지니고 있으며, 아기가 자신의 가치관에 맞게 행동할 때에는 허용하고 그에 반하는 행동은 허용하지 않는다. 예를 들어, 아기가 자신이 만든 음식을 맛있게 먹으면 기뻐하지만 반대로 뱉어내면 당황하고 꾸짖는다. 또 처음으로 불을 본 아기가 호기심에 손을 가까이 대면 손을 탁 치거나 엄하게 혼내는 것 등이다.

아기는 어머니의 애정을 강하게 원하기 때문에 그런 경험을 하면서 행동을 선택할 때는 자신이 쾌감을 느끼느냐 불쾌함을 느끼느냐보다 어머니의 사랑을 받을 수 있을지의 여부를 기준으로 삼는다. 자기가 원래 가진 가치관보다 어머니의 가치관을 받아들여 그것에 따라 살게 된다. 로저스는 어머니에게 사랑받을지의 기준을 '가치의 조건conditions of worth'이라고 불렀다.

그리고 어머니에게서 받아들인 가치관과 맞지 않는 감정, 생각, 행동이 '의식하에서 인식되subceived'(5)면, 그것은 **나쁜 것**으로 인식되어 억누른다. 자신도 알아차리지 못하도록 부정하는 것이다. 예를 들어, 아기가 어머니에게 화를 냈다고 하자. 어머니가 그것을 받아주지 않고 혼내거나 매몰차게 무시하면 아기는 '화'라는 감정을 '나쁜 것'으로 느낀다. 그리고 '어머니에게 화내는 나는 나쁜 아이'라고 생각한다. 그러면 화가 나는데도 분노를 느끼지 못한다. 나아가 분노가 일그러져 죄책감이 되기도 한다. 예를 들어, 한 아이가 동생을 때려서 어머니에게 야단맞을 때 '동생을 때리지 않았다'라고 주장하는 경우이다. 이때 아이는 '사실은 동생을 때렸지만 거짓말을 하고 있다'라는 인식 없이 진심으로 '나는 때리지 않았다'라고 왜곡해서 믿는다.

이같이 자기도 모르는 사이에 허용되지 않은 감정, 생각, 행동이 의식 위로 올라오지 않도록 무의식적으로 억누르는 것을 로저스는 '방어defence(6)'라고 불렀다. 방어 때문에 '자신이 진짜로 느끼고 있는 것이나 실제로 한 행동'과 '자신이 느끼고 있다고 생각하는 것이나 했다고 생각하는 것' 사이에 불일치가 생긴다. 즉 분노를 느끼는데도 자신은 아무것도 느껴지지 않는다고 생각하거나 죄책감을 느끼는 것이다. 또는 실제로는 동생을 때렸는데도 때리지 않았다고 믿기도 한다.

내 경험에 따르면 타인에게 자주 화내거나 남을 미워하고 욕하는 사람일수록 자기 자신에 대한 조건 없는 사랑이 부족하다. 자기 자신이 싫은 것이다. 있는 그대로의 자기를 받아들일 수 없어서 자신에 대해 '이래야만 한다', '저렇지 않으면 안 된다'라고 여러 가지를 제한한다. 그리고 그 좁고 굳은 '기준'에 맞지 않는 타인에 대해 비판적이고 공격적인 생각이 쉽게 올라온다.

그렇지만 사실은 타인에게 화가 나고 싫어하는 그 특성을 자신도 동일한 수준으로 가지고 있다. 그런 사람일수록 스스로 옭아매고 제한하므로 인생의 풍요로움이 줄고 짐은 늘어난다. 또 사람에 대한 불신이 강해서 인간관계가 빈곤해지고 대인관계에서 문제가 생기기 쉽다. 그가 타인에게 자주 느끼는 분노나 공격성은 근본적으로 부모를 향한 것이다. 부모가 그를 무조건 수용하고 사랑해주지 않은 것에 대한 분노이다. 그 화는 마음속에 억압되어 쌓여 있어서 어떠한 계기가 있을 때 쉽게 분출된다.

반대로 '나는 싫어하는 사람이 없다'거나 '사람들에게 거의 화를 내지 않는다'라고 생각하는 사람은 분노나 공격성에 대한 죄책감이 뿌리 깊어서 그것이 마음속에 있는데도 부인한다. 그런 사람은 분노나 공격성을 비뚤어진 형태로 방출하면서 자신이 타인에게 화내며 공격한다는 사실을 인정하지 않는다. 때로 그 분노와 공격성이 자기에게로 향해 자기 자신이 싫어지고 죄책감에 시달리기도 한다.

이렇게 자신의 경험에 대해 무의식중에 거짓말하고 마음 안에서 불일치 상태를 만드는 '**비극적**tragic(7)'인 발달 과정이 일어나는 것은 아기일 때 자신의 자연스러운 감정과 생각을 희생하여 타인의 기대에 부응하려 했기 때문이다. 그런 불일치가 심리적으로 건강하지 않은 부적응 상태를 만들어낸다.(8) 또 강박, 공포증 등의 신경증적인 증상 및 피해망상, 긴장성 혼미catatonic stupor 등 정신병 증상의 원인이 된다.(9)

이때 또 하나 중대한 일이 일어난다. 아기는 원래 자기 자신을 매우 좋아한다. 그런데 점점 어머니를 비롯한 다른 사람이 자기를 좋아하는지에 따라 자신을 좋아하거나 싫어하게 된다.(10)

여기까지 마음 발달에 관한 로저스의 이론을 살펴보았다. 이것은 마치 정신분석 이론을 읽는 것과 같다.

● 정신분석의 발달론

정신분석 이론에서는 마음의 발달에 대해 인간 중심 상담과 동일한 개념을 다른 용어로 설명한다. 프로이트의 성性 발달 이론에 대해서는 2장에서 자세히 살펴보겠지만 여기서도 그 일부를 다루어본다.

아이는 '옳고 그름'을 판단하는 부모의 가치관을 받아들여 '초자아'라는 영역을 만든다. 아이 마음속에 있는 초자아는 '옳은 것'을 느끼고 생각하고 행동하도록 자신에게 명령한다. 그런데 아이는 그 명령에 반하는 감정과 생각을 품거나 행동하기도 한다. 그럴 때 아이는 초자아에게 벌 받지 않기 위해 자기도 모르는 사이에 감정, 생각, 행동을 부정하고 ('화내지 않았다'), 왜곡해서 인식한다('동생을 때린 게 아니라 살짝 밀었을 뿐이다'). 그렇게 하지 못한 경우에 초자아는 죄책감 때문에 자기 자신을 벌한다.

이처럼 초자아가 인정하지 않는 감정과 생각은 무의식 영역에서 억압된다. 그 억압이 강한 상태가 신경증적 심리 상태이다.

● 인간 중심 상담과 정신분석의 공통점 – 과거와 현재

인간 중심 상담에서는 과거의 체험이 사람의 존재 방식에 큰 영향을 준다고 생각한다. 그래서 그것에 의해 형성된 내담자의 독자적인 시각과 느낌(내적 준거틀internal frame of reference)을 이해하는 것이 필수라고 말한다.[11] 한편 정신분석에서는 과거 체험으로 만들어진 관점과 정서가 내담자의 대인관계나 치료 전문가와의 관계에 현재 어떤 영향을 미치는지에 주목한다. 정신분석은 전이 현상을 중요시하는데 그것은 내담자의 과거 경험이 '지금-여기'에서의 치료 전문가와의 관계에 미치는 영향을 중시하는 것이다. 일본의 대표

적인 정신분석 전문의 도이 다케오土居健郞는 정신분석에 대해 '과거에 경험한 갈등을 다시 한번, 현재의 일로 경험하는 것이 필요하다(12)'라고 말했다. 이것은 '지금-여기'에서 분석가에 대해 일어나는 피분석자의 마음 움직임이 중요하다는 것을 가리킨다.

정신분석 이론은 과거를, 인간 중심 상담은 '지금-여기'를 중시한다고 여겨지는 경우가 자주 있다. 그러나 지금까지 살펴본 것처럼 그런 표현은 지나치게 피상적이고 단순화한 것이다.

다음으로 인간 중심 상담과 정신분석의 새로운 공통점을 살펴보기로 하겠다.

● 인간 중심 상담과 정신분석의 공통점 – 성장의 힘과 리비도

생명이 있는 존재는 자신의 가능성을 꽃 피우려는 근원적 성질을 가지고 있다. 로저스는 인간의 본질에 대해 '긍정적, 건설적이며 자기실현을 향해 성숙한 방향으로 성장하는 협조적인 존재(13)'라는 특성이 있다고 믿었다. 그 성질은 자신이 진짜로 생각하고 느끼는 것과 자기 개념(자신이 생각하고 느낀다고 생각하는 것)을 일치시켜 그것에 의해 비적응 상태에서 적응 상태로 변화하려는 성질이기도 하다.(14)

프로이트는 이것을 '리비도libido'라는 단어로 표현한다. 그 무렵 오스트리아에서 리비도는 성性 에너지를 가리키는 단어였다. 프로이트는 처음에 성충동을 만족시키지 못하는 것이 신경증의 원인이라고 생각하여 성 에너지의 중요성을 인식하였고 그것을 가리켜 리비도라고 했다. 그러나 그의 리비도 개념은 시간이 지나면서 좀 더 넓은 의미로, 살려고 하는 충동 전반을 가리키는 것으로 변해갔다.(15)

2. 자유연상

로저스는 '내담자야말로 마음의 어떤 부분이 아프고 어느 방향으로 가야 좋을지, 어떤 문제가 중요한지, 어떤 경험이 마음속 깊은 곳에 묻혀 있는지 알고 있다. (상담 과정의) 방향은 내담자에게 맡기는 것이 좋다[16]'라고 말했다. 로저스의 이런 생각은 프로이트의 자유연상의 기본이 되는 것이다. '내적 지각內的知覺이 닿을 수 있는 한 감정, 생각, 기억 등을 모두 떠오르는 대로 차례대로 이야기하는[17]' 것이 자유연상이며, 그것이 정신분석의 기반이다.[18]

프로이트가 자유연상을 만든 중요한 계기가 된 사건 가운데 하나로 엘리자베스 폰 R.이라는 여성 환자와의 분석이 있다. 그녀는 프로이트의 질문 등에 의해 사고의 흐름이 방해받는다고 불만을 이야기했다.[19] 프로이트는 그 일을 통해 피분석자의 연상의 흐름을 방해하지 않는 것이 중요하다고 깨달았다. 나도 심리치료에서의 경청에서 중요한 것은 내담자의 이야기를 방해하지 않는 것으로 생각한다. 상담사의 공감적 이해가 부족하거나 공감적 경청 기술이 서툴면 내담자의 이야기를 방해해버리고 내담자는 정말로 하고 싶은 이야기를 할 수 없게 된다.

내담자의 마음에 어떻게 공감할 것인가에 대해서는 2장에서 자세히 다루도록 한다.

3. 정신분석 이론에서 마음의 자기 치유력

로저스는 프로이트 이후의 정신분석가들이 '가능성을 꽃피우고 성장하고 확장시키자'라고 하며 인간의 능력에 관해 이야기하는 것을 알고 있었다.

로저스는 정신분석가 해리 스택 설리반Harry Stack Sullivan과 카렌 호나이Karen Horney의 다음 주장을 인용한다.[20]

> **설리반** '생명이 있는 존재의 기본적인 방향성은 전진이다.'[21]
> **호나이** '사람을 움직이는 궁극적인 힘은 자기 자신을 이해하려는 멈추지 않는 의지, 성장하고 싶은 소망, 그리고 성장을 방해하는 것을 결코 그대로 두고 싶지 않은 바람이다.'[22]

호나이는 같은 저서에서 인간에게 존재하는 '때로는 그것이 고난이라 할지라도 자신의 힘을 키워 주어진 가능성을 실현하여 자기 자신을 이해하는, 신뢰할 수 있는 만큼의 충분히 강한 동기 - 간단히 말하자면 성장하려는 동기[23]'를 언급한다. 또 '거짓 자기가 사라지면서 진짜 자기에게 관심이 쏠리고, 마음속 속박에서 해방되어 주어진 상황에서 인생을 충분히 사는 힘이 억눌림 없이 나타난다[24]'라고 서술하였다. 프로이트나 설리반, 호나이 등의 정신분석가들과 로저스가 언급한 인간이 가진 '마음의 모순이나 아픔을 치료하여 해결하려는' 힘은 '마음의 자기 치유력'이라고 부를 수 있다.

프로이트는 로저스와 달리 자기 치유력에 관해 조금밖에 언급하지 않는다. 그러나 그가 그 존재를 믿고 있던 것은 분명하다. 프로이트는 인간의 욕동trieb은 '언제나 매우 활발하게 살고자 하는' 욕동과, 죽음과 파괴를 추구하는 공격 욕동으로 구분했다.[25][26] 살고자 하는 욕동은 '내적 발달 경향[27]'이나 '병에서 쾌유를 가능하게 하는 치유 욕동'과 관련 있다고 설명한다. 또 '상실된 신체 기관을 새로 만들어내는 능력은 동물계에 광범위하게 퍼져 있다'라고 언급한다.[28] 이어서 프로이트는 '건강하고 싶은 환자의 욕구[29]'가 정신분석 치료를 가능하게 한다고 주장하고 있으나 그 욕구도 역시 '매우 활발하게 살고자 하는 욕동'에 의한 것으로 본다.

피분석자의 마음은 자유연상에 의해 괴로움의 핵심에 다가간다는 믿음이 있기에 자유연상이라는 기법이 성립되었다. 이것은 로저스가 상담의 방향을 내담자에게 맡기면 그가 가진 능력에 의해 문제의 핵심에 접근해 간다고 믿은 것과 같은 것이다. 만약 프로이트가 마음의 자기 치유력을 믿지 않았다면 자유연상은 성립될 수 없으며, 그가 매일 정신분석을 실시했을 리도 없다.

프로이트가 마음의 자기 치유력에 관해 그다지 언급하지 않은 가장 큰 이유는 그가 의사였다는 데 있지 않을까 생각한다. 의학은 오로지 질병이나 신체의 부진不振에 관해 연구하는 학문이기 때문이다.

또 인간에게 자기 치유력이 있는 것은 너무나도 당연하므로 그것에 관해 자세하게 설명할 것이 거의 없다.[3] 예를 들어, 수술로 절제한 피부나 점막 조직은 얼마 안 있어 자연스럽게 아문다. 그것이 자기 치유력의 효과이다. 그리고 감기에 걸려 병원에 가면 '따뜻하게 하고 휴식을 취하세요'라는 말을 듣는다. 자기 치유력을 최대한으로 살리기 위해서이다. 자기 치유력이 있으므로 수술도, '따뜻하게 하고 쉬라'는 조언도 가능한 것이다.

4. 조건 없는 수용(존중)에 대하여

로저스의 유명한 치료적 인격의 변형을 위한 조건에는 이 책의 중심 테마인 '공감'과 함께 '조건 없는 수용(존중)'이라는 개념이 있다. 그것은 내담자가 무엇을 말하고 생각하고 느끼고 행동하든 상담사는 있는 그대로의 내담자를 수용하고 존중한다는 것이다. 공감과 조건 없는 수용은 반드시 함께 존

---

3) 이 내용을 확인해주신 의료법인 데쓰쇼카이鉄蕉会 가메亀田 메디컬 센터 및 노인 개호 보건 시설 다이요우太陽 시설장이신 오쿠니 요시히로大国義弘 님께 감사드린다.

재한다. 어느 한쪽만 존재할 수는 없다. 그것에 대해 살펴보기로 하자.

상담사가 내담자의 존재 방식에 공감한다면 상담사의 마음에는 그를 바꾸려는 생각이 들지 않는다. 내담자는 흔히 남들이 보기에 이상하고 좋지 않은 생각을 하거나 행동한다. 그러나 우리가 그들의 생각과 행동을 '이상하다'거나 '좋지 않다'라고 여기는 것은 그를 그 사람의 입장이 되어 이해하지 않고 외부에서 바라보고 있기 때문이다.

내담자의 존재 방식을 정말로 공감하고 이해한다면 왜 그가 겉으로 보기에 '이상한' 생각이나 행동을 할 수밖에 없는지 알 수 있다. 그래서 그것을 바꾸려는 생각이 들지 않는다. 상담사가 내담자의 생각, 감정, 행동 등을 바꾸고 싶다는 생각이 들 때는 내담자의 존재 방식에 대한 공감적 이해가 부족하거나 틀렸을 때이다.

● 내담자를 변화시키고 싶을 때

상담사가 내담자의 행동이나 생각을 바꾸려고 조언하거나 질문할 때는 내담자에 대한 조건 없는 수용도 빠져 있다. 상담사가 조언하려는 것은 '내담자의 생각과 행동이 바람직하지 않다. 좀 더 다르게 생각하고 행동해야 된다'라고 현재 내담자의 존재 방식을 있는 그대로 받아들이고 있지 않기 때문이다. 예를 들어, 상담사가 다음과 같이 생각하는 경우이다.

> '이 사람은 자신이 싫다고 한다. 있는 그대로의 자신을 받아들일 수 있게 해야겠다.'
> '이 아이는 따돌림을 당해서 학교에 가기 싫다고 한다. 그런 이유로 학교에 가지 않겠다는 선택은 너무 단순한 생각이고, 아이에게 별 도움이 되지 않는다. 다른 선택지를 떠올리게 해줘야겠다.'
> '이 사람은 우울증이다. 어떻게 해서든지 우울을 경감시켜야 한다.'

'이 사람은 앞으로도 상담하러 올까? 중단하면 곤란한데.'
'이 사람이 나를 능력 없는 상담사라고 생각하는 것이 싫다. 신뢰를 얻어야겠다.'

내담자를 조건 없이 수용한다는 것은 내담자가 자기 자신을 좋아하든 싫어하든, 학교에 가든 말든, 우울증이든 아니든, 상담을 계속하든 중단하든, 상담사를 좋아하든 싫어하든, 그것을 그대로 받아들이고 바꾸려 하지 않으며 내담자를 있는 그대로 수용한다는 것이다. 이것에 대해서는 다음 반론이 있을 수 있다.

'내담자가 자기 자신을 좋아하고 싶어서 상담하러 왔으니 자신을 좋아할 수 있도록 돕는 것이 상담사의 책임이다.'
'효과적인 상담을 위해서는 상담사를 믿고 당분간 지속해서 왕래해야 한다. 그러므로 신뢰를 얻기 위해 노력하는 것은 당연한 일이다.'

위의 반론은 당연하다. 상담은 내담자를 돕기 위한 것이기 때문이다.

● 바꾸려고 하면 변화를 방해한다

그렇지만 경청 전문가로서 내 경험상 상담사가 내담자를 바꾸려는 의도를 갖는 것은 조력 활동에 방해가 된다. 상담사에게 그런 의도가 있으면 '나 자신을 받아들이는 것이 중요하다는 것을 알고 있고, 좋아하고 싶지만 좋아지지 않는' 고통도, '따돌림을 당한다고 해서 학교를 쉬고 싶지는 않지만 도저히 학교에 갈 수 없는' 괴로움도, '상담을 그만두고 싶고, 상담사를 신뢰할 수 없다'라는 생각도 모두 내담자의 입장이 되어 이해할 수 없게 된다.

이것에 관해 로저스는 아래와 같이 말한다.

> 우리의 임상 경험과 연구에서 다음과 같은 사실이 밝혀졌다. 그것은 상담사가 내담자를 있는 그대로 받아들이고 일체의 평가를 하지 않은 채로 내담자의 느낌과 생각, 관점의 세계에 들어갈 때 내담자는 자유로워진다는 것이다. 그리고 내담자는 자신의 인생과 경험을 새롭게 탐구해 나가고 경험 안에서 새로운 의미와 목표를 보기 시작한다. 그러나 상담사는 내담자에게 결과에 대한 자유를 100% 허용할 수 있는가? 마음에서 순수하게 내담자가 자신만의 인생을 만들어가면 좋겠다고 생각하는가? 사회 지향적인 목표든 반사회적인 것이든, 논리적인 목표든, 비논리적인 것이든, 내담자가 자유롭게 선택하게 할 생각이 있는가? 만약 상담사에게 그런 태도가 없다면 내담자에게 상담이 깊은 경험이 될지는 의심스럽다. 더욱 어려운 것은 내담자가 다음과 같이 선택하는 것을 진심으로 수용할 수 있는가이다. 성장과 성숙보다 퇴행을, 마음의 건강보다 신경증을, 도움을 받아들이는 것이 아니라 부정하는 것을, 삶보다도 죽음을 선택하는 것을 말이다. 내담자가 어떤 결과도, 어떤 방향성도 자유롭게 선택할 것을 상담사가 100% 인정할 때에만 내담자가 건설적으로 행동할 능력과 가능성을 보게 된다고 나는 생각한다. 죽음이라는 선택을 인정할 때 삶이 선택된다. 신경증의 선택을 인정할 때 건강한 정상성이 선택된다. 상담사가 인간 중심 상담의 중심 가설에 완전히 준하여 행동할수록 가설이 옳다는 더 확고한 증거를 얻을 수 있다.(30)

● 조언하면 안 되는 것일까?

지금까지 이야기한 내용은 왜곡의 소지가 많아서 좀 더 상세히 설명하겠다.

경청에 있어서 '조언을 해서는 안 된다', '답을 가르쳐서는 안 된다'라는 법칙이 있는 것처럼 교육하는 사람이 있다. '내담자 자신이 답을 발견하는 것이 상담'이기 때문이라는 것이다. [역자주: 이것은 코칭도 마찬가지다.]

그러나 나는 이런 방식을 별로 좋아하지 않는다. 본질에서 벗어났기 때문이다. '조언을 해서는 안 된다'거나 '답을 가르치면 안 된다'와 같은 법칙은

정해져 있지 않다. 그런 규칙은 상담사를 자유롭지 못하게 만든다. 만약 조언하거나 답을 가르치는 것이 내담자에게 도움이 된다면 더욱 그렇게 해야 한다.

그렇지만 나 자신이 내담자에게 조언하거나 가르친 적은 거의 없다. 솔직히 말하면, 일본에서 임상심리를 한 지 10년 이상이 되어가지만 그동안 내담자에게 조언한 것은 세 번 정도 있다. 세 번 모두 당시의 내 능력치를 벗어난 경우였고, 모든 상담이 중단되었다. 그런 실패 사례를 뺀다면 나는 내담자에게 조언한 적이 없다. 그 방법만이 절대로 옳다고 주장할 생각은 없지만 지금까지 내 경험에서는 그랬다. 그러나 그것은 조언해서는 안 된다는 규칙이 있어서가 아니다. 내담자를 공감적으로 이해하면 내 조언이나 가르침으로 문제가 해결되거나 경감되지 않는다는 것을 알게 되므로 조언하려는 생각조차 생기지 않는 것이다. 그래서 결과적으로는 조언하지 않는다.

내담자의 변형을 돕는 공감을 위한 이론과 응용에 대해서는 2장에서 더 자세히 설명하겠다.

● 정신분석가는 냉정하다?

로저스는 상담사의 수용적이고 공감적인 태도를 중요시했다. 반면 프로이트는 정신분석가의 태도를 외과 의사에 비유하며, 인간적인 동정은 옆에 두고 정서적으로 냉정한 태도로 무의식을 의식화하려는 정신분석 치료 행위에 끝까지 충실하게 임해야 한다고 말했다.(31) 그래서 인간 중심 상담사가 아주 상냥하고 따뜻한 태도로 내담자를 대하는 것에 반해 정신분석가는 냉정한 태도를 보인다고 여겨지기도 한다. 그러나 그런 획일적 구분이 반드시 옳은 것은 아니다. 인간 중심 상담뿐만 아니라 정신분석에서도 상담사의 냉정한 태도는 바람직하지 않다.

미국의 저명한 정신분석 전문의 그린슨Ralph Greenson은 그의 고전적 명저(역자주: 『The technique and practice of psychoanalysis』)에서 정서적 냉정함을 추천한 프로이트의 묘사에 대해 당시 상황을 고려하는 것이 중요하다고 독자의 주의를 환기한다. 그때의 정신분석가는 전이轉移에 대해 무지했으며 환자의 전이 욕구를 쉽게 충족시키는 경우가 많았으므로 정신분석가에게 전이를 다루는 핵심적인 방법을 강조하기 위해 극단적인 표현을 썼다는 것이다.(32)

즉 프로이트 시대에 정신분석가들은 환자의 의존 욕구나 애정 욕구를 만족시키기 위해, 또는 분석가를 향한 불만 등의 부정 감정을 방지하려고 몹시 친절한 행위를 했으리라는 것이다. 예를 들어, 조언, 칭찬, 선물, 신체 접촉 등의 행위이다.

정신분석에서도 인간 중심 상담에서도 그런 행위는 도움이 되지 않는다. 중요한 것은 내담자가 기분 좋을 만한 말을 하거나 화를 잠재우는 것이 아니라, 내담자가 표현하는 마음의 존재 방식을 제대로 공감하고 이해하는 것이다.

● 저명한 정신분석가가 가리키는 조건 없는 수용

로저스가 중시한 내담자에 대한 조건 없는 수용이란, 내담자가 어떤 생각을 하고 무엇을 하고 무엇을 느끼더라도 그의 방식을 그대로 받아들여 소중하게 느끼는 것이다. 그리고 많은 정신분석가가 내담자를 대할 때 존중하며 수용하는 태도가 중요하다고 주장하였다. 안나 프로이트Anna Freud도 그 가운데 한 사람으로 강연에서 다음과 같이 말했다.

분석가와 환자는 모두가 실재하는 인간이고 성인 대 성인으로 평등하며, 그 안에는 진정한 인간관계가 존재한다는 것을 분석가는 알아두어야 한다. 그런 측면을 소홀히 해서 환자가 공격적인 태도를 보이는 때도 있다고 생각한다. 정신분석가들은 그것을 '전이'로 간주해버리기 십상이다.[33]

그린슨은 '어느 정도의 배려compassion, 친근함friendliness, 따뜻함warmth, 환자의 인권 존중respect은 없어서는 안 된다. 분석가의 사무실은 치료실이지 실험실이 아니다. 우리는 환자에게 신뢰감을 바탕으로 하는 사랑을 느껴도 좋다.[34]'라고 말했다. 그는 또한 내담자를 조건 없이 수용하는 태도의 중요성에 대해 다음과 같이 주장했다. '환자의 모든 이야기를 순수하게 받아들이는 관용적인 태도와 환자의 말이 아무리 추하고 유치하더라도 세세한 것까지 주의 깊은 관심을 기울이는 태도, 무엇보다도 다치기 쉬운 내용조차 잔혹함이나 가짜 용감함 없이 솔직하게 관여하는 분석가의 태도가 정신분석의 분위기를 만든다.'[35]

미국의 정신분석가 아라그노Anna Aragno의 의견도 로저스의 생각과 똑 닮았다. '정신분석에서 이상적인 경청이란 분석가가 조건 없이 내담자와 함께하며 관심을 가지고 수용하고 있음을 전달하는 것이다. 내담자가 공격적이거나 증오를 보일 때조차 분석가는 공감적인 태도를 유지하므로 내담자는 치료 관계가 안전하다고 느낀다. 그런 높은 관심과 안전함이 있어서 내담자는 마음속에 흐르는 가장 고통스러운 것조차 의식화할 수 있다.'[36] 이것은 내담자를 조건 없이 수용하는 것을 중요시하는 많은 정신분석가의 주장과 일치한다.

최근의 정신분석가들은 특별히 로저스가 중시한 내담자를 향한 조건 없는 수용이 중요하다고 명확하게 기술하는 일이 늘고 있다. 그 가운데 한 명인 오렌지Orange D. M.의 '진정성authenticity과 공감empathy은 단순히 어울릴 뿐만 아니라 양쪽이 모두 있어야 성립된다.(37)'라는 주장은 로저스의 생각과 완전히 같은 것이다. 마찬가지로 로왈드Hans Loewald는 '정신분석가는 피분석자에 대해 객관성과 중립성 있는 '사랑과 존중'의 태도를 보인다(38)'라고 말했다.

지금까지 많은 정신분석가가 로저스가 주장한 수용(존중)을 중요하게 다룬다는 사실을 살펴보았다. 나 역시 정신분석(정신분석적 심리치료)에 있어서 결정적으로 중요한 것은 조건 없는 수용(존중)이라고 생각한다.

5. 정신분석에서 공감을 인식하는 방법

이제부터는 이 책의 중심 주제인 '공감'에 관해 자세히 생각해보려고 한다. 프로이트가 정신분석에서 공감을 중시한 것은 분명한 사실인데(39) 근거를 바탕으로 이것에 관해 설명해보겠다. 다음으로 프로이트 이후 상당수의 정신분석가가 공감을 중시해왔다는 점을 살펴보겠다. 마지막으로 정신분석에서 공감을 어떻게 인식해왔는가를 정리해보자.

또 최근 뇌과학의 진보로 공감에 관한 새로운 이해의 빛이 비치고 있다. 2장에서는 공감에 관한 뇌과학의 견해를 소개함으로써 상담에서 공감에 관한 이해가 깊어지도록 해보자.

● 프로이트의 공감에 관한 기술

프로이트가 '공감'에 관해 einfühlung[역자주: 감정 이입]이라는 독일어를 사용한 것은 손에 꼽을 정도로 적었다. 그는 공감을 '타인의 심리적 생활을 향해 그 사람의 태도를 다룰 수 있는 메커니즘(40)'이라고 말했는데, 프로이트가 공감이라는 심리적 과정에 대해 이것보다 자세하게 기술한 적은 없다.(41) 그리고 그가 공감에 관해 정신분석가로서 가장 분명하게 언급한 것은 1913년 「치료의 개시에 대하여On beginning the treatment」에서였다. 그 논문에서 프로이트는 다음과 같이 말했다.

> 치료의 초기 목표는 환자의 애착을 치료와 의사에게 안겨주는 것이다. 의사가 환자에게 진지한 관심을 가지고 치료 초기에 발생하는 저항을 주의 깊게 제거하며 실수를 피할 수 있다면 환자의 애착은 자연스럽게 발달한다…….
> 의사가 공감einfühlung[4]적 이해 이외의 태도로 치료에 임한다면 초기의 성공은 불가능할 것이다.(43)

프로이트가 사용한 einfühlung이라는 단어는 'ein=into(~안으로)'와, 'fühlung=feeling(감정)'이라는 단어를 조합하여 독일의 예술역사학자였던 로베르토 비슈너가 1873년에 만든 것이다. 그것을 심리학자 테오도르 립스Theodor Lipps가 심리학에 가지고 왔다. 그리고 영어 번역으로 영국의 심리학자 E. B. 티츠너Edward Bradford Titchener(44)가 그리스어의 'empathia(감정이입)'를 어원으로 하는 empathy라는 단어를 대응시켰다.(45)

립스는 공감에 대한 예시로 '서커스의 줄타기를 보고 있으면 나 자신이 줄 타는 사람의 내부에 있는 것처럼 느낀다'라고 말했으며,(46) 공감이란 '자연스러운 본능'과 '내적 모방'에 기반을 둔 심리적 과정이라고 생각했다.(47)

립스가 einfühlung이라는 단어를 도입한 것이 1897년이므로 프로이트 시대에는 아직 신조어였다. 본서의 앞 페이지에서 인용한 프로이트의 「치료

---

4) 이 논문에 나오는 einfühlung라는 단어는 프로이트 전집 세계적 영어판 표준인 제임스 스트레이치James Strachey 영어판에서는 empathy가 아닌 sympathy로 번역되어 있다. sympathy는 일본어로 '동정同情'이라고 번역되는 것이 통상적이다. 스트레이치가 einfühlung를 sympathy로 번역한 것에 대해 쇼네시Shaughnessy, P.(42)는 '이것은 분명한 오역이며 공감empathy이라는 단어에 주관적, 비과학적인 뉘앙스가 있으므로 그것이 싫어서 sympathy라고 번역한 것이 아닐까'라고 말했다.

의 개시에 대하여On beginning the treatment」라는 논문이 출판되기 8년 전인 1906년판 독영사전 『Cassell's New German Dictionary』(48)에는 이 단어가 게재조차 되어 있지 않았다.(49) 덧붙이자면 1939년 판에는 개재되어 있다.(50)

● 로저스에 의한 공감의 정의

로저스는 공감을 다음과 같이 정의하였다.

> 공감하는 상태, 즉 공감적이라는 것은 타인의 내적 준거틀을 감정적인 요소 및 의미와 함께 자신이 마치 그 사람인 것처럼 정확하게 인식하는 것이다. 그러므로 타인의 상처나 기쁨을 내 것처럼 느끼고, 그러한 감정들의 원인을 그 사람이 인식하는 것처럼 인식하는데, 그때 '마치' 자기 자신이 상처나 기쁨을 느끼고 있는 것처럼 한다는 인식을 잃지 않는다.
> 상담사가 내담자의 내적 세계에서 일어나는 순간순간의 경험을 내담자가 보는 듯이 보고 내담자가 느끼는 듯이 느끼고, 심지어 상담사 자신의 자기自己와는 분리되어 있다는 점을 잃지 않고 붙잡는 것이다.(52)

나는 이러한 로저스의 정의가 정신분석에서의 정의와 같은 것으로 생각한다. 다음으로 정신분석가들이 공감을 어떻게 인식해왔는지 살펴보기로 하자.

● 셰이퍼에 의한 공감의 정의

정신분석가가 공감에 대해 명확히 서술한 정의 가운데 하나로 셰이퍼Schafer. R의 정의가 있다. 그는 성장을 촉진하는 공감의 힘에 주목하여 정신분석에서의 공감을 '생산적 공감generative empathy'이라 부르고 다음과 같이 정의하였다.

(생산적 공감이란) 타인의 그때그때 심리적 상태를 공유하고 이해하는 내적 경험이다. 구체적으로 공유하고 이해해야 할 것은 욕동欲動, 감정, 사고, 방어, 통제, 초자아의 압력, 능력, 자기표현, 그리고 실제 및 환상의 대인관계 표현 등 계층적 구조이다. 이 구조는 특정한 인생 상황에 대처하는 타자 안에 존재한다고 인식되고 있다. 또 그 생활 상황은 과거, 현재, 미래를 포함한다.(53)

일찍이 정신분석에서는 공감이 필수라고 생각하는 이론가들과 그에 반대하는 이론가들 사이에 논쟁이 있었다. 전자는 '공감은 신뢰와 치료 동맹을 강화하여 피분석자의 마음을 이해하고, 치료적 퇴행과 마음의 재발달을 촉진하는 데 필요하다'라고 생각했다. 한편 그에 반대하는 후자는 '공감은 비과학적이며 잘못된 이해를 초래할 가능성이 있고 정보원으로서 신뢰할 수 없다'라고 주장했다.(54) 그러나 피분석자의 감정이나 말하지 않은 경험을 이해하는 것은 공감이 있어야만 가능하므로(55) 현재는 대부분 전문가가 공감이 중요하다는 것에 찬성할 것이다.(56)

● 공감적 감수성과 정신분석

엘라 프리먼 샤프Ella Freeman Sharpe는 영국의 정신분석 이론가로서 리더 역할을 한 인물이다. 그녀는 정신분석에서 공감이 필수 불가결하다고 주장했다.

> 우리는 자신의 견해에 대해 동정적으로sympathetic 경청해주길 바라고 괴로움을 알아주고 갈등에 대해 어떻게 대처해왔는지 알아주길 원한다. 무엇보다도 우리는 중요한 것에 대해 자신이 어떻게 느끼는지 알아줄 사람을 구한다. 분석가가 그런 사람이라는 것을 만나서 알아야만 왜 자신이 이렇게 생각하고 행동하는지 이해받기 위해 자기 자신을 개방할 수 있다.(57)

정신분석가의 근본적인 일은 피분석자의 내적 세계를 이해하는 것이다.(58) 샤프가 말한 것처럼 정신분석에서 피분석자의 무의식을 탐구해갈 수 있는 것은 거기에 신뢰 관계가 있기 때문이다. 공감하기 때문에 피분석자의 경험이 정서적으로 어떤 것인지 알고 말로 표현하지 않은 감정에 공명할 수 있다.(59) 따라서 정신분석가는 '공감적 수용성empathic receptiveness'을 갈고 닦는 것이 중요하다.(60) 미국의 저명한 정신분석가였던 그린슨Ralph Greenson도 피분석자의 마음 세계를 이해하는 가장 중요한 수단이 공감이라고 강조하며 공감 능력은 기초적인 필수 능력이라고 주장했다.(61)

많은 정신분석가가 다음과 같이 주장한다. 정도의 차이는 있겠지만 모든 정신분석가가 공감적 경청을 활용하고 있으며(62) 공감적 경청으로 자기성찰introspection을 위한 안전한 공간이 마음 안에 생겨서 방어가 약해지고 의식과 무의식의 유동성이 높아진다.(63) 그 결과 무의식 영역에서 억압된 감정, 의도, 사고, 연결이 의식화되기 쉬워진다.(64) 공감으로 인해 피분석자의 마음은 더 자유로워지고 성장하며 정서적으로 성숙해져 간다. 그러한 변화를 가져오는 공감적인 관심은 인간의 마음 발달에서 빼놓을 수 없는 기본적인 니즈needs이다.(65) 많은 정신분석가의 이런 주장은 로저스의 이론과 동일하다.

그린슨은 환자를 외부에서 관찰하는 태도를 그만두고 심리적으로 환자 내부로 들어가 경청하고 그 사람의 마음을 느끼려는 태도로 바꿔 '내 일부가 그녀가 되는 것을 허락(66)'함으로써 그 마음을 이해할 수 있었다는 경험을 이야기했다. 또 그린슨, 셰이퍼, 프라이스Preis M., 자노코Zanocco G. 등 정신분석 이론가들은 공감이란 상대에게 일시적이면서도 부분적으로 동일시함으로써 그 사람의 마음을 이해하는 것이라고 이론화했다.(67)(68)(69)(70)

공감 능력은 타인의 무의식을 이해하기 위해 가장 중요한 것이므로 모든 심리치료에서 상담사의 공감 능력은 필수이다.(71)(72) 공감은 정신분석의 기반이며(73) 정신분석은 '공감에서 시작되고 공감 위에서 성립한다(74)'는 것이다.

6. 감정의 양이 아닌 질을 맛보다

그린슨은 정신분석가가 내담자의 감정을 받아들이고 공감할 수 있는 것은 정신분석가가 감정의 양이 아닌 질을 공유하기 때문이라고 말했다.(75) 예를 들어, 아기가 고통으로 우는 것을 보고 어머니가 아기를 안고 달랠 때 어머니는 아기의 고통을 상상하며 마치 자기 고통처럼 느낀다. 그러나 어머니는 아기만큼 강하게 고통을 느끼진 않는다. 어머니가 아기와 똑같이 심한 고통으로 패닉 상태가 된다면 아기를 적절히 돌볼 수 없다. 오히려 그런 어머니에게 자란 아기는 불안과 같은 정서가 끊이지 않을 것이다. 또는 감정 체험이 너무 강렬한 나머지 감정이 마비되고 정서적으로 빈곤해져 자기 자신에 대해 공감하지 못하고, 인간적인 풍부한 정서 체험을 할 수 없는 성격이 될 수도 있다.(76)

상담사는 내담자가 느끼는 감정을 마치 자기 일처럼 상상하지만, 내담자의 증오, 슬픔, 절망감, 죄책감 등을 내담자와 같은 수준으로 강하게 느끼는 것은 아니다. 상담사가 내담자와 똑같이 화를 내거나 슬픔에 빠져서는 아기의 고통으로 인해 패닉에 빠진 어머니가 아기를 정서적으로 뒷받침할 수 없는 것처럼 내담자에게 도움이 되지 않는다.

상담사가 내담자의 감정에 휩쓸리지 않는 것의 중요성에 대해 로저스도 동일한 내용을 이야기한다. 한 인터뷰에서 했던 그의 발언을 발췌하였다.

> 나도 상대방의 감정을 느끼지만, 고객과 동일시되지는 않는다. 마음이 안정된 상태이다. 나는 상담사가 고객의 문제를 받아들이지 않고 안정된 마음 상태로 존재하는 것이 중요하다고 생각한다.
> 이것을 1인칭을 써서 기술해보자. 나는 내가 누군지 알고 있다. 그러므로 나는 눈앞에 있는 타자의 세계에 스며들 수 있다. - 아무리 공포를 느낄 것 같은, 미친 듯한, 기묘한 세계였다고 해도 - 왜냐하면 내 세계, 나 자신으로

되돌아올 수 있다는 것을 알고 있기 때문이다. 나 자신이 안정되어 있지 않으면 타자의 세계에 말려들어 누가 누군지 알 수 없게 된다. 그것은 매우 괴로운 상황이다.(77)

상담사는 내담자의 감정에 흠뻑 잠기면서도 휩쓸리는 것이 아니라 감정에 잠겨 있는 자신의 마음과 내담자를 객관적으로 관찰하는 것이 중요하다. 이것에 대해 그린슨은 다음과 같이 말한다. 공감하기 위한 정서적 이입 능력과 자기 자신을 분리하여 냉정하게 거리를 두는 능력 모두가 필요하다.(78) 피분석자에게 따뜻한 관심과 동정을 가지면서도 필요한 때에는 냉정하게 거리를 두는 관찰자의 시선으로 빨리 이행하는 능력이 필요하다. 즉 상담사는 경청하면서 관여자와 관찰자의 역할을 왔다 갔다 하는 것이다.(79)

● 모순되는 감정과 사고에 공감한다.

공감적 경청에서 내담자의 마음속 다양한 감정, 사고, 신념, 의도 등을 이해하는 것이 중요한데, 그것들은 자주 서로 모순된다.(80)

내담자는 '주요 증상의 괴로움을 없애고 싶어서(경감시키고 싶어서)' 상담하러 온다. 그러나 그렇게 되기 위해 거쳐야 하는 '자신의 마음을 직시하고 느끼는 일'은 너무 무서워서 힐 수 없을 것 같은 생각도 가지고 있다. 예를 들어, 어떤 내담자가 '인간은 변화를 두려워한다고 심리학 강연에서 들었다'라고 말한다. 여기서 그가 표현하는 것은 변화에 대한 자기 자신의 공포이며, 좀 더 구체적으로는 '마음속에 견디기 힘든 감정과 충동, 생각이 있는데 그것들에 직면하는 것은 너무 두렵다'라는 생각일 것이다. 또는 '내 감정, 충동, 생각을 털어놓으면 상담사에게 나쁜 평가를 받거나 공격을 당할지도 모른다'라는 공포심일 수도 있다. 거기에는 '받아들여지기 힘든 감정,

충동, 생각을 이야기해서 공감적인 이해를 얻고, 받아들여지고, 가벼워지고 싶은' 생각과 '털어놓는 것이 너무 두렵다'라는 두 가지 생각이 있다. 이 생각들이 모두 공감적으로 이해가 되고, 그런 모순을 안고 괴로운 내담자를 있는 그대로 받아들일수록 내담자는 한층 더 깊은 이야기를 할 수 있게 되고 마음이 해방되는 과정을 경험한다.

이런 상황에 부닥친 내담자에 대해 상담사가 '그 내담자는 증상이 좋아지길 원하지 않는 것 아니냐'라고 이야기하는 때가 있다. 이렇게 말하는 상담사는 공감과 조건 없는 수용이 모두 빠져 있다. 모든 내담자는 (그리고 상담사 자신도) '좋아지고 싶다'라는 생각과 '좋아지기 위해 필요한 탐구와 직면은 두려워서 할 수 없다'라는 양면의 생각이 있다. 내담자가 변화에 저항하는 것처럼 보일 때 상담사는 내담자의 두려움을 자기 일처럼 상상하고 그렇게 두려워하는 내담자를 있는 그대로 받아들이는 것이 중요하다.

즉 공감을 위해서는 억압된 충동이나 감정을 직면하는 공포에 될 수 있는 대로 상대방의 입장이 되어 생각하는 것과 그의 괴로움을 진지하게 다루는 것이 중요하다.

7. 공감에 대한 하인즈 코헛의 생각

정신분석에서 공감에 관해 이야기할 때 하인즈 코헛Heinz Kohut을 빼놓을 수 없다. 코헛은 '정신분석 역사에서 이 사람만큼 흥미롭고 중요한 존재는 없을 것이다[81].'라는 평가를 받는 정신분석가로 공감의 중요성을 주장하여 정신분석 이론의 한 흐름을 만든 인물이다. 코헛은 오스트리아 빈 태생의 유대인이다. 빈 대학 의대를 졸업한 뒤 나치의 박해를 받아 미국으로 피난하여 시카고에서 정신분석 훈련을 받았다. 그리고 나중에 미국 정신분석협회 회장 및 국제 정신분석협회 부회장을 맡았다.(82) 로저스는 코헛에 대해서 '정신분석의 지평에 밝은 빛을 던졌다(83)'라고 높게 평가하였다.[5] 여기서는 공감에 관한 그의 공헌을 간단하게 살펴보자.

아이의 심리 발달에 있어서 부모가 아이를 공감적으로 칭찬하는 것이 매우 중요하다. 아이에게 건전한 자기애가 길러지기 때문이다. 코헛은 그 사실을 밝혀냈다. 그의 이론은 자기에 대한 주관적 감각을 축으로 전개되므로 '자기심리학自己心理學'이라고 불린다.(85)

코헛은 인간의 발달에 있어서 공감이 매우 중요한 의미가 있을 뿐만 아니라 정신분석에서도 분석가가 피분석자의 마음에 공감적으로 푹 잠길 필요가 있다고 강조했다.(86) 미국의 저명한 정신분석가 한스 로왈드 Hans Loewald도 정신분석의 인간관계는 부모가 아이와 함께 기르는 '공감적'인 관계와 유사하다고 말했다.(87)

더 나아가 코헛은 피분석자의 마음속 세계를 알기 위해 '과학적 내성 scientific introspection'이 적절한 방법이라고 생각했다.(88) '과학적 내성'이란 분석가가 자기 마음을 되도록 객관적으로 성찰하는 것을 말하며, 대리적 내성 vicarious introspection이라고도 불린다. 즉 분석가가 피분석자와 있을 때 분석가의 마음에 떠오르는 감정이나 생각을 주시하는 것을 가리킨다. 이것은 '그 사람을 대신한 내성(89)'이며 '자신과는 다른 타인의 내적 생활 안에 파고들어서 생각하고 자기 자신을 감지하는 능력(90)'이며, 공감이다.

공감에 대해서 코헛은 '다른 사람 속에 있는 자신을 발견하는 것', '타인

---

[5] 이 시기에 로저스와 코헛은 시카고 대학 교수로 재직하고 있었다. 그러나 학부가 달랐으므로 로저스는 '코헛과 만난 적이 없다'라고 말했다. 참고로 로저스에 의하면, 그의 학생 가운데 몇 명이 코헛의 수업을 들었는데 그가 '로저스의 사상에서 아이디어를 얻었지만, 그것을 공표하고 싶지 않다'라고 이야기한 것을 듣고 분노했다고 한다. 그러나 로저스 본인은 '그 소문에 관해서 확인된 바 없다'라고 말했다.(84)

을 포용하기 위한 자기 확장', '사람에게서 받는 울림을 확인하고 이해하는 것(91)' 또한 '어떤 사람이 객관적인 관찰자 입장을 유지하는 동시에 또 다른 한 사람의 내적 인생을 경험하는 것(또는 그렇게 하려고 시도하는 것)(92)'이라고 말했다.

또 정신분석의 본질은 '과학적 관찰자가 자료 수집과 해석을 위하여 장기간에 걸쳐 피관찰자에게 공감적으로 몰입하는 데에 있다(93)'라고 주장했다. 즉 정신분석의 본질은 피분석자의 마음에서 무슨 일이 일어나는지에 관한 정보를 얻고, 분석을 통해 적절히 해석하여 전달하는 목적을 위해 피분석자의 마음에 공감적으로 몰입하는 것이라고 했다. 그러면서 그는 '공감은 그 자체로 치료하는 힘이 있다(94)', '분석 장면에 공감이 있다면 환자에게 치료 효과가 생긴다(95)'라고 말해 정신분석과 공감은 뗄 수 없다고 믿었다.(96)

또 코헛은 정신분석가가 하는 일은 피분석자에 대한 이해를 말로 전달하는 것이라고 말하며 '직면화' 기법에 부정적이었다. 직면화란 피분석자의 말과 행동이 모순될 때 그것을 지적하여 모순을 깨닫게 하는 것을 가리킨다. 그는 직면화는 무익하고 피분석자를 깔보는 것이며 어린 시절의 트라우마가 재현되어 정신분석 과정을 몹시 해칠 수 있다고 주장했다.(97)(98)

이러한 코헛의 생각은 마치 인간 중심 상담과도 같다.

1장에서는 공감에 대해 인간 중심 상담과 정신분석 이론 관점에서 살펴보았다. 최근 뇌과학이 발전함에 따라 공감에 관한 새로운 견해가 등장하고 있다. 다음 장에서는 공감을 둘러싼 최근 뇌과학 내용을 살펴보며 공감에 관해 깊이 이해해보기로 하겠다.

제2장. 공감에 관한 뇌과학의 견해

1. 거울 뉴런

우리가 내담자의 감정을 이해할 때 중요한 단서 가운데 하나는 내담자의 표정이다. 내담자가 슬픈 표정을 짓고 있으면 '슬프다'는 것을 알 수 있다. 최근 뇌과학의 연구 결과에 따르면 표정 인지(認知)는 뇌의 특정 부분에서 이루어지는 것이 아니라 복수의 뇌세포 네트워크가 연결되어 처리된다는 것이 밝혀졌다. 그 가운데서도 중요한 역할을 하는 것이 거울 뉴런(mirror neuron)이라고 불리는 뇌세포이다.

● 거울 뉴런의 발견

중요한 발견은 흔히 우연이나 실험의 실수에서 생겨난다. 거울 뉴런의 발견도 예외가 아니다. 이탈리아 파르마 대학의 자코모 리촐라티Giacomo Rizzolatti 연구팀은 원숭이가 손발을 움직일 때 뇌의 어느 영역이 활성화되는지를 조사하고 있었다. 그 실험이 한창일 때 연구원 가운데 한 명이 원숭이의 사료에 손을 뻗어 먹었다. 그러자 그것을 본 원숭이가 손을 움직일 때 사용하는 뇌 영역이 활성화되었다. 그 원숭이는 연구원이 사료에 손을 뻗은 것을 보았을 뿐 자신은 손을 움직이거나 하지 않았음에도 손을 움직일 때와 동일한 현상이 뇌에서 일어난 것이다.(99)

리촐라티 연구팀은 이 우연한 발견을 단순히 실험 실수나 측정 오차로 결론 내지 않고 어떤 일이 벌어진 것인지를 탐구해갔다. 그 결과 원숭이 뇌의 전운동 영역premotor area 앞부분의 F5라고 명명된 부분에 다른 사람의 행동을 보기만 해도 자신이 같은 행동을 하는 것처럼 반응하는 세포 네트워크가 있다는 것을 발견하였다.(100) 그 세포 네트워크는 단순히 아무 목적 없이 움직일 때 활성화되는 것이 아니라, 몸을 움직여서 목표물의 상태에 변화를 줄 때(컵에 손을 뻗어 움직이거나 종이를 잡고 찢을 때 등)에만 활성화된다는 것을 알게 되었다. 리촐라티는 그 뇌세포를 거울 뉴런이라고 이름지었다.(101)

● 인간 뇌의 거울 뉴런

인간의 뇌에서도 거울 뉴런이 발견되었다. 인간도 원숭이와 같이 다른 사람의 동작을 보면 자기 자신의 같은 신체 부분을 움직일 때와 같은 영역의 뇌 신경 세포 네트워크가 활성화된다는 사실을 알아냈다.(102) 예를 들어, 사과를 베어 먹는 영상을 피실험자에게 보여주면 피실험자 뇌의 브로드만 영역Brodmann areas 6과 브로카 영역Broca's area이라고 불리는 부분이 활성화되었다. 마찬가지로 컵을 잡는 영상을 보여주자 브로드만 영역 6의 뒷부분과 브로카 영역이, 공을 차는 영상의 경우 브로드만 영역 6의 뒷부분이 활성화되었다. 이처럼 영상을 보는 것만으로도 각각 자신이 실제 신체 동작을 할 때 활성화되는 영역이 활성화되었다.(103)

거울 뉴런이 발견된 원숭이 뇌의 F5 영역은 운동영역motor area이다. 인간의 뇌에서는 브로카 영역에 해당하는데 이곳 역시 거울 뉴런이 존재한다. 브로카 영역은 운동성 언어 중추이며, 그곳에 거울 뉴런이 분포하므로 유아가 엄마 입의 움직임을 따라 하여 언어를 습득할 수 있다.(104)

거울 뉴런의 분포에서 인간이 원숭이와 다른 점은 인간 뇌의 전두엽에는 의도나 감정과 관계가 있는 부분에도 거울 뉴런이 분포한다는 것이다.(105) 즉 인간은 거울 뉴런이 다른 사람의 감정을 자기의 일처럼 느끼는 '공감'과도 관련이 있다. 그것에 대해 자세히 생각해보자.

2. 공감과 신체 감각

공감 능력과 신체 감각을 느끼는 능력에 관련성이 있다는 사실은 이미 판명되었다. 랄프 아돌프스Ralph Adolphs 연구팀은 감정 인식과 관련이 있을 것으로 예상하는 뇌의 중심전회中心前回, precentral gyrus 및 중심후회中心後回, postcentral gyrus 영역이 손상된 환자 28명을 대상으로 실험했다. 환자들은 화면에 나오는 사람의 표정을 보고 그 표정이 어떤 감정을 표현하는지 대답했다. 그리고 그들의 피부 감각의 감도sensitivity를 측정했다. 실험 결과, 감정 인식 능력과 피부 감각 사이에 비례 관계가 있다는 사실을 알게 되었다.(106) 또 다른 실험에서는 어떤 사람이 피부를 만지는 장면을 볼 때 자기 몸의 같은 부위를 만질 때와 같은 뇌 영역이 활성화되고, 타인이 신체적 고통을 느끼는 것을 관찰하면 자기 몸의 그 부분이 아플 때 활성화되는 뇌 영역이 활성화되는 것이 발견되었다.(107)(108) 또 타인의 기분 나빠 토할 것 같은 표정을 보면 자기 기분이 나빠질 때 활성화되는 뇌 영역이 활성화된다.(109)

인간 뇌의 브로카 영역을 포함한 지각-운동시스템에 의해서 다른 사람의 감정 표출을 관찰할 때 그것을 자신이 직접 느낄 때와 같은 신체 상태가 되고,(110) 뇌 안의 시각 신경 전기 자극은 감정 영역에 직접 전해지게 되어 있다.(111) 즉 우리 뇌는 다른 사람의 감정 표출을 보았을 때 즉시 그 사람과 똑같은 감정을 일으키는 구조로 되어 있다.(112)

이러한 발견에서 다음 가설이 성립된다.(113) 우리가 다른 사람의 감정을 추측할 때는 먼저 거울 뉴런에 의해 상대방과 같은 표정이 된다(정확히 말하면, 상대방과 똑같은 표정을 자기가 하는 것 같이 뇌가 활성화된다). 이때 자신이 그 표정을 지을 때의 신체 감각이 되살아난다. 그리고 그 신체 감각을 근거로 상대방의 감정을 자기 것처럼 상상한다. 이 과정은 그 사람의 표정을 볼 때 어떠한 의식적 개입 없이 즉각적이고 자동으로 생긴다. 즉 '우리는 어떤 의미에서는 타인의 아픔을 직접 '느낀다'(114)'라고도 말할 수 있다.

또 진화론적으로 인간은 타인의 표정을 보고 그 사람의 기분에 공감할 수 있는 능력을 획득했기 때문에 타인에게 협력하고 집단에 적응할 수 있었다고 생각할 수 있다.(115)

● 자폐 스펙트럼 장애의 거울 뉴런

자폐 스펙트럼 장애autism spectrum disorder는 공감이나 집단 적응에 어려움을 겪는데, 그들의 뇌에는 다른 사람의 감정에 반응하는 거울 뉴런의 기능이 저하되어 있다는 것이 연구에서 나타난다. 이 장애가 있는 아이들은 타인의 표정에서 감정 표출을 보았을 때 건강한 아이라면 활성화될 하전두회下前頭回, inferior frontal gyrus의 판개부弁蓋部, pars opercularis 부분의 거울 뉴런이 활성화되지 않고, 다른 사람의 표정을 볼 때 생기는 표정 근육의 반사도 보이지 않았다.(116) 또 이들은 거울 뉴런 시스템의 일부인 대뇌피질大腦皮質, cerebrum cortex의 회백질灰白質, gray matter이 얇으며, 자폐적 증상의 정도와 회백질의 얇기는 비례하였다.(117)

3. 상담에서의 공감과 거울 뉴런

지금까지 살펴온 것처럼 우리 뇌에는 다른 사람의 감정이 신체 감각에 자동으로 재현되는 거울 뉴런 구조가 갖추어져 있으며, 그것은 공감의 기본적인 기능을 담당한다.(118)(119) 즉 공감이란 다른 사람의 감정을 신체 감각으로 이해하는 것이다.(120)

나는 이 과정이 상담에서의 공감에서 일어난다고 생각한다. 상담사가 내담자의 표정에서 감정을 읽어낼 때 일일이 머리로 생각하기 전에 신체 감각으로 느끼는 것이다. 프로이트는 '분석가 자신의 무의식은 마치 감각기관처럼 환자에게 전해지는 무의식으로 향하지 않으면 안 된다(121)'라고 말했다. 프로이트가 중시한 분석가 자신의 무의식을 사용해 환자의 무의식을 이해하는 과정은 뇌 과학이 발견한 메커니즘으로 설명할 수 있다.(122)

● 투사적 동일시와 거울 뉴런

내담자의 무의식이 상담사의 무의식에 작용하는 현상 가운데 하나로 정신분석 이론에서 '투사적 동일시projective identification'라는 것이 있다. 투사적 동일시란, 내담자가 억압하고 있어서 인식하지 못하는 감정을 분석가에게 투사하여 이를 분석가가 생생하게 느끼는 현상을 말한다.

예를 들어, 내담자가 무표정으로 담담하게 이야기하는 것을 듣고 있는 도중에 상담사가 화가 나는 경우이다. 그것을 투사적 동일시라는 개념으로 설명하면 내담자가 느끼고는 있지만 인정할 수 없는 분노가 상담사의 마음에 '던져져서' 그 분노를 상담사가 대신 느끼는 것이다. 내담자는 '상담사가 나에게 화를 내다니 어처구니없는 상황'이라고 느끼고 상담사에게 화를 낼 수도 있다. 그때 내담자는 자기 자신이 원래 분노를 느끼고 있었다는 것을 인식하지 못하고 '상담사가 나를 화나게 했다'라고 생각한다.

이런 현상이 일어나는 것은 무표정으로 담담하게 이야기하는 듯이 보이는 내담자의 표정에서 어렴풋이 비친 분노하는 표정 근육의 변화를 상담사가 지각하고, 상담사 내면에 분노에 따른 신체 감각이 작동하기 때문이다. 그리고 같은 현상이 내담자에게도 생겨서 상담사의 사소한 표정 변화에서 '상담사가 화났다'라고 느끼고 그것에 반응하여 분노가 솟아오른다.(123)

내담자의 무의식이 상담사의 마음을 움직이는 현상이 일어나기도 한다.(124) 예를 들어, 상담사가 내담자의 이야기를 듣고 생각 없이 한 말이 내담자의 기분을 정확히 꿰뚫는 경우이다. 그런 현상도 다른 사람의 표정을 관찰하면 자기 안에 그것과 같은 감각이 생겨나는 뇌의 준비된 반사적, 무의식적 능력일 것이다.[6]

● 공감의 전달과 거울 뉴런

내담자도 상담사의 미묘한 표정 변화를 무의식중에 읽고 상담사가 자기 감정을 공유하고 있다고 느낀다.(126) 즉 상담사가 내담자의 표정을 볼 때 그가 느끼는 신체적 감각이 상담사에게 반사적으로 생겨 표정에 드러나는 것이다. 그리고 내담자가 다시 그런 상담사의 표정을 볼 때 자기 안에 상담사와 똑같은 신체 감각이 상기되는 자동적, 반사적 과정이 일어난다. 즉 상담사가 느끼는 감정이 다시금 내담자의 내면에 생긴다. 만약 그 감정이 내담자가 원래 느끼던 감정에 가까우면 내담자는 '아, 내가 느끼던 게 이런 감정이구나' 하고 자기 감정을 더 명확하게 인식한다. 동시에 '상담사가 내 기분을 이해하고 똑같이 느껴준다'라고 생각한다.

게다가 '상담사는 나와 같은 감정을 느끼면서도 그것을 무서워하거나 부정하지 않고 받아들인다. 이 감정은 나쁜 감정이 아니구나. 느껴도 되는 거구나' 하고 깨닫는다. 이것은 그 감정을 느끼는 자기 자신을 수용하는 것이다. 즉 로저스가 중시한 조건 없는 수용 태도가 내담자에게 전달되어 자기 자신을 더 조건 없이 수용하게 된다.

4. 훈련과 경험에 의한 뇌의 변화

최근 뇌과학에서는 인간의 뇌 기능이 훈련과 경험을 통해 공감 능력을 높인다고 이야기한다.

6) 그러나 나는 '표정으로 그 사람의 감정을 신체 감각적으로 추측'하는 뇌 기능만으로 상담사가 내담자의 마음을 무의식적으로 감지하는 현상을 전부 설명할 수 있다고는 생각하지 않는다. 나는 상담 훈련의 일환으로 다음과 같은 활동을 했기 때문이다. 상담사들이 눈을 감고 나란히 일렬로 의자에 앉아 있다. 그들 앞에 1대 1로 마주 보도록 다른 상담사들을 조용히 앉게 했다. 눈을 감고 앉아 있는 상담사들은 자기 앞에 누가 와서 앉는지 모른다. 그런데 그들에게 자기 앞사람의 낌새를 느껴보라고 하면 누가 있는지 아는 사람이 자주 있다. 또 그렇게 눈을 감고 말없이 앉은 채로 마음속으로 이미지를 사용해 교류시킨 후 눈을 뜨고 어떤 대화를 나눴는지 이야기해보면 서로의 이미지 내용이 놀라울 정도로 일치한 적도 있다. 이러한 경험들을 통해 나는 사람과 사람과의 교류에는 눈에 보이지 않는 기氣의 교류가 있다고 생각한다. 덧붙여서 프로이트는 비과학적인 것을 혐오했지만 사람의 마음속에 존재하는 것이 텔레파시처럼 다른 사람에게 무의식적으로 전달되는 '생각(사념思念)의 전이'(125)라는 개념을 언급했다.

미국 위스콘신 대학의 웽$^{Helen\ Weng}$$_{(127)}$ 연구팀은 20대 남자 41명을 모아 그 가운데 20명을 실험군으로 '연민훈련$^{compassion\ training}$'을 실시했다. 훈련은 1회 30분이다. 각자는 먼저 자기가 사랑하는 사람을 떠올리고 그 사람에 대해 연민의 감정을 의도적으로 강하게 느낀다. 다음으로 그 기분을 자기 자신을 향해, 그다음은 모르는 사람, 그리고 마지막에는 거북하게 느껴지는 사람의 순서대로 연민을 느껴간다. 나머지 21명은 통제군으로 연민 훈련에는 참가하지 않았다.

그런 뒤 실험군과 통제군에게 여럿이 함께하는 인터넷 게임을 하게 했다. 게임 종료 시에 가진 포인트만큼 선물을 받을 수 있다고 정했다. 참가자는 다른 사람의 포인트를 빼앗거나 자기 포인트를 다른 사람에게 줄 수 있었다. 그리고 어떤 참가자가 사람들에게 속아 불공평하게 포인트를 빼앗긴다는 설정으로 '바람잡이'가 행동을 개시했다. 그리고 실험 참가자들이 불쌍한 참가자('바람잡이')에게 자신의 포인트를 스스로 기부하는지 관찰했다.

그러자 연민 훈련을 받은 실험군이 통제군보다 '바람잡이'에게 많은 포인트를 주었다. 실험이 끝난 뒤 기능성 자기공명영상장치$^{functional\ magnetic\ resonance\ imaging(fMRI)}$를 사용해 참가자들의 뇌 기능을 관측했다. 그 결과 실험군이 통제군보다 우뇌 두정엽 하부 및 전전두엽 배외측이 활성화되는 것을 확인하였다. 두정엽에 거울 뉴런이 많이 분포하는 것으로 미루어 볼 때 연민 훈련으로 거울 뉴런 시스템이 활성화되어 '바람잡이'에게 친절을 베풀었다고 생각할 수 있다. 또 실험 뒤 인터뷰에서 실험군은 통제군만큼 '바람잡이'에 대한 마음의 아픔이나 싫은 감정이 일어나지 않은 것으로 나타났다. 불쌍한 사람을 볼 때 연민이라는 긍정적인 기분을 품었기 때문에 부정적인 감정이 그다지 크게 일어나지 않은 듯하다.

마찬가지로 크리메키$^{Klimecki\ O.}$$_{(128)}$가 실시한 '자애명상$^{loving\ kindness\ meditation}$' 실

험에서도 비슷한 결과를 보였다. 실험 참가자는 18~35세의 여성 91명이다. 먼저 실험 1~2주 전에 fMRI로 뇌 영역의 활성도 측정과 함께 공감성 척도 등을 사용하여 그들의 데이터를 뽑았다. 그리고 그들을 6시간 동안 자애명상을 받은 실험군 28명과 기억력 트레이닝을 받은 통제군 63명으로 나누었다.

'자애명상' 실험군은 먼저 아이 등 애정을 느끼는 가까운 존재를 마음속으로 떠올려 그 사람을 소중히 생각하는 기분을 의도적으로 강하게 느끼게 했다. 그 기분을 자기 자신에 대해 느끼고 자신과 가까운 사람, 중립 위치에 있는 사람, 고통받는 사람, 모르는 사람, 인류 전체로 넓혀간다. 또 집에 돌아가서도 명상을 하도록 했다.

6시간 동안 명상을 진행한 뒤 2~12일 뒤에 고통받는 사람의 비디오를 모든 참가자에게 보여주었다. 그리고 다시 fMRI와 공감도를 측정하는 질문지로 참가자의 뇌 기능과 공감도를 관찰하였다. 그러자 실험군은 실험 전보다 실험 후에 고통받는 사람의 비디오를 보았을 때 괴로운 감정이 줄어든 대신 그 사람에 대한 사랑과 따뜻한 감정이 강해져 있었다. 게다가 fMRI로 측정한 결과, 애정이나 소속감에 관련된 뇌 영역(안와 전두엽 피질orbital prefrontal cortex, 대뇌 기저핵basal ganglia, 복측 중뇌 피개tegnentun mesencephali, 흑질substance nigra)이 활성화되었다. 그러나 통제군은 실험 전후의 변화가 없었다. 즉 '자애명상'을 한 참가자들의 뇌는 고통받는 사람을 볼 때 사랑이나 유대감을 더 강하게 느끼게 된 것이다.

또 이 실험에서는 참가자 다수가 자애명상을 마음에 들어 했다. 또한 '따스한 기분이 든다', '사람의 행복을 빈다는 것은 참으로 멋진 일이다', '사랑과 안심, 안전한 기분, 행복한 기분이 들었다' 등의 긍정적인 감정 증대가 일어난 것으로 보고되었다.

● 뇌의 공감 능력 강화

'연민 훈련'과 '자애명상'의 연구가 시사하는 것은 훈련을 통해 뇌 기능에 변화를 일으킬 수 있고 공감 능력을 높일 수 있다는 가능성이다. 뇌 기능의 활성화뿐만 아니라 뇌의 기질적 변화마저 훈련이나 경험을 통해 일어날 가능성도 부정할 수 없다. 예전에 뇌는 유소년기를 넘으면 성장하지 않는다고 믿었지만 그것이 틀렸다는 것이 최근 연구에서 밝혀졌다.

예를 들어, 많은 양의 도로를 기억해야 하는 런던의 택시 운전사는 그 정도 수준까지 기억력이 요구되지는 않는 런던의 버스 운전사보다 기억과 관련한 해마hippocampus 끝쪽의 회백질이 커져 있었다.(129) 또 성인에게 공기놀이를 6주간 연습시켜 손을 펴거나 잡는 동작과 관련하여 후두엽에서 전두엽에 걸친 피질 영역 내의 회백질 밀도를 관측했다. 그러자 연습 전과 뒤의 밀도가 조금 변해있었다. 그 변화는 공기놀이 연습 기간 종료 4주 뒤의 측정에서도 지속했다.(130)

공감 능력에 대해서는 대뇌 실비안 열sylvian fissure 안쪽에 있는 전도피질前島皮質이라는 영역이 공감을 포함한 타자와의 감정 과정에 특히 관련이 높은 것으로 선행연구에서 알려졌다. 공감성이 높은 사람이 낮은 사람보다 대뇌 좌반구의 전도 피질 후부의 회백질 밀도가 높았다는 연구가 발표되었다.(131) 그러므로 공감 능력을 향상하는 훈련을 통해 전도피질의 회백질 밀도가 높아질 가능성도 부정할 수 없을 것이다.

이런 연구들은 상담에도 시사하는 바가 있다. 훈련을 통해 상담사의 공감 능력이 높아진다면 내담자의 고통을 마주할 때 좌절감 같은 싫은 감정에 휘둘리지 않게 될 것이다.

나는 '사람들의 힘든 이야기를 듣고 있으면 본인도 힘들어지지 않나요?'

라는 질문을 자주 받는다. 아마 많은 상담사가 비슷한 질문을 받을 것이다. 나는 내담자의 괴로움을 되도록 내 일인 것처럼 상상하고 느끼려고 하지만 그것에 의해서 우울하거나 괴로운 감정이 길게 꼬리를 무는 경우는 전혀 없다. (만약 그런 일이 생긴다면 그것은 나 자신의 미해결 과제가 자극되었기 때문일 것이다.)

어떻게 상담사는 내담자의 고통을 눈앞에 두고도 부정적인 감정에 휩쓸리지 않을까? 그것은 상담사로 일하면서 다른 사람의 행복을 비는 마음이 반복되고 강화되므로 연민 훈련을 받은 참가자들처럼 사랑이나 연민의 감정이 강해지고 그것에 관련한 뇌 기능도 활성화되기 때문일 것이다. 내담자의 괴로움을 접할 때 고통보다는 사랑과 배려심이 우러나온다.

5. 공감을 향한 두 가지 길

뇌과학에 따르면 우리가 타인의 마음을 공감하는 데는 두 가지 길이 있다고 한다.[132] 첫 번째는 지금까지 자세히 살펴본 거울 뉴런이 열쇠가 되는 길이다. 우리 뇌에서는 다른 사람의 표정을 볼 때 반사적으로 자신이 그런 표정을 지을 때와 같은 명령이 떨어진다. 그것을 실마리로 상대방과 같은 감정이 신체 감각을 통해 되살아난다. 그것은 신체적, 자동적, 즉각적, 무의식적인 길이다.

또 공감에 이르는 데 이론적이며 의식적인 길도 있다는 것이 뇌과학 연구에서 시사되었다. 다른 사람의 감정을 자기 일처럼 이해하려고 할 때 자기 자신의 과거 경험을 떠올리고 그것에서 상대의 기분을 추측하는 것이 두 번째 길이다.

프라이스Preis M.(133) 연구팀은 '어떤 특정 아픔을 경험한 사람은 타인이 같은 아픔을 겪는 것을 보면 그것을 경험하지 않은 사람보다 더 큰 심리적 고통을 느낀다'라는 가설을 세우고 검증했다. 64명의 참가자 가운데 절반을 실험군으로 하고 그들에게 손가락에 압력을 주는 기계로 고통을 주고 그 뒤 다른 사람에게 같은 기계로 고통을 가하는 영상을 보여주었다. 그러자 고통을 당하지 않은 통제군보다 실험군에서 다른 사람의 아픔을 보고 자신도 동일하게 느끼는 것에 관련한 뇌 영역의 활성도가 낮았다. 가설과는 반대되는 결과였다.

반면 먼저 고통을 경험한 실험군은 통제군보다 과거의 기억을 떠올리거나 다른 사람의 감정을 추측하고 감정과 인지를 조합하여 생각하는 것과 관련된 전두엽 영역이 훨씬 활성화되었다. 전두엽은 주로 사고와 관련 있다고 알려져 있다.

이는 다음과 같은 결과를 암시한다. 자신이 겪은 신체적인 고통을 타인이 동일하게 경험하는 것을 볼 때 직접적, 자동으로 괴로운 감정이 드는 것이 아니라 자기 자신의 과거 괴로웠던 경험을 떠올림으로써 그 사람의 고통이 어떤 것일지 추측한다는 것이다.

나는 심리적 고통에 대해서도 공감에서와 같은 과정이 일어난다고 생각한다. 갈레스Gallese V. 연구팀은 '직접적인 공감적 이해와 이론에 기초한 추론이라고 하는 두 가지 측면을 종합해서 사용함으로써 우리는 환자의 마음을 이해한다(134)'라고 주장했다. 정신분석가인 아라그노Anna Aragno도 '정신분석가는 감각적이고 감정적인 추측과 사고에 의한 추측 모두를 종합하여 내담자의 마음 세계를 이해한다'라고 말했다.(135) 셰이퍼도 '공감의 상당 부분은 치료 전문가 자신의 정서적 상태의 기억에 따른다(136)'라고 말했다.

이렇듯 상담에서 공감이란 내담자의 감정을 신체 감각, 정서적, 직접적으로 느끼는 것과 더불어 이론적으로 내담자의 무의식 안에 마음의 존재 방식을 추측할 때 더 정확하고 깊은 공감이 이루어진다.

 그럼 이제부터는 3부에서 사례를 검토할 때 필요한 중요한 개념들을 살펴보기로 한다. 그런 다음 3부에서는 실제 사례를 검토해보도록 하겠다.

Psyc   &

Psych & Empath Listening

제2부

정신분석 개념 정리

2부에서는 정신분석의 많은 개념 가운데
3부에서 사례 검토할 때 필요한 중요한 개념을 정리한다.

제3장. 프로이트의 성性 심리 발달 단계

1. 5단계에 걸친 성 심리 발달에 대하여

정신분석 이론 가운데서도 성 심리 발달 단계 부분은 실제 상담에 어떤 관계가 있는지 알기 힘들다. 그러나 나는 성 심리 발달 이론이 내담자의 괴로움에 공감하기 위해서 매우 중요하다고 생각한다. 그래서 이 이론을 요약해보려고 한다. 이 책에서는 프로이트[137]와 도이土居建郎[138]를 참고하여 정리한다.

성 심리 발달 단계는 구강기, 항문기, 남근기, 잠복기, 성기기의 5단계로 나누어진다. 이것은 아이의 본능적인 욕구를 만족시키며 쾌감을 얻는 주요 신체 부위에 따라 구별된다. 그러나 이 단계들은 서서히 전이되며 한 단계와 그다음 단계가 명확한 경계에 의해 구분되지 않는다. 또 아이는 발달 단계가 다음으로 진행되어도 그 이전 단계를 통해서도 계속해서 쾌감을 얻는다.

● 구강기(태어난 직후 ~ 1살 반)

아기는 어머니의 젖을 입에 물고 모유를 먹는 행위를 통해 어머니와 깊은 정서적 연결을 만든다. 그때 배가 불러도 젖을 계속 물고 있기도 한다. 이로부터 우리는 아기가 젖을 입에 무는 행위로 영양뿐만 아니라 신체적 쾌감도 얻고 있음을 알 수 있다. 그것은 분명 심리적으로도 기분 좋은 상태일 것이다. 아기는 어머니에게 안기길 바라고 어머니의 부드러운 피부와 따뜻함을 통해 애정을 느끼고 안심과 기쁨에 휩싸인다. 다음 발달 단계에서 드러나지만 아버지에게 애정을 구할 때도 어부바나 목마 타기 등 신체적 접촉을 원하는 측면이 있다.

이렇게 유아가 부모의 애정을 바라는 충동에는 몸과 마음이 모두 친밀하게 맞닿기를 바라는 측면이 있다. 그것은 넓은 의미에서 성적 충동이라고 할 수 있으며 그 충동이 나중에 성적 발달의 기초가 된다. 참고로 어머니에게도 이것은 동일하게 나타나는데 아기를 안고 부드러운 피부와 따뜻한 촉감을 느끼는 것이 성적 쾌감과 통하는 면이 있다는 것을 많은 어머니가 알고 있을 것이다.

이 시기의 아기는 배가 고프면 어머니가 와서 모유를 주고 안심시킨다는 것을 안다. 어머니는 신체적 욕구와 심리적 욕구를 만족시켜주는 사람이다. 생후 일정 기간이 지나면 아기는 천사의 웃음을 띠며 어머니의 감정에 반응한다. 이렇게 어머니와 아기 사이에 깊은 애정을 기반으로 한 기본적 신뢰감이 형성되어 간다.

유아기에 어머니와의 사이에서 기본적인 신뢰감이 높이 길러질수록 아기는 자신이 사랑받고 있다는 것, 자신은 사랑받을 만한 가치가 있는 인간이라는 것, 세상은 결코 차갑고 위험한 곳이 아니라는 것을 배운다. 세상에 대한 기본적인 신뢰감이 길러지는 것이다. 정신분석학자 하인즈 코헛 Heinz Kohut 은 어머니가 아기를 공감적으로 대하고 대단하다고 칭찬하며 따뜻한 감정을 전해주면 아기는 공감을 잘해주는 따뜻한 어머니 상(像)을 자신의 일부로 받아들이고 긍정적인 자기 감각이 확립된다고 이론화하였다.

그러나 어머니가 안정적으로 몸과 마음을 따뜻하게 돌보지 못하면 아기는 사랑받고 있는 느낌을 받지 못한다. 그러므로 자신이 사랑받을 가치가 있는 존재라고 느끼지 못한다. 가혹한 세상을 자기 혼자 살아가야 한다고 느끼게 된다.

한 어머니가 이렇게 말한 적이 있다. '한밤중에 저와 아이만 집에 있었는데 엄청 큰 천둥이 쳤어요. 저는 아이를 안심시키기 위해서 아이를 꼭 안아주었어요. 그런데 지금 생각해보니 사실은 제가 무서워서 안심하고 싶으니까 아이를 안고 있던 거예요.'

아이에게 있어서 부모가 너무 불안한 나머지 자신에게 매달리는 경험은 무척이나 괴로운 경험이다. 아이는 부모의 불안을 그대로 느끼면서도 온몸이 억눌려 저항조차 할 수 없을 것이다. 이런 경험을 통해 아이는 부모의 정서적 불안정을 강렬히 감지한다. 그리고 부모가 자신을 지켜줄 힘이 약해서 자기가 부모를 정서적으로 보살펴야 한다고 배운다. 이는 앞에서 말한 어머니가 아기를 공감적으로 대하고 아기의 대단함을 칭찬하고 따뜻한 감정을 주는 경험과는 정반대의 것이다. 구강기에만 해당하는 것은 아니지만 부모의 불안이 떠맡겨지는 교류는 아이에게 깊은 불안을 준다.

마음이 몹시 아파서 괴로운 경험을 하며 살아온 사람 가운데 구강기부터 지속하는 만성적 애정 결핍을 앓는 사람이 많다. 그 가운데는 다른 사람 앞에서는 야무지고 이성적인 것처럼 행동하는 사람이 있지만, 연인이나 배우자에게는 애정 욕구가 강렬하여 아기처럼 자기 중심으로 행동하고 애정과 관심을 강하게 구하는 사람도 있다. 그리고 주위 사람들이 그것을 채워줄수록 '더, 더 많이' 요구한다. 이때 그가 진짜 바라는 것은 유아기 때의 부모의 애정이며 지금의 연인이나 배우자 등의 관심과 보살핌이 아니다. 주위 사람이 아무리 그를 사랑해줘도 그 욕구는 충족되지 않는다. 그러므로 사람들은 주고 또 주어도 부족해하는 갓난아기를 상대하는 것처럼 느낀다. 심리적으로 격렬한 외로움에 울부짖는 아기를 상대하기 때문이다.

3부에서 그런 아픔을 품은 채로 살아가는 내담자 사례가 나온다.

● 항문기(대략 생후 8개월 ~ 3, 4세경)

괄약근을 조절하는 신경이 완성되고 성인변의 배설을 조절할 수 있게 되면 배변 훈련이 시작된다. 통상적으로 어머니가 주된 훈육자가 된다. 구강기 때 아기가 어머니를 신뢰했다면 배변 훈련을 잘 따르려고 할 것이다. 화장실에서 제대로 배변을 하면 어머니가 기뻐해주므로 아기가 그 기대에 부응하려고 하면서 배변 습관이 생긴다. 그것을 어머니가 칭찬해주면 아기에게는 자부심이 생긴다. 아기에게 화장실에서 제대로 배변한다는 것은 어머니에게 선물을 주는 것과 같다. 구강기에 받기만 했던 아기가 '주는 법'을 배우는 것이다.

그러나 어머니에 대한 신뢰가 부족하면 아기는 순순히 배변 훈련을 따르지 않고 반항한다. 화장실 밖에서 배변을 하고 집안을 더럽히는 것은 반항의 일례이다. 이것은 자립을 바라는 주장이라고도 할 수 있다. 이렇듯 대변은 어머니를 기쁘게 하는 선물이기도 하고 곤란하게 하는 무기이기도 하다.

'줄지 말지'를 스스로 조절할 수 있게 된 항문기의 아기에게는 자립을 둘러싼 갈등이 주요 과제가 된다. 어머니의 훈육에 고분고분 따르며 어머니가 기뻐하길 바라는 동시에 자립성도 지키고 싶은 것이다. 이 시기에 상처와 분노가 많을수록 완고하고 고집스러운 성격이 되거나 반대로 자기주장을 할 수 없게 된다. 정신분석 이론에서는 심각한 구두쇠가 되거나 반대로 돈에 '야무지지 못한(죄임이 없는)' 성격이 된다고 이야기한다. 참고로 '야무지지 못한(죄임이 없는)'이라는 표현은 항문을 죄는 활동을 연상시킨다.

● 남근기(대략 3, 4~6, 7세경)

항문기 중반부터 끝 무렵, 아이는 성(性)의 차이를 깨닫는다. 성기를 만지면 기분이 좋다는 것을 알고 스스로 성기를 만지는 행동도 자주 관찰된다. 이 시기의 아이는 남성 성기의 존재를 안다. 프로이트는 이 시기의 여자아이가 자신과 어머니에게 남성 성기가 없는 것을 알고 열등감을 느낀다고 믿었다.

 아이는 부모의 사랑을 강렬하게 바라기 때문에 형제들과 부모의 애정을 둘러싼 경쟁심이 싹튼다. 내담자 가운데 동료나 친구에게 품은 강한 경쟁심으로 인해 무거운 심리적 압박을 느끼게 된 사람이 있다. 그런 사람은 부모의 애정을 둘러싸고 형제들과 경쟁해야 했던 마음의 아픔을 안고 있다. 그들이 경쟁한 이유는 부모의 안정적이고 큰 사랑을 충분히 느끼지 못했기 때문이다. 부모의 애정이라는 파이가 작아서 그것을 둘러싸고 경쟁할 수밖에 없었다. 그리고 어른이 되어서도 어린 시절에 줄곧 느꼈던 부모의 사랑을 충분히 받지 못하면 어쩌나 하는 불안 때문에 고통스러워한다. 성인이 되어 형제 관계가 좋지 않은 원인이 사실은 어린 시절 부모의 애정을 두고 경쟁하며 생긴 미움인 경우도 많다.

 아이는 남근기에 다시 한번 그 시기의 중요한 발달 과제에 직면한다. 그것은 부모에 대한 오이디푸스 콤플렉스 Oedipus complex라고 불리는 감정의 갈등이다. 오이디푸스 콤플렉스에서 비롯되는 갈등은 많은 사람에게서 볼 수 있으며, 그것이 마음의 괴로움과 깊이 관련된 경우가 많다. 다음 단계인 잠복기와 성기기에 대해 간단히 정리한 뒤 오이디푸스 콤플렉스에 대해 상세히 알아보도록 하겠다.

● 잠복기(5~12세경)

초등학교에 들어가면 아이의 관심은 아버지, 어머니의 애정을 얻는 것에서 가정 밖으로 향해 친구 관계나 사회 규율, 규범을 몸에 익히는 것, 공부 등으로 옮겨간다. 성적으로 성숙하는 것은 사춘기 이후로 미뤄진다. 초자아가 확립되고 성적인 것의 금기도 몸에 익힌다. 그러나 잠복기 중에도 아이는 성에 대해 계속 관심을 가진다. 성행위에 대해서 지식을 획득하는 것도 이 무렵이다. 그러나 성행위에 대해서는 금기이며 '나쁜 것'이라는 인상을 받는다.

● 성기기(12세경 이후)

사춘기에 들어서면 지금까지의 발달 단계에서 중요했던 구강 쾌감, 항문 쾌감은 이차적인 것이 되고 쾌감 획득의 주요 기관인 성기를 중심으로 하는 성 활동이 주가 된다. 이 단계에 이르러서 성 활동은 성기 기능이라는 목적으로 통합된다.

　이 시기에 성 충동은 급격히 강해진다. 성기적 충동과 더불어 구강기와 항문기의 충동도 강해진다. 그래서 사춘기 아이에게는 지금까지 발달 단계의 성충동이 채워지지 않아서 생긴 상처가 표면화되어 외로움을 크게 느끼기도 한다. 또 요구 사항이 늘거나 완고한 성격이 되거나 공격성을 띠는 경우도 빈번하다.

성기기 이전 단계의 아이는 부모에게서 사랑받고 승인받기 위해 부모의 가치관을 적극적으로 받아들인다. '아버지, 어머니가 바라는 '좋은 아이'가 되어 사랑받으려' 한다. 그러나 성기기에 접어들면 자립이 특히 중요한 발달 과제가 된다. 이 시기의 아이는 부모의 가치관에서 자유로워지고 자신만의 가치관과 행동 규범을 만들고자 하는 마음의 움직임이 특히 활발해진다. 심리적 의미의 '자기 자신'을 만들려는 것이다. 그러므로 그때까지 부모의 초자아를 그대로 받아들이고 부모의 말에 따르던 아이는 이제 '나는 사실 이것이 좋고 저것이 싫다. 이것은 하고 싶고 저것은 하기 싫다'라는 것을 명확히 하려고 한다.

어린아이는 부모의 애정이 따뜻하고 일관되며 조건이 없고 안정적이라고 느낄수록 안심하고 성장할 수 있다. 무엇을 느끼고 생각하든, 어떤 행동을 하든 부모가 나를 늘 똑같이 사랑해준다고 실감한다면 아이는 자신이 진짜 느끼는 감정과 욕구, 생각을 순수하게 느낄 수 있다.

반대로 부모의 사랑이 조건적이라고 느끼면 '아버지, 어머니는 내가 무엇을 하기를 바랄까? 무엇을 느끼길 바랄까? 어떤 생각을 하길 바랄까?' 하며 신경을 곤두세우게 된다. 그런 아이는 부모의 애정과 허락을 강렬하게 원한 나머지 부모의 가치관(초자아)에서 독립하는 것이 너무 무섭다. '자신의 느낌이나 생각, 호불호, 욕구' 등을 희생한다. 부모가 바라는 대로 계속해서 느끼고 생각하려 하므로 자신의 감정, 사고, 호불호를 알지 못하게 된다. 그런 아이는 '내가 없는' 감각이 심해진다. 이것은 굉장히 깊고 크며 참기 힘든 고통이다.

성기기 때 많은 사람이 이성 교제나 결혼이라는 과제에 몰두한다. 이성 교제와 결혼을 통해 자기 자신을 확립하고, 타인과 몸과 마음 모두 친밀하고 조화로운 관계를 키운다는 숙제를 완수해야 한다. 이것은 아주 힘든 일이다. 성기기까지의 발달 단계에서 마음의 상처가 클수록 어려움이 많다. 예를 들어, 연인에게 이상적인 부모가 해줄 법한 것들을 과하게 바라거나, 부모에게 느꼈던 분노를 상대방에게 터뜨린다. 또 그런 일로 상대에게 상처를 주거나 자기 자신에게 상처 주는 것이 두려워서 마음을 열지 못하는 때도 있다. 이런 불안이 너무 커서 연애도 결혼도 하지 못하는 사람도 있다.

2. 정리 정돈과 청결을 추구하는 가치관

프로이트의 성 심리 발달 이론에서는 인간의 근원적인 마음 아픔에 관한 중요한 이해를 얻을 수 있다. 그 가운데 하나를 살펴보기로 하겠다.

'정리 정돈을 제대로 하고 깨끗하게 유지해야 한다', '모든 것은 정확하게 이루어져야 한다', '몸은 청결해야 한다'와 같은 신념은 누구나 가지고 있다. 그것이 중요한 이유로 '정리 정돈을 하지 않으면 작업 능률이 떨어지고 물건을 잃어버리므로' '신체를 청결히 하지 않으면 냄새가 나서 사람들에게 불쾌감을 주므로' '외모를 잘 꾸미지 않으면 인상이 나빠지니까' '더러운 환경에서는 병에 걸리니까' 등의 구실을 붙인다. 이것은 이론적으로 옳다. 누구나 당연히 '정리 정돈과 청결은 좋은 것'이라고 믿는다. 그러므로 '깨끗해야 한다'는 정리 정돈과 청결의 강박적 의무감 속에 유아기 때부터 비롯된 마음의 아픔이 존재한다는 것을 깨닫지 못한다.

이런 신념이 강한 사람은 상담에서 '무엇이든지 이야기하고 싶은 것을 자유롭게 말하는 것이 아니라 상담에 적합한 이야기를 해야 한다'고 느낀다. 그것은 사실 '상담사에게 인정받고 받아들여질 수 있는 이야기를 해야 한다'는 생각이다. 상담사가 이와 같은 생각을 품으면 '올바르게 응답해야 한다'고 느끼며 자기 자신을 자유롭게 하지 못하는 역전이가 된다.

정리 정돈에 마음을 쏟고 늘 청결한 사람과는 반대로 정리 정돈을 잘 못 해서 죄책감을 느끼는 사람은 정리 정돈에 대해 정반대로 행동한다. 그러나 '항상 깨끗하게 정리 정돈해야 한다'는 신념을 가지고 있다는 점에서는 같다.

● 정리 정돈에 집착을 낳는 마음의 아픔

어질러진 방이나 책상 등을 남에게 보이는 것에 수치심을 느끼거나 깨끗하고 청결한 자신을 보여야만 한다는 강박적 불안은 어디서부터 생기는 것일까?

어린 시절에 '방을 어지럽히고 지저분하게 해도 부모님이 웃으면서 전부 받아주었다'라고 마음에서 느꼈다면 어질러진 방을 남에게 보여주는 것을 부끄럽게 생각하지 않을 것이다. 부끄럽다는 생각이 드는 이유는 어린 시절 부모에게 '깨끗하게 하지 않으면 사랑받을 수 없다'라는 메시지를 받았을 때 그에 대한 공격성이 생겼는데, '부모에게 분노나 공격성을 느끼면 안 된다'는 죄책감이 공격성을 억압했기 때문이다. 만약 공격성을 억압하지 않았다면, '부모에게 청결이라는 가치관을 강요당했다. 자기들 멋대로 나를 판단하고 조건 없이 사랑해주지 않다니 이상한 분들이다'라고 생각하고 자기 자신에게 죄책감을 느끼지는 않을 것이다.

또 부모에 대한 공격성을 느끼지 않기 위하여 '청결해야만 한다'는 가치관을 강요받은 사실조차 억압하고 깨닫지 못하는 사람도 많다. 그렇지만 정말로 정리 정돈과 청결을 강요당했다고 느끼지 않는다면 '어린 시절 방을 어지럽히거나 속옷에 변을 묻혀도 부모는 나를 마음속 깊은 곳에서부터 너그럽고 수용적으로 대했다'라고 느낄 것이다. 만약 그렇게 느끼지 못했다면 그것은 부모에게 '청결하지 않으면 너를 수용할 수 없다'라는 메시지를 받고 있었다는 말이 된다.

즉 정리 정돈 등 '청결'에 집착이 강하거나 정리 정돈을 잘하지 못하는 것에 대한 죄책감이 강한 사람은 구강기, 항문기 때 마음의 아픔이 강하게 남아있는 것이다.

● 청결에 관한 구강기 및 항문기의 부모 양육 태도

부모가 구강기인 아기의 기저귀를 갈 때 아기의 변을 더럽게 느끼고 혐오스러워하면 그 생각이 그대로 아기에게 전달된다. 이 시기의 아기는 배설을 조절하거나 기저귀를 스스로 교환할 수 없는 수동적인 존재이다. 이때 부모에게 '너는 더럽다'라는 생각을 전달받으면 아기는 자신을 더럽고 나쁜 존재로 느낄 것이다.

항문기에서도 같은 일이 발생한다. 배변 시 속옷에 변을 묻혔을 때 부모가 아이를 진심으로 너그럽게 대하면 그 아이는 죄책감이나 열등감을 품지 않는다. 반대로 부모가 아이에게 공격성, 혐오, 경멸, 거부적인 생각을 가지면 아이는 자신을 '못된 아이'라고 느낀다. 그렇지만 부모에게 당당하게 반발하지 못한다. 마음속에 비참한 생각을 밀어 넣을 수밖에 없다. 이것은 아이에게 매우 괴로운 경험이다.

이러한 경험은 배설물, 항문, 성기에 대한 혐오와 죄책감을 낳기도 한다. 그 죄책감은 우리 문화에 널리 퍼져있는 성에 대한 죄책감의 근원이 된다. 부모에게 거절당한 경험으로 '깨끗하고 청결하지 않으면 사랑받을 수 없다'라는 신념이 더욱 강해진다. 성장한 뒤에도 정리 정돈과 청결, 심지어 모든 일에 대해 불안에서 비롯되는 '제대로 해야만 한다'는 강박적인 마음이 든다.

이와 관련한 개인적인 기억을 떠올려본다. 내 어머니는 권위적이고 억압적인 분이었다. 그런 어머니에게 길러진 나는 겁 많은 내성적인 어린이였다. 초등학교 1학년 때 수업 중에 오줌이 마려웠는데 그것을 선생님께 말하지 못하고 결국 교실에서 오줌을 싸고 말았다. 선생님은 비교적 엄격한 중년 여성이었지만, 아무리 그렇다고 해도 아이가 화장실 가는 것을 금지할 만큼 불합리한 분은 아니었을 것이다. 내가 '오줌 마렵다'라고 말하지 못한 이유는 어머니와 배설을 포함한 내 욕구를 안심하고 솔직하게 말할 수 있는 관계가 아니었기 때문이다.

● 불결한 아이에 대한 공격심

만약 이런 갈등을 강하게 가진 사람이 교사가 되면 지저분한 옷을 입고 등교한 아이를 보고 혐오감이 솟아오른다. 그렇지만 '모든 아이를 사랑하고 받아들여야 한다'는 초자아의 강력한 명령을 받으면 혐오감은 억압되고 그것을 스스로 인식할 수 없게 된다. 그러나 혐오감을 억압했다고 해서 불결한 아이를 다른 아이들과 동등하게 받아들일 마음이 들지는 않는다.

교사는 그 아이의 부모에게 공격성을 느낀다. 자기 부모에 대한 공격성을 강하게 억압할수록 그 아이의 부모에 대한 공격성은 높아지며 비난하고 싶어진다. 이렇게 지나친 공격성은 본래 자기 부모를 향한 것이다. 또는 교사는 아이의 부모에 대한 공격성을 억압하는 대신 그 아이 자체를 문제시하고 싶어진다. '이 아이를 제대로 가르쳐야 한다'며 비판하려는 기분을 느낀다.

물론 현실적으로 정리 정돈이나 청결은 필요하다. 정리를 잘하면 작업을 효율적으로 할 수 있고 청결하지 않으면 병에 걸릴 수 있다. 그러나 정리 정돈에 대해 죄책감을 느끼거나 청결하지 않은 것에 강박적인 불안을 느낀다면 그 기저에는 마음의 아픔이 있는 것이다.

3. 부모에 대해 억압된 공격심이 나타날 때

구강기 및 그 이후 단계에서 마음의 고통이 심한 사람일수록 부모에 대한 격렬한 공격심이 억압되어 있다. 그런 사람이 연로한 부모의 병간호를 하게 되면 부모의 배설물에 강한 혐오를 느낀다. 오랫동안 억압된 공격성이 충동적으로 튀어나와 부모를 학대하거나 때로는 살인으로 이어지기도 한다.

지금까지 살펴본 바와 같이 상담사에게 '조리 있게 이야기해야 한다'는 전이 저항이 강한 내담자는 구강기 때부터 여섯 가지 고통스러운 감정이 있다. 그것은 ① 부모에게 거부당한 강렬한 슬픔과 외로움, ② 부모에 대한 공포, ③ 부모를 향한 극심한 분노, ④ 그 분노로 인한 죄책감, ⑤ 열등감, ⑥ 그런 감정을 자기 안에 억누르고 견뎌야만 하는 고통이다. 이러한 아픔에 생각을 더해가는 것이 내담자에게 공감으로 통한다. 상담에 오는 대부분 사람이 이러한 고민을 강하게 안고 있다.

여기까지 살펴본 것처럼 프로이트의 성 심리 발달 이론은 '완벽하게, 깨끗하게, 잘하는 것'을 협박적으로 요구할 수밖에 없는 내담자의 고민을 공감적으로 이해하는 데 도움이 된다. 또한 오이디푸스 콤플렉스를 둘러싼 마음의 아픔을 이해하는 데에도 도움을 준다. 마음의 여러 증상으로 힘들어하는 내담자 가운데 다수가 해결되지 않은 오이디푸스 콤플렉스 갈등이 있다. 다음으로는 오이디푸스 콤플렉스에 대해 알아보도록 하겠다.

제4장. 오이디푸스 콤플렉스

1. 오이디푸스 콤플렉스_{Oedipus complex}란?

● 남근기 아이가 갖는 이성 부모에 대한 친밀 욕구

아이는 두 부모 모두의 사랑을 원하지만 남자아이는 모친에게, 여자아이는 부친에게 특히 강한 애착을 느끼는 시기가 있다. 프로이트는 남자아이가 흔히 '어머니를 독점하려는 것, 아버지를 훼방꾼으로 여기는 것, 아버지가 어머니에게 애정을 표현할 때 기분 나빠하는 것, 아버지가 여행 가거나 부재 시에 만족감을 나타내는 것(139)'이나 '엄마랑 결혼할래요'라고 말하는 경우가 있음을 지적했다.

이런 현상은 여자아이에게서도 동일하게 볼 수 있다. 프로이트는 남근기 이전의 여자아이는 오직 어머니의 애정만 원하며, 아버지를 (어머니의 사랑과 관심을 둘러싼) 달갑지 않은 경쟁 상대(140) 정도로 여기다가 남근기에 들어오면 아버지의 사랑을 바란다고 보았다. 또 '어머니를 방해꾼으로 치부하고 그 자리를 점령하려는 욕구가 있으며, 성인 여성이 쓰는 수단을 이용하여 교태를 부린다(141)'고 지적한다. 부모도 마찬가지로 모친은 아들을, 부친은 딸을 더 예뻐하는 경우가 자주 있다. 이성 부모를 향한 아이의 애착은 그런 부모의 행동으로 인해 더욱 자극받는다.

남근기의 아이는 부모의 사이가 자신에게는 허용되지 않는 친밀하고 특별한 관계임을 알게 된다. '아버지는 나에게 주지 않는 사랑을 어머니에게 준다', '어머니는 나보다 아버지를 더 사랑한다'라고 느낀다. 그리고 자신은 그 친밀하고 특별한 관계의 외부에 방치된 것 같은 느낌이 든다. 이 시기의 아이에게 동성 부모는 경쟁자이다. 남자아이는 아버지에게, 여자아이는 어머니에게 적대심을 품는다.

● 부모가 아이에게 갖는 라이벌 의식

부모가 아이에게 경쟁심을 느끼는 경우도 적지 않다. 어머니가 딸에게 (자기도 모르게) 은근히 경쟁심을 느껴 딸을 이기고 싶어 하고, 딸의 젊음과 아름다움을 질투한다. 마찬가지로 아버지가 아들에게 경쟁심을 느껴서 아들에게 지지 않으려 하고, 아들이 강하고 훌륭한 어른으로 성장하는 것을 허용하지 않고 바보로 만들거나 헐뜯는다.

부모는 아이를 향한 라이벌 의식을 억압하여 자각하지 못하는 경우가 많지만 그런 마음은 아이에게 그대로 전달된다. 그러면 아이가 자신감을 느끼기 힘들게 된다. 부모를 넘어서면 그들의 사랑을 잃는다고 느끼기 때문이다. 그리고 그런 부모에게 공격성을 품는다. 과거의 임상 경험에서 나는 어머니에 대한 적대감이 강한 여성이 아주 많다는 인상을 받았다. 어머니 마음속에는 딸을 향한 경쟁심이 있는 법이다. 이러한 불화의 근원에는 둘 중에 누가 더 매력적인가, 즉 누가 더 이성에게 사랑받는가 하는 라이벌 의식이 있다. 어머니와 딸이 자주 무의식중에 경쟁하는 이유는 어머니의 남편이자 딸의 아버지인 그 남성의 애정 때문이다. 마찬가지로 아내와 어머니를 둘러싸고 아버지와 아들이 경쟁하는 때도 많다.

● 동성 부모와 동일시

아이에게 있어서 자신에게는 허용되지 않는 친밀함을 아버지와 어머니가 주고받는다는 사실과 동성 부모를 향한 적대심은 깊은 불안을 낳는 원인이다. 그것을 느끼는 것이 괴로워서 남자아이는 적대심을 억압하고 '아버지 같은 사람이 되어서 어머니에게 사랑받아야겠다'라고 생각한다. 여자아이도 어머니를 향한 적대심을 억압하고 '어머니처럼 되어서 아버지의 사랑을 받아야겠다'라고 생각한다. 즉 아이는 동성 부모를 자신과 동일시함으로써 불안을 억누른다.[7] 아이가 부모의 조건 없는 애정을 충분히 느껴 안정된 상태라면 부모의 부부 관계를 비교적 안심하고 잘 받아들인다. 반대로 조건 없는 애정을 충분히 느끼지 못했다면 불안은 부모에 대한 질투를 낳는다. 이렇게 동성 부모, 이성 부모를 둘러싼 애정 욕구와 적대감으로 물든 마음의 움직임을 프로이트는 오이디푸스 콤플렉스라고 불렀다.

---

7) 프로이트는 동성 부모와의 동일시에 관해 이야기했지만 내 임상 경험으로는 아이가 이성 부모의 초자아를 자신과 동일시하여 받아들이는 경우도 매우 흔하다. 부모 모두에게 사랑받고 싶기 때문이다. 그러므로 남자아이가 모친에게 '착한 아이'가 되기 위해 어머니의 가치관을 받아들이거나, 여자아이가 부친에게 '착한 아이'가 되기 위해 아버지의 가치관을 받아들이는 경우가 있다. 예를 들어, 아버지가 '사람은 성실하고 성적이 좋아야 한다'는 신념을 가졌을 때, 딸이 '내가 불성실하거나 성적이 좋지 않으면 아버지에게 사랑받지 못한다'라고 믿어 강박적인 노력을 하거나, 좋은 성적을 받지 못했을 때 큰 좌절감과 열등감을 느끼는 경우이다.

오이디푸스는 그리스 신화에 나오는 왕의 이름이다. 오이디푸스는 어린 시절에 버려졌으므로 자기 부모를 모른 채 자라난다. 훌륭한 왕으로 성장한 뒤 그는 자기 아버지를 아버지인지 모르고 죽이고, 자기 어머니를 어머니인지 모르고 황후로 맞이하여 2남 2녀를 얻는다. 오이디푸스 왕은 나중에 자신이 아버지를 죽이고 어머니와 성관계한 사실을 알게 된다. 그는 너무 절망한 나머지 자신의 눈을 찔러 장님이 되고 나라를 떠난다.

2. 어린 시절의 애정 결핍이 가져오는 심리적 고통

어린 시절에 부모의 조건 없이 안정된 사랑을 느끼지 못하면 유아적 애정 결핍을 마음에 품은 채 어른이 된다. 그리고 그 정도가 심할수록 삶에서 다양한 어려움을 겪는다. 의식하고 있는지와 관계없이 내담자 대부분이 유아기 때부터 계속되는 극심한 애정 결핍에 시달린다.(142) 애정 결핍이 심할수록 자기 자신을 무조건 좋아하지 못하고 완벽함을 추구한다. 다른 사람의 시선을 신경 쓰고, 타인에게 미움받거나 나쁜 평가를 받을까 봐 두려워한다. 또 그런 평가를 당했다고 느끼면 심하게 동요한다. 정당한 자기주장과 자기 표현에도 제동이 걸린다. 게다가 우울, 대인 공포, 강박 증상, 불안, 자기 혐오, 공황 등 신경증적 증상을 갖게 된다.[8] 그리고 무의식중에 애정 결핍의 괴로움을 최대한 느끼지 않기 위해 부모에게 바라던 유아적인 애정을 현재의 인간관계 안에서 얻으려고 한다.

여기서 내담자의 고충에 공감하기 위한 중요한 사실이 분명해진다. 타인

---

8) 이에 관한 자세한 내용은 내 저서 『마음의 증상은 어떻게 생겨나는가 - 공감과 효과적인 심리치료의 포인트』(143)를 참고하길 바란다.

의 호의나 관심, 좋은 평가, 수용을 바라는 마음은 어린아이가 부모를 찾는 욕구에 포함된 성적性的인 성질을 띤다는 것이다.

프로이트는 이것에 대해서 '신경증 증상으로 나타나는 억압된 충동은 리비도Libido이다.(144)'라고 말했으며, 같은 저서에서 리비도에 대해 '성애性愛'라고 바꿔 말했다.(145) 게다가 프로이트는 '열등감은 강한 성애적인 뿌리를 가지고 있다고 말한다. 아이는 자신이 사랑받지 못한다는 사실을 깨달으면 열등감을 느낀다. 성인 또한 마찬가지다(146)'라고 말했다. 이것에 관해 이야기해보자.

● 열등감의 근원

대부분 내담자들은 뿌리 깊은 열등감에 시달린다. 그들은 '사람들에게 인정을 받으면 열등감에서 해방될 것이다', '성공하면 (또는 수입이 오르면, 인기가 많아지면, 멋진 연인이 생기면, 좋은 성적과 고학력을 얻으면, 예뻐지면) 열등감에서 해방될 것'이라고 믿으며 강박적인 노력을 한다. 그리고 자신이 열등감을 느끼는 이유를 '저 사람만큼 일의 성과를 내지 못했기 때문에', '내 학력이 낮아서' '저 사람만큼 미인이 아니라서' 등과 같은 특정 행동이나 결과 때문이라고 믿는다. 그러나 사실 그것은 항상 마음속에 자리 잡고 있던 열등감이 자극된 것뿐이다.

열등감의 진짜 원인은 부모의 조건 없는 사랑을 충분히 느끼지 못하고 '능력이 없으면(상냥하지 않으면, 귀엽게 행동하지 않으면) 부모에게 인정받지 못할 것'이라고 느낀 마음의 아픔이다. 예를 들어, '내 부모님은 성적이 좋은 사람을 훌륭하고 가치 있다고 생각한다'라고 느끼며 자란 사람은 학력이나 출신 학교에 집착한다. 또 성적 편차를 기준 삼아 사람을 비교하며 우월감이나 열등감을 느낀다. 그러나 '내 부모님은 성적에 따라 사람의 우열을 가르지 않는다'라고 진심으로 느끼며 자란 사람은 학력이나 출신 학교로 우월감이나 열등감을 느끼지 않는다.

열등감(또는 열등감에서 벗어나려는 강박적인 노력)의 기저에는 '아버지와 어머니에게 사랑받을 만한 가치가 있는 '착한 아이'가 되지 못하여 사랑받지 못하면 견딜 수 없이 외로울 것'이라는 유아적인 애정 욕구가 깔려있다.

● 애정 결핍과 애정 욕구

이것은 내담자의 고통을 상상하고 그것에 공감할 때 매우 중요하다. 열등감에 시달리는 사람은 부모의 조건 없는 사랑으로 안심했던 경험이 충분하지 않아서 외로움을 채우기 위하여 타인의 관심과 호의, 좋은 평가를 바란다. 그 욕구는 넓은 의미에서 유아가 부모의 사랑을 원하는 것과 같이 몸과 마음이 모두 착 달라붙은 접착적인 성적 욕구이다.

공감에서 중요한 것은 고객의 하소연을 들으면서 그들의 괴로움을 최대한 자기 일처럼 생생하게 상상하는 것이다. 이때, 애정 욕구에 동반되는 성적이고 접착적인 감각에 대해 생각을 더해보는 것이 매우 중요하다. 상담사가 고차원적으로 내담자의 어려움을 이해하고 있는지는 내담자에게 전해진다. 그 부분이 상담에서 내담자를 깊은 수준의 변형으로 이끌기도 하고 얕은 수준에 머물게도 한다. 상담의 성패를 가르는 중요한 요소 가운데 하나이다.

예를 들어보겠다. '한 사람이 뒤에서 내 욕을 하고 다녀서 모두가 나를 안 좋게 생각할 것' 같은 불안감을 느끼는 남성이 있다. '그를 오랜 친구라고 생각했는데 이렇게 차갑게 굴다니 용서할 수 없다'며 화도 낸다고 해보자. 이는 그 남성이 타인의 호의와 관심을 원하는 것이다. 만성적인 애정 결핍이 큰 내담자일수록 유아가 부모에게 몸과 마음 모두가 밀착된 애정을 원하는 접착적인 성질을 가진다. 그러므로 고통을 이야기하는 내담자의 말을 들을 때 유아가 부모의 애정을 얻지 못해 울부짖는 고통을 상상하고 느끼면서 경청해야 한다.

● 성적이고 접착적인 애정 욕구

연애 문제가 흔히 심각한 고통을 초래하고 마음에 큰 상처를 남기는 이유는 그것이 접착적인 성충동과 연관되어 있기 때문이다. 성충동과 관계없는 인간관계에서는 이성적이고 현실적인 대처가 가능하다.

    연애나 결혼 이외의 대인관계에서도 격렬한 감정에 휩싸이거나 상처받는 일이 잦은 사람은 유아가 부모에게 바라는 성적 애정 욕구를 무의식중에 동성 또는 이성의 사람들에게서 찾는다. 예를 들어, '동료들에게 사랑받지 못할까 봐', '좋은 평가를 받지 못할까 봐' 걱정인 직장인은 유아적이고 접착적인 애정 욕구를 회사 동료들에게로 향한다. 이것은 어른스럽고 이성적인 욕구가 아니므로 회사에서 자신의 평가를 높이기 위한 현실적인 방안을 찾지 못한 채 머뭇거리고 끙끙 앓는 경우가 많다. 현실적인 행동이나 노력을 한다고 해도 과잉 불안이라는 짐을 짊어지고 노력해야 하니 괴로울 수밖에 없다. 과잉 불안이란 그 사람이 어렸을 때 부모에게 품었던 '사랑받지 못할 것 같은' 공포가 근원이 되어 생긴다.

● 쉽게 화를 내는 사람은 외로운 사람

쉽게 화를 내고 타인을 공격하는 사람은 사람과의 연결을 강렬하게 원하는 외로운 사람이다. 그들이 타인의 약점을 파고드는 이유는 사람과 깊게 연결되고 싶기 때문이다. 다른 사람을 화나게 하는 것은 반응을 원하기 때문이다. 소리를 지르는 이유는 자신을 알아주기를 바라기 때문이다. 공격하거나 싸움을 하는 것이 그들에게는 연결방식이다.

그러므로 쉽게 화를 내는 사람은 사실은 사랑을 주고받고 싶지만 그렇게 하지 못한다. 상처받을까 봐 두려워서 애정 욕구를 솔직하게 표현하지 못하는 사람이다. 더 나아가 애정 욕구를 억압하여 느끼지 못하는 사람도 있다. '혼자여도 괜찮다'라고 믿는다. 그렇게 믿게 된 이유는 사랑을 주고받고 싶은 애정 욕구를 표현했다가 상처받은 경험 때문이다. 그 순간 '두 번 다시는 애정을 구하지 않겠다'라고 결정한다. 그것은 아마 어린 시절의 경험일 것이다.

그들은 분노와 공격 같은 방식으로 관계를 형성하므로 사람들과 한층 더 벽을 쌓고 거리를 둔다. 그러면 더욱 외로워진다. 그래서 더 자신을 알아주길 바라고 화를 낸다. 쉽게 화를 내는 사람은 외로움에 고통받는 사람이다.

3. 성 충동과 강박 관념

● 자녀에게 성(性)적인 관심을 보이는 부모

유소년기에 부모에게 안전하고 안정된 사랑을 충분히 느끼지 못해서 애정 결핍에 시달리는 사람은 자기 자녀에게 성적 애착을 갖기 쉽다. 아들을 둔 어머니 가운데는 아들에 대한 애착에 성적 호기심이 다소 존재한다는 사실을 알아차린 사람도 있을 것이다. 마찬가지로 애정 결핍이 강한 아버지가 딸에게 성적 애착을 느끼는 경우도 많다. 아버지가 누구보다도 자신의 딸과 성행위를 하고 싶다고 느끼는 것조차 희귀한 일은 아니다.

부모가 아이에게 성적 관심을 보이는 구체적인 행동으로는 아기의 기저귀를 갈 때 아기의 성기에 관심을 두고 만지는 것을 예로 들 수 있다. 아기를 안을 때에도 부모에게 성적인 접촉을 원하는 마음이 있을 수 있다. 노골적으로 사춘기 자녀의 몸을 만지는 부모도 있다. 또 부모가 동성 자녀에게 성적 관심을 보이는 때도 있다.

자녀는 부모의 사랑과 관심을 강하게 원하므로 부모에게 성적 관심을 받은 아이는 성충동이 심하게 자극받는다. 또는 자신에게 성적 욕구를 품은 부모에 대한 혐오감으로 인해 성에 대해 강한 죄책감을 느끼는 경우도 많다. 부모와 자식 사이의 교류에 부적절한 성적 호기심이 강하면 아이는 전반적인 인간관계를 성적인 것으로 느낀다. 그러므로 성에 대해 죄책감을 느끼는 동시에 조숙해지거나 성적으로 자유분방해진다.

● 강박 관념의 근원

성충동을 둘러싼 갈등은 '문단속을 잘했는지 신경이 쓰여 여러 번 확인한다', '부엌의 가스 밸브가 제대로 잠겼는지 아무리 확인해도 불안하다', '몸에 더러운 것이 묻어있는 것 같아 자주 손을 씻어도 마음이 놓이지 않는다', '사람을 해칠 것 같아 무서워서 견딜 수가 없다' 등과 같은 강박의 원인이 되기도 한다.

강박 관념에 시달리는 사람은 성충동에 강한 죄책감을 느끼며 그것이 나타날 것 같아 두려워서 강한 불안을 느끼기도 한다. 성충동을 받아들이기 힘들고 두려워서 성충동이 일어나면 그것이 성욕인 것조차 인정하지 않고 '왠지 모르게 무섭다'라고 느낀다. 그 공포 상태를 어떻게든 제어하기 위해

'문이 제대로 잠겨 있지 않을까 봐 불안하다', '집에 불이 날 것 같아서 불안하다' 등으로 해석한다. 그리고 그 불안을 잠재우기 위해 문단속, 가스 밸브 확인, 세수 등의 행위를 필사적으로 하는 증상 형성의 메커니즘이 생긴다.

● 애정 결핍이 가져오는 성적 어려움sexual difficulty과 반동 형성

아이가 몸과 마음이 모두 밀착된 부모의 애정을 바라는 충동에 강한 결핍과 갈등을 느꼈다면 성인이 된 뒤 성생활에서 어려움을 겪는다. 많이 볼 수 있는 현상 가운데 하나로 연인이나 부부 관계에서 성적 충족을 얻지 못하는 경우이다. 유아가 부모에게 바라는 미숙한 애정 욕구를 현재의 연인이나 배우자에게 찾을수록 성행위로는 만족하지 않는다. 그가 진정으로 원하는 것은 성숙한 어른들의 성생활이 아닌 어린 시절의 아버지와 어머니의 사랑이기 때문이다. 성행위를 해도 충족감이 없으므로 그것을 과도하게 원하거나 상대를 자주 바꾼다.

어린 시절에 뿌리를 둔 성적 갈등이 표출될 때 많이 나타나는 또 다른 문제는 성에 대한 깊은 죄책감이다. 자신의 성충동 안에 부모와의 끈끈한 애정 관계를 바라는 유아적인 측면이 강할수록 그것을 추잡한 죄악이라고 여기며 성을 무서워한다. 그리고 스스로 성에 대해 엄격하게 금지한다. 이런 사람은 성적으로 자유분방하고 성적 쾌락을 즐기는 사람, 노출이 많은 옷을 입는 등 성적 매력을 마음껏 뽐내는 사람에 대해 경멸과 적대심을 품는다. 그러나 그 경멸과 적대심의 밑바탕에는 질투가 존재한다. 사실은 자신도 성적으로 즐기고 싶고 이성의 관심을 끌고 싶은 것이다. 이성과의 교류를 두려워하거나 이성 앞에서 긴장하는 것도 성에 대한 죄책감 때문이다. 그런 사람은 성충동을 강하게 억압하여 성욕을 덜 느끼기도 한다. 남성이 여성스

럽거나 반대로 여성이 남성스러운 예도 있다. 성적인 존재가 되는 것이 두려워서 중성적인 성향이 있게 되는 사람도 있다.

그런가 하면 성에 대한 죄책감을 회피하기 위해 '반동 형성reaction formation'이라는 방어 기제를 사용하여 죄책감을 억압하는 사람도 있다. 반동 형성이란 어떤 종류의 감정이나 충동을 느끼는 것이 너무 두려워서 그것이 나타나지 않도록 정반대의 감정을 과도하게 느끼는 것을 가리킨다. 성에 대한 죄책감을 반동 형성으로 억압하려는 사람은 성적으로 극단적인 자유분방함을 보인다. 마치 '나는 성에 대해 아무런 죄책감도 수치심도 없다'라는 것을 적극적으로 보이려는 듯 행동한다. 너무 두려운 나머지 그것을 억압하고 오히려 죄책감이 전혀 없는 것 같은 태도를 보인다. 이런 부류의 사람은 대게 남녀 모두 성적 매력을 풍기려는 강박적인 노력을 한다.

이처럼 성에 대한 금지가 지나치게 강한 사람도, 극단적으로 약한 사람도 성에 대한 죄책감을 억압하려고 한다는 점에서는 같다. 그리고 어떤 유형의 사람도 마음속 깊은 곳에서는 성욕을 가진 자기라는 존재 자체가 더럽고 나쁘다고 느낀다. 이러한 고민을 간직하고 있는 내담자가 적지 않다. 그들의 마음속 깊은 곳에 있는 '나라는 존재 자체가 죄악'이라는 고뇌에 생각을 더해나가는 것이 깊은 치유와 변형을 가져오는 깊은 공감으로 이어진다.

지금까지 프로이트의 성 심리 발달 이론을 살펴보았다. 이제부터 실제 정신분석적 상담에 한층 더 다가가 보기로 하겠다. 먼저 상담에서 특히 중요한 개념 가운데 하나인 '저항'에 대해 알아보자.

제5장. 저항

상담에서 내담자의 마음에는 언제나 저항resistence이 작용하는데 그것은 상담의 진전을 방해하거나 중단하는 원인이 되기도 한다. 그러므로 상담이 성공하기 위해서는 내담자의 저항을 이해하고 적절히 대처하는 것이 필요하다.

1. 저항이란 무엇인가?

프로이트는 자유연상을 만들어냈다. 피분석자는 카우치에 눕고 프로이트는 피분석자가 볼 수 없는 머리 쪽에 앉는다. 그리고 마음에 떠오르는 것을 무엇이든지 자유롭게 말하도록 지시한다. 피분석자가 연상을 이야기해나감에 따라 마음 문제의 원인이 되는 무의식을 이야기하게 되고 프로이트는 그것을 피분석자에게 해석한다. 이런 과정을 통해 피분석자는 그때까지 무의식 영역에서 억압하던 것들을 알게 된다. 이렇게 무의식이 의식화됨으로 인해 치유가 일어난다.

그러나 피분석자가 마음속에 있는 모든 것을 어떠한 선택이나 판단, 숨김도 없이 이야기하는 것은 불가능하다. 반드시 자유연상을 빼먹기 시작한다. '이건 중요하지 않다', '이런 말을 하는 것은 실례다', '부끄러워서 말할 수 없다' 등의 이유로 자유롭게 말하는 것을 중단한다. 정신분석 이론에서는 자유연상을 방해하는 이런 마음의 움직임을 '저항'이라고 부른다.

즉 저항이란 화자가 자유롭게 연상하며 말하는 것을 방해하는 힘을 말한다. 그것은 '과거에 묻혀 있는 중요한 체험이나 감정을 떠올리고 통찰을 얻어 변화하고 싶은' 바람을 방해하는 힘이라고도 할 수 있다.(147)

● 수용적 태도에 대한 저항

인간이 가진 가장 기본적인 갈등 가운데 하나는 더 나답게 꽃피고 성장하려는 '생명의 힘(자기실현을 하고자 하는 충동)'과, 변화를 두려워하여 자신을 제한하는 힘 사이의 갈등이다. 그리고 상담사가 제공하려는 것은 '조건 없는 수용(존중), 공감, 진정성'이 충만한 인간관계이다. 이러한 인간관계 안에서 우리는 편안함을 느끼고 마음에 자기 치유력이 생겨서 조금씩 마음의 아픔이나 갈등을 해결하는 방향으로 진행된다.

그러나 그 변화가 마음의 아픔과 갈등을 해결하는 방향일지라도 변화를 두려워하여 제한하는 쪽에게는 위협이 된다. 그래서 상담 관계에서도 '변하고 싶지 않다. 깊은 내면을 발견하고 싶지 않다'라는 저항이 작용한다. 유능한 상담사는 내담자가 어떤 이야기를 하더라도 그것을 받아들이고 이해하지만 그런 상담사에게도 좀처럼 자유롭게 말하지 못한다.

● 저항은 무의식적이다

저항을 본인이 의식하는 예가 있다. 강제로 상담사에게 끌려온 사람이 '말하나 봐라'하며 입을 다무는 것은 저항의 표현이다. 또 '이런 건 부끄러워서 말할 수 없다'라고 생각할 때에도 저항이 표면화된다.

그러나 상담에서 특별히 중요한 저항의 근원은 무의식 영역에 있다. 예를 들어, '이런 말을 하면 상담사가 이상하게 생각할까 봐 말할 수 없다'라는 수치심을 의식할 때 그 수치심의 진짜 원인은 모르는 경우가 많다. 상담의 효과가 나타나는 것은 그 무의식의 근원까지 변화가 일어날 때이다. 이제부터 이것에 대해 자세히 살펴보기로 하자.

2. 저항의 표현 방식

우리가 진정으로 마음을 열고 자유롭게 말할 때 이야기의 맥락은 이리저리 날아다니며 순서도 맞지 않는다. 자기 이야기를 하고 있다고 생각했는데 다른 사람에 관해 이야기하고, 어제의 일을 이야기하고 있다가도 다음 주에 있을 일을 이야기한다. 사실을 설명하는가 하면 감정을 말하거나, 어떤 주제에 관해 이야기하다가도 다른 쪽으로 화제를 옮긴다. 수다쟁이처럼 말할 때도 있는가 하면 때로는 침묵하거나 하는 식이다. 그리고 무슨 말을 하는지 쉽게 이해가 된다. 연상이 자유롭게 흘러가고 자발적으로 대화하고 있을 때는 그렇다. 이와 반대되는 다음과 같은 행동은 모두 저항의 표현이다.

- 현재에 관한 이야기만 하고 과거의 괴로운 일에 대해서는 말하지 않는다.

- 과거의 일만 이야기하고 현재의 고통이나 상황에 대해 말하지 않는다.
- 자신에 관해서만 이야기하고 배우자나 부모 등, 중요한 주변 사람에 대해서는 말하지 않는다. 또는 말하더라도 아주 짧게 표면적인 이야기만 한다.
- 오로지 다른 사람 이야기만 하고 자신의 감정이나 행동에 관한 이야기는 하지 않는다.
- 자유로운 연상에 따라 말하는 것이 아니라 질서 있게 순서대로 말하려고 한다. 때로는 말할 내용을 종이에 적어서 지참하고 그것에 따라 이야기한다.
- 침묵하지 않고 계속 말한다.
- 침묵이 너무 많다.
- 사건을 설명할 뿐 감정을 표현하지 않는다.
- 감정이 앞서기만 하고 무슨 일이 일어났는지, 누가 무슨 말을 했는지 등 구체적인 사실에 대해 알 수 있도록 이야기하지 않는다.
- 특정한 것만 집착해서 이야기하고 화제가 확산하지 않는다.
- 무엇이든 자세하게 이야기하지 않고 화제가 자꾸 바뀌어서 어떤 것도 자세히 알 수 없다.

위의 내용은 모두 내담자가 무언가를 회피하는 경우이다. 즉 내담자의 마음속에 저항이 작용하고 있어서 진짜 중요한 것은 말하지 못한다.

3. 무엇을 피하려고 저항하는가?

저항이 작용하는 목적을 간단히 이야기하면, 느끼면 견디기 힘든 감정을 느끼지 않도록 하기 위함이다.

과거의 이야기만 한다는 것은 현재의 괴로움을 무의식중에 피하는 것이다. 현재의 이야기만 하는 이유는 과거의 무언가를 떠올리거나 미래에 대한 불안을 느끼는 것을 피하고 있기 때문이다. 자기 일만 이야기하는 것은 다른 누군가에 대한 분노와 미움, 의존적인 어리광 욕구 등 어떤 감정을 피한다는 것이다. 다른 사람 이야기만 한다는 것은 자신의 감정을 차분히 느끼는 것을 피한다는 뜻이다.

질서 있게 순서대로 말하려는 이유는 '자유롭게 이야기하면 엉뚱한 감정, 생각, 공상이 튀어나올 수도 있다'라는 두려움 때문이다. '질서 있게 이성적으로 말하지 않으면 상담사가 나를 좋지 않게 생각할 것'이라는 공포 때문일 수도 있다. 그 공포를 피하려고 논리적으로 차근차근 이야기하려는 것이다.

침묵하지 않고 계속 이야기하는 것은 이야기를 멈추면 괴로운 감정과 상상이 솟구칠 것 같아서 그것을 피하는 것이다. 괴로운 감정과 상상이란 분노, 슬픔 또는 애정을 바라는 의존적인 감정일 수도 있고 다른 사람이 자신을 싫어한다는 상상일 수도 있다. 반대로 침묵이 많다면 '상담사가 인정하고 수용할 만한 것만 이야기해야 한다'라는 생각 때문에 할 말이 떠오르지 않는 것일지도 모른다. 처음 만나 대화를 할 때 무슨 말을 해야 할지 모르겠다는 사람은 '나를 숨기지 않으면 미움을 받을 테니 있는 그대로 이야기하면 안 된다'라는 금지, 즉 저항이 무의식중에 작용한 것이다. 또는 상담사에 대한 분노와 불신 때문에 의식적으로 말하기를 거부하는 것일 수도 있다.

객관적인 사실만을 이야기하고 감정을 표현하지 않는 이유는 감정을 피하기 위해서이다. 사고와 감정을 피할 목적으로 사용한다.(148) 반대로 사실을 구체적으로 말하지 않는 것은 무슨 일이 일어났는지 구체적으로 떠올리면 그 사건에 얽힌 감정이 솟구칠 것 같아 무서운 것이다. 마찬가지로 무엇이든 자세하게 이야기하지 않고 대화 주제가 계속 바뀌는 경우도 자세하게 이야기하다 보면 괴로운 감정과 기억이 튀어나올 것 같아서 그것을 피하는 것이다. 한편, 어떤 특정한 것만 이야기할 때는 무언가 말하기를 피하고 있는 다른 괴로운 것이 있다는 뜻이다.

상담에서 내담자가 이런 행동을 할 때는 내담자가 어떤 감정과 상상을 피하는 것인지, 그것을 의식하는 것이 왜 힘든지를 이해해야 한다. 그것에 대해서는 3부의 사례 연구에서 구체적으로 살펴보겠다.

나는 예전에 전철역에서 10대 중반 정도의 여성 2명이 단정하지 못한 옷차림을 하고 익숙하지도 않은 담배를 피우며 큰 소리로 소리치고 떠드는 모습을 본 적이 있다. 그들은 언뜻 보기엔 즐기는 듯 보였지만 결코 즐거워 보이지 않았다. 마음속의 우울, 공허함, 열등감, 신경질, 슬픔 등 어떤 고통스러운 감정을 느끼지 않기 위해 억지로 즐거운 것처럼 행동하는 듯이 느껴졌다.

상담도 그렇다. 항상 웃으며 활기차게 이야기하는 내담자가 있었다. 그렇지만 늘 웃는 얼굴의 그녀와 함께 있어도 나는 조금도 즐겁지 않았다. 그녀는 마음속 우울을 느끼지 않으려고 언제나 밝게 행동했을 것으로 생각한다. 이런 방어를 '조적 방어manic defence'라고 한다. 고양된 조증 기분을 느낌으로써 우울을 느끼지 않도록 하는 것이다. 앞서 이야기한 전철역의 여자아이들도 조적 방어의 한 사례이다.

또 상처받았을 때 그것이 느껴지는 것을 피하려고 분노를 느끼는 것, 화가 났을 때 화를 억누르기 위해 자기 혐오에 빠져 낙심하는 것도 진짜 감정을 느끼지 않으려고 다른 감정을 느끼는 예이다.

이처럼 겉으로 보기에 즐거워 보이거나 반대로 우울해 보일 때 이 감정들은 더 고통스러운 감정을 느끼지 않기 위한 방어인 경우가 있다.

4. 내담자와 상담사의 관계에서 나타나는 저항

저항은 변형을 방해하는 힘에서 탄생한다는 견해가 생긴다. 우리는 '괴로움, 상처, 모순을 해결하고 더 자유로워지려는' 자가 치유력을 가지고 있다. 그런데 그것에 대항하여 '진짜 감정을 느끼는 것이 너무 두려워서 감정을 억누른 채 변화하지 않으려는' 강한 충동이 있다. 이러한 후자의 충동이 저항의 근원이라는 견해이다. 이것은 개인의 저항을 보는 견지이다.

한편 '저항이란 내담자가 상담사에게 향하는 것'이라는 대인관계에서 저항의 근원을 찾는 관점도 있다. 즉 저항의 근원을 전이 현상으로 보는 것이다. 이런 견해에서는 전이 현상이야말로 저항의 가장 중요한 원천이며, 상담의 성패는 전이 저항을 어떻게 다루는지에 의해 결정된다고 볼 수 있다. 전이 현상은 상담에서 그 정도로 중요한 현상이다. 다음 장에서 전이에 관해 자세히 배워보겠다.

제6장. 전이에 대하여

1. 공감적으로 이해하기 힘든 내담자

공감적 이해가 상담의 성패를 좌우하는 매우 중요한 요소라는 것이 많은 연구를 통해 밝혀졌다.

예를 들어, 이와카베岩壁, Iwakabe S. 연구진[149]은 상담 훈련을 받은 판정단에게 상담 장면 녹화본을 보여주고 내담자와 상담사의 관계가 양호한지 판정하게 했다. 그리고 가장 양호하다고 판정된 4개와 좋지 않다고 판정된 4개를 뽑아 상담사의 응답을 비교했다. 그 결과 양호한 관계를 맺은 상담사는 학파와 상관없이 내담자의 감정을 정확히 이해하였고, 내담자가 감정을 표현했을 때 공감적으로 대답했다. 또 경험이 많고 유능한 상담사일수록 내담자와 공감적이고 수용적인 관계를 키워온 사실도 알 수 있었다.[150]

그러나 실제 상담에서는 내담자를 공감적으로 이해하기 어려운 예도 있다. 다음 세 가지 사례를 살펴보자.

[사례 1]
대인 공포가 심해서 '열차 안에 있는 모든 사람이 나를 힐끔힐끔 쳐다본다'라고 호소하는 사람이 있다. 국민적인 아이돌이나 국무총리가 변장도 하지 않고 갑자기 열차에 탔다면 주목을 받겠지만, 유명 인사가 아닌 내담자가 열차를 탔다 한들 사람들은 전혀 신경 쓰지 않을 것이다. 대인 공포를 가진 이 사람의 하소연을 어떻게 공감적으로 이해할 수 있을까?

[사례 2]
상담사는 내담자를 수용적으로 받아들이려고 하는데, 내담자가 상담사를 경계하고 좀처럼 마음을 열지 않는 경우가 있다. 또는 '상담사에게 비난받는 것은 아닐까, 날 싫어하는 것은 아닐까?'라고 계속 불안해하며 이야기하는 내담자도 있다. 이렇게 비현실적으로 강한 경계심과 분노를 어떻게 공감적으로 이해해야 할까?

[사례 3]
한 여성 내담자가 남편에 대한 불만을 토로했다. 그런데 상담사에게는 집안일을 잘 돕고 성실하며 배려심 있는 좋은 남편으로 느껴진다. 내담자는 남편이 아무리 노력해도 불평만 늘어놓는다. 예를 들어, 지난 세션에서 '남편이 ○○해서 불만'이라고 했다가 남편이 그 행동을 고치면 다음 세션에서는 '이번에는 남편이 ××라서 싫다'라고 말하는 것이다. 다정한 남편을 탓하기만 하는 내담자를 어떻게 공감적으로 이해해야 좋을까?

● 바꾸려고 하지 않고 이해하기

앞에서 예로 든 내담자에게 상담사가 해서는 안 되는 일은 내담자의 생각을 바꾸려고 하는 것이다. 상담사가 '열차 안에서 아무도 당신을 힐끔힐끔 쳐다보지 않을 테니 안심하세요.' '저는 당신을 비난하지 않습니다. 자유롭게 무엇이든 이야기해주세요.' '당신의 남편은 잘하고 계신 것 같은데요?'라고 한다면 내담자는 그 말을 반박할 것이다. '아니요, 모두 저를 보고 있어요. 저는 알아요.' '사람들이 쳐다볼 리 없다는 생각은 드는데 아무리 그래도 무서워요.' '남편이 이것도 안 하고 저것도 안 해주는데, 불만을 느끼는 게 당연하지 않나요?'와 같이 말이다.

 내담자는 상담사가 자신을 이해해주고 알아준다는 느낌을 받지 못해서 반박하는 것이다. 상담사가 내담자에 대해 잘 알지 못하므로 이것은 당연한 일이다. 내담자를 이해하지 못하면 그의 생각과 마음을 바꾸고 싶어진다. 내담자의 '문제'로 보이는 반응도 그것이 어떻게 지속해서 발생하는지, 왜 그렇게 반응할 수밖에 없는지를 이해할 때야말로 그 반응이 '합리적' 내지는 '자연스럽다[151]'고 이해할 수 있다.

 그렇지만 실제로는 상담사에게 반론하지 못하는 내담자도 많다. 사랑받고 싶고 미움을 살까 봐 두렵기 때문이다. 그들은 '그러게요. 사람들이 저를 쳐다볼 리가 없죠? 다음에 열차를 탈 때는 그걸 떠올려볼게요' '남편에게 감사하도록 노력해볼게요' 등과 같이 상담사에게 맞추어 이야기할 수도 있다. 그렇다고 해서 그들이 정말 이해한 것은 아니다. 상담사 앞에서조차 자신의 진짜 감정을 이야기하지 않고 '좋은 내담자'를 연기하는 것이다. 그런 대화로는 내담자가 집에 도착할 때쯤엔 더 힘들어져 있을 것이다.

 또 상담사에게 반론할 수 있는지와 상관없이 자기 마음을 이해하지 못하는 상담사에게는 마음을 닫는다. 이런 경우는 상담사가 인정하는 것만 이야기하는 '좋은 내담자'를 연기하거나 상담에 오지 않게 된다.

그렇다면 상담사는 내담자의 어떤 부분을 이해하지 못하는 것일까? 무엇을 어떻게 이해해야 할까? 이것에 대해 생각해보도록 하자.

2. 인간관계에서 괴로움의 근원

인간관계가 짐이 되거나 괴로운 것은 스스로는 인식하지 못하지만 과거에 치유되지 않은 마음의 상처 때문이다. 앞에서 살펴본 대인 공포를 겪는 사람, 상담사에게 경계심을 풀지 않는 내담자, 다정한 남편에게 불평만 늘어놓는 여성의 고통도 모두 과거의 아픔에 그 원인이 있다. 그들의 반응을 이해하기 어려운 이유는 그것이 현실적이지 않기 때문이다.

우리는 타인의 반응에 대해서는 그것이 현실적이지 않다는 것을 쉽게 알아차리지만 자기 자신의 비현실적인 시각, 감정, 행동은 깨닫기 어렵다. 우리는 외로워하며 타인과 거리 두는 법을 알지 못한다. 그리고 '미움받았다' '바보 취급을 당했다'라고 느끼며 화내고 침울해한다. 자기 혐오에 시달리거나 연인이나 배우자 또는 상사를 향해 감정적으로 행동하기도 한다. 이때 '상대방이(또는 내가) 잘못했으니까 이런 기분이 드는 게 당연하다'라고 생각하고 그것이 비현실적이라는 사실은 깨닫지 못한다. 과거의 아픔이 고통을 낳고 있다는 것은 더욱이 알아차리지 못한다.

이처럼 과거의 아픔이 현재의 고통을 낳는 현상은 전이와 밀접한 관련이 있다. 먼저 전이라는 현상에 관해 설명하겠다.

● 전이란 무엇인가?

어린 시절 우리는 부모에게 모든 것을 의지한다. 부모에게 버림받는 것은 죽음을 의미한다. 스스로 돈을 벌어 음식을 살 수도 없고, 부동산에 가서 주거할 집을 계약할 수도 없기 때문이다. 그래서 어린 자녀에게 부모의 애정과 관심을 잃는 것은 죽음의 공포와 맞먹는 체험이다.

이상적인 부모라면 항상 아이를 100% 조건 없이 사랑할 것이다. '너는 A와 비교하면 머리가 나쁘고, B만큼 솔직하지 않고, C만큼 기량이 좋지 않고, D와는 달리 운동신경이 둔한 아이야. 그렇지만 그런 건 아무래도 상관없어. 너는 세상에서 가장 멋지고 소중해. 왜냐하면 너는 내 자녀이기 때문이지'라고 말이다. 그러나 실제로 아이를 언제나 100% 무조건 사랑하고 받아들일 수 있는 부모는 없다.[9] 아이에게는 부모에게 사랑받지 못하는 것, 받아들여지지 않는 것이 큰 공포와 상처가 된다. 우리는 누구나 이런 체험을 거쳐 왔다. 그러므로 정도의 차이는 있겠지만 우리는 모두 마음에 상처를 품은 채 살아간다. 어린 시절에 부모의 안정되고 조건 없는 사랑을 느끼지 못하며 자란 사람은 연인에게 심하게 응석을 부리는 경우가 많다. 어린 시절에 관심과 보살핌을 충분히 받지 못한 외로움에서 부족했던 애정까지 지금의 인간관계에서 찾기 때문이다.

이처럼 과거에 부모 등과 같이 중요한 관계에서 느낀 감정, 욕구, 생각, 태도, 행동, 상상 등을 현재의 누군가에게 돌리는 현상을 '전이transference'라고 한다.(152) 전이는 굉장히 넓고 깊다. 또한 우리의 아픔과 괴로움을 이해하기 위해서 매우 중요하다. 구체적인 사례와 함께 자세히 살펴보도록 하자.

---

9) 만약 아이를 항상 완벽하게 100% 사랑하고 받아들이는 부모가 있다면 오히려 바람직하지 않을 것으로 생각한다. 그런 부모에게서 자란 아이는 인간의 아픔이나 어두운 면을 알지 못할 것이고 강인함을 몸에 익히지도 못할 것이기 때문이다.

● 전이 반응은 과거의 아픔에서 생긴다

나는 내담자가 상담을 받아서 슬픔, 외로움, 혐오, 분노, 증오, 무력감 같은 감정들을 충분히 느끼면, 그동안 부모에게 표현하지 않고 마음속 깊이 묻어 놓았던 억눌린 감정이 현재의 어떤 사건을 계기로 분출되는 것을 몇 번이나 경험했다.

전이 반응이란 현재의 어떤 대상에 대해 그 사람이 마치 과거의 중요한 누군가인 것처럼 반응하는 것이다. 예를 들어, 연인들은 상대방에게 어린 시절 부모에게 받지 못한 애정 욕구를 충족 받기 원한다. 그러나 그들은 자신이 연인에게 응석을 부리는 행동이 그 사람을 사랑하기 때문이라고 생각한다. 그것이 어린 시절 채워지지 않은 애정 욕구에서 비롯되었다는 사실은 깨닫지 못하는 것이다. 설령 연인을 향한 애정 욕구 가운데 어린아이가 부모를 찾는 것 같은 부분이 있다고 느끼더라도 외로움, 슬픔, 부모에 대한 강렬한 적대감 등은 일부밖에 느끼지 못한다.

선생님이나 경찰에게 반항하는 비행 청소년이나 거리에서 사람들에게 호통을 치는 어른도 마찬가지다. 그들은 '내가 화를 내는 이유는 선생님이나 경찰, 사람들이 나쁘기 때문'이라고 믿는다. '내 안에 강렬하고 비현실적인 분노, 적대심, 증오가 있으며 그로 인해 현재의 권위자나 타인에게 부적절하게 쏟아내고 있다'라는 통찰은 거의 일어나지 않는다. 이런 공격성은 어린 시절에 부모 등 중요한 관계의 어른을 향해 품었던 극심한 분노가 분출한 것이다. 회사에서 상사나 부하 또는 동료 직원의 결점을 들먹이며 비판하는 사람도 그것이 자기 마음에 있는 적대심과 공격성을 타인에게 터뜨리는 행동이라는 사실은 알아차리지 못한다. 그 알아차림을 회피하기 위해 다른 사람의 결점을 교묘하게 찾아낸다.

어린 시절 부모에게서 '네가 잘못했다' '네가 틀렸다'라고 부정당했던 슬픔과 분노를 해결하지 못한 채 가지고 있는 사람은 직장 내의 인간관계에서도 '네가 잘못했다, 틀렸다'라고 반론 당할 상황을 자꾸 만들어낸다. 그가 무의식중에 의도하는 것은 부정당하는 인간관계를 만듦으로써 마지막엔 '내가 옳다'라고 인정하게 하려는 것이다. 처음에는 그를 부정하던 사람들이 결국 마지막엔 '당신이 옳다'라고 인정하게 하고 싶은 것이다. 그렇게 함으로써 어린 시절 '나를 인정해주지 않은 부모에게 인정받고 싶었던' 강렬한 소원을 이루려고 한다. 궁극적으로 그것을 통해 진짜 원하는 것은 스스로 자신을 인정하고 받아들이는 일이다. 그러나 직장에서 타인을 비판하고 계속 공격하는 사람은 자기 행동에 대한 깨달음은 없이 다툼을 반복한다.

이러한 사례에서 알 수 있듯이 전이 반응은 과거에 발생하여 현재까지 남아있는 마음의 아픔에서 생겨난다.

● 비현실적이고 무의식적인 전이 반응

전이 반응이란, 과거의 중요한 인간관계에서 느꼈던 감정이나 생각, 환상, 태도 등을 현재의 다른 대상에게 돌리는 것이다. 그러므로 이것은 현재 상황에 맞지 않는 비현실적인 반응이다. 또 전이 반응은 거의 무의식적이다. 그렇지만 본인은 자신의 감정이나 생각, 행동이 현실적이라고 믿으며 비현실성은 거의 깨닫지 못한다.

전이 반응이 비현실적인데다가 마음의 아픔에서 비롯되므로 전이 반응을 격렬하게 일으키는 사람일수록 현실이 바로 보이지 않고, 삶이 고달프고 괴롭다. 이것에 관해서는 뒤에서 구체적으로 다루겠다.

3. 전이 반응이 일어나기 쉬운 인간관계

연인 또는 부부, 친한 친구 관계는 전이 반응이 일어나기 쉬운 인간관계이다. 이런 관계는 친밀해서 어린 시절 부모와의 관계 속 친밀함이 무의식중에 되살아난다.

또 교사, 직장 상사, 경찰 등 권위자와의 관계도 전이 반응을 끌어내기 쉬운 관계의 하나이다. 이런 관계는 권위자가 자신보다 권력이 있고, 막강한 영향력을 가지고 있다는 점에서 유소년기의 부모 자녀 관계와 같다. 어린 시절 우리에게 부모는 절대적인 힘과 영향력을 지닌 존재였다.

연인이나 배우자에 대한 의존이 강한 사람, 권위에 반항하는 사람, 반대로 권위 앞에서 힘을 잃고 지나치게 순종하는 사람, 비행 청소년, 선생님의 관심을 바라는 학생, 난폭한 사람, 타인에 대한 불신이 강한 사람들은 어린 시절의 애정 욕구가 충족되지 않고 심한 상처를 받은 사람이다.

● 전이 반응을 일으키는 요인

나카지마 유이치中島勇一는 연인에게 집착하는 괴로움의 근원에 대해 다음과 같이 이야기했는데, 이것은 전이에 대한 설명이 된다.

> 원래부터 마음속에 상처(상실감, 결핍, 불안, 공포)가 있어서 괴롭다. 괴로우니까 눈앞에 마음이 끌리는 것에 매달린다. 그것에 매달려 있으면 상처의 고통이 느껴지지 않을 것 같기 때문이다. 그러나 본래 마음의 상처가 치유된 것이 아니므로 집착을 내려놓으려고 하면 모처럼 찾은 안정감이 사라지고 다시 괴로운 상태로 되돌아가 버린다. 그래서 시간이 지나도 집착을 놓을 수 없게 된다.(153)

인간관계의 괴로움에 대한 에크하르트 톨레Eckhart Tolle의 아래 서술도 전이 반응에 관한 것이다.

> (연애나 결혼 등의 친밀한 관계는) 다른 의존증과 마찬가지로 약을 먹으면 하늘을 날듯이 기분이 좋아지지만 언젠가 반드시 약효는 사라진다. 그리고 (자신의 내면에 있는) 아픈 감정이 다시 나왔을 때 그 고통은 훨씬 더 강하게 느껴진다. 이때 당신은 애인이나 배우자가 원인이라고 생각한다. 그 고통의 원인을 외부 탓으로 돌리고 상대방에게 자기 아픔의 일부인 폭력을 잔인하게 휘두른다. 그러면 상대방도 자신이 가진 아픔이 되살아나서 역으로 공격할 수도 있다. 그 시점에서 당신의 에고ego는 무의식중에 '상대방을 공격하거나 조작하면 상대에게 효과적으로 벌을 주어 행동을 바꿀 수 있다. 그렇게 되면 내 아픔을 숨기기 위해 또다시 상대를 이용할 수 있다'고 기대한다.
> 　모든 의존증은 자신의 아픔에 직면하여 고통을 극복하는 것을 거부하기 위하여 생긴다. 모든 의존증은 고통의 시작이자 끝이다. 당신이 의존하는 것이 무엇이든지 - 알코올, 음식, 약물, 사람 - 당신은 자신의 아픔을 감추기 위해 누군가 또는 무언가를 이용한다. 그러므로 친밀한 관계는 초기에 친밀감이 고조되었다가 그 시기가 지나면 불행과 아픔이 따른다. 친밀한 관계가 불행과 아픔을 만들어내는 것은 아니다. 친밀한 관계는 당신의 내면에 원래부터 존재하던 고통을 밖으로 끌어낸다. 모든 의존증은 내면의 고통을 표면화시킨다. 모든 의존증은 더는 통하지 않을 때가 온다. 그때 당신은 헤아릴 수 없이 큰 고통을 느끼게 된다.
> 　그러므로 대부분 사람들은 언제나 '지금'에서 도망쳐 미래에게 어떤 도움을 구한다. '지금'에 집중하면 처음에 느껴지는 게 자기 안에 있는 아픔일까 봐 겁을 낸다. 그렇지만 '지금'에 연결되고 '존재'의 힘에 연결되면 과거도 아픔도 모두 풀려간다. 사람들이 환상을 지워 없애는 현실에 연결되는 일이 얼마나 쉬운 일인가를 이해하기만 한다면 얼마나 멋지겠는가?(154)

톨레의 말처럼 과거나 미래에 얽매이지 않고 '지금'을 살기 위해서는 상담을 통해 오랜 아픔을 치유하는 것이 도움이 된다.

● 전이 대상자가 가진 중요한 영향력

전이 반응 때문에 상담사, 연인 또는 배우자, 친구, 교사 등은 내담자의 어린 시절 부모만큼이나 큰 영향력을 갖게 된다. 그러므로 내담자의 과거 아픔에서 비롯된 전이 반응을 적절히 다룬다면 마음속 깊은 상처가 치유될 가능성이 있다. 상담이 효과를 발휘하는 이유 가운데 하나가 전이 현상이다.(155)

그와 동시에 전이 반응을 일으키는 대상에게서 상처를 받으면 마치 어린 아이가 부모에게 상처받는 것과 같은 큰 아픔을 느낀다. 이 마음의 아픔은 (연인, 선생님, 직장 상사, 친구 등) 전이 대상자에 대한 전이 반응이 심할수록 크다. 그러므로 성숙한 성인으로서 맺은 동등한 관계보다 과거의 아픔이 불러일으킨 전이 반응으로 성립된 관계일수록 괴로운 관계가 된다. 유아적인 의존 욕구가 서로에게 향하지만 그것을 현실 속 상대가 충족시키는 일은 불가능하기 때문이다. 현실 속 상대는 아이를 돌보는 부모가 아니다. 자신과 마찬가지로 욕구와 상처를 안고 살아가는 한 명의 인간일 뿐이다. 그러므로 사랑과 관심을 바라는 의존적인 전이 욕구는 반드시 배신당한다. 따라서 전이 반응이 심한 사람일수록 상처받기 쉽다. 그리고 그 아픔은 아이가 부모에게 버림받은 것처럼 격렬하고 크다.

채워지지 않는 극심한 애정 욕구와 공허함이 클수록 비슷하게 공허함과 마음에 상처를 지닌 이성에게 끌린다. 마치 '기氣'가 동조하는 것과 같다. 이런 연애에서는 부모를 잃어버린 아이가 목숨 걸고 부모를 찾는 것처럼 서로가 격렬하게 상대방을 원한다. 그러나 자신이 원하는 만큼 충분한 애정과 관심을 받는 일은 불가능하므로 이내 과격한 분노가 표출된다. 그래서 상대방에 대한 욕구와 분노, 공격성이 공존하며 기복이 심한 괴로운 관계가 된다. 또는 그렇게 되는 것이 두려워서 서로에게 마음을 닫아버리는 때도 있다.

4. 전이를 올바르게 이해하는 것의 중요성

상담사가 내담자의 전이 반응을 이해하고 적절하게 다루지 않으면 내담자에게 상처를 줄 수도 있다. 또 내담자가 변화되지 않고, 변하더라도 표면적이고 일시적인 수준에 머물며, 관계가 중단되는 등 상담의 진전을 방해하는 원인이 된다. 즉 전이는 조력을 진전시키거나 방해하는 데 큰 요인이다. 그만큼 전이는 조력 활동에서 중요한 현상이므로 전이에 대해 더 자세히 알아보도록 하겠다.

다음으로는 전이 반응의 특징을 살펴보도록 하자.

제7장. 전이 반응의 다섯 가지 특징

나는 상담할 때 내담자의 기분이나 행동 (또는 상담사 자신의 기분이나 행동)이 현실에 근거한 반응이 아닌 과거에 받은 마음 상처의 아픔에서 오는 전이 반응임을 깨닫고, 그것이 어떤 전이 반응인지 이해하는 것이 효과적인 지원에 필수 불가결하다고 생각한다.

이제 후나오카船岡(156)와 그린슨Greenson(157)을 참고하여 과거의 아픔에서 비롯되는 전이 반응의 다섯 가지 특징을 살펴보고자 한다. 이런 특징을 아는 것은 전이를 발견하는 데 도움이 될 것이다.

1. 전이 반응의 특징 (1) 다양한 의미에서 부적절한 반응

모든 전이 반응의 특징에 공통적인 기본 요소는 그것이 부적절하다는 것이다. 부적절함의 한 예로 교수에게 공포를 느껴 그를 피하려고 하는 대학생

A 씨의 이야기를 예로 들어보겠다. 만약 그 교수가 성질 급한 심술쟁이라서 학생들에게 자주 소리 지르고 불쾌한 이야기를 한다면 A 씨가 그를 싫어하는 것은 현실적인 반응일 것이다. 그러나 만약 교수라는 이유만으로 공포를 느끼고 피하고 싶은 것이라면 그것은 그 교수에 대해 현실적인 반응을 하는 것이 아니라 과거에 어떤 대상에게 느꼈던 마음을 그 교수에게 옮겨놓은 것이다. 반대로 성격이 고약한 교수에게 분노나 회피하고 싶은 마음이 생기지 않는 것도 전이 반응이다.

나도 대학교 교수이다. 강의실에서 학생들이 내게서 멀리 떨어진 자리에 앉고 싶어 하는 경우가 있다. 그것은 비현실적인 전이 반응의 일종이지만 그 비현실성을 깨닫는 학생은 거의 없다. 만약 내가 팔을 휘두르며 강의를 해서 가까운 자리에 앉은 학생이 맞을 수도 있다면 멀리 떨어져 앉는 것은 현실적인 반응이다. 또는 내가 앞자리에 앉은 학생에게 나쁜 성적을 주는 경향이 있다면 앞에서 먼 자리에 앉는 것이 현실적인 반응일 것이다. 그러나 실제로 나는 가까운 자리에 앉은 학생에게 폭력을 행사하며 강의를 한 적이 없으며, 앞자리에 앉는 학생에게 나쁜 성적을 준다는 소문도 들어본 적이 없다. 학생들은 내 행동이나 인품과 관계없이 단지 내가 '교수'라는 이유만으로 무서워하고 다가가기 힘든 느낌이 드는 것이다.

그런가 하면 교수인 나에게 다가오고 눈에 들고 싶어서 강한 관심을 요구하는 학생들도 있다. 한편 유소년기에 부모에게 거절당한 마음의 상처가 적어서 전이 반응을 그다지 일으키지 않는 학생은 나를 대할 때 긴장하지 않아서 여유로우며 편하고 자연스럽게 행동한다.

2. 전이 반응의 특징 (2) 감정의 강도가 비현실적이고 부적절함

전이 반응에는 '감정의 강도가 부적절하다'는 특징이 있다. 적합한 상담사라면 내담자를 온화하게 대하고 격렬한 감정을 자극하는 행동을 하지 않을 것이다. 그러므로 내담자가 상담사에게 감정적으로 반응하는 것은 모두 과거의 아픔에서 비롯되는 것이다. 상담사가 심리적, 육체적으로 상처를 주거나 보호자처럼 경제적인 지원을 해주지 않는 이상 내담자가 온화하게 앉아 있는 상담사에게 분노를 느끼거나 의존적인 마음을 품는 것은 현실적이지 않다.

그러나 상담사 가운데 전이에 대한 이해가 부족하거나 자기 마음의 문제로 인해 내담자를 의존하게 만드는 반(反)지원적 행동을 하는 사람이 있다. 다음 실제 사례를 살펴보도록 하자.

● 학생을 의존하게 만드는 상담사

중학교에서 학교 상담사의 보조로 일하던 한 여성의 일이다. 그녀는 복도에서 학생의 몸을 만지거나 안으며 '너는 괜찮은 애야', '내가 널 항상 생각하고 있으니까 힘내'라고 격려하곤 했다. 상담 차원에서 이런 행동은 매우 비(非)지원적이다. 상처받은 사람의 전이 욕구를 자극하여 의존하게 하기 때문이다.

우리는 어린 시절에 거절당하고 상처받은 정도에 따라 유아적인 애정 결핍과 공허함을 마음에 품은 채 살아간다. 상처가 심할수록 애정을 바라며 어리광을 부리는 광의의 성적인 의존 욕구도 강해진다. 깊고 큰 상처가 있는 내담자의 '기대고 싶고, 어리광부리고 싶은' 감정이 표면화될 때, 극단적인 경우 상담사에게 '안아달라'고 요구할 수도 있다. 만약 상담사가 그를 안아준다면 내담자는 잠깐 긴장이 풀려 안심할 것이다.

그러나 어린 시절부터 가진 애정 결핍이 현재의 어떤 대상에 의해 정말로 충족되기란 거의 불가능하다. 만성적 결핍이 강할수록 더욱더 요구하기 때문이다. 그런 사람은 애정 결핍과 공허함을 열심히 억누르면서도 마음속에서 항상 우울한 생각을 느끼며 살아왔을 것이다. 그리고 그것이 표면 의식에 드러날 때는 '24시간 꼭 붙어있지 않으면 안 된다'고까지도 느낀다. 그렇지만 24시간 내내 붙어있어도 그 마음의 극심한 결핍은 채워지지 않는다. 내담자를 안아주더라도 팔을 풀면 내담자는 '이제 안아주지 않네! 나를 거절했다'라고 느낄 수 있다.

그러므로 유소년기에 거절당한 상처가 있는 사람의 결핍을 현재의 인간관계에서 채우는 일은 불가능하다. 그들은 현실의 인간관계에서 필연적으로 '거절당하고 버림받는' 느낌의 경험을 반복한다. 또 '요구했다가 거절당하지 않을까?' 하는 불안이 가득한 나머지 다른 사람과 함께 있을 때조차 에너지 수준에서의 교류를 닫고 있으므로 고독을 느낀다.

● 전이 욕구와 '버림받은' 느낌

'애정을 원하고, 응석 부리고 싶고, 기대고 싶은' 내담자의 욕구를 충족시키려는 상담사는 커져만 가는 그들의 한없는 애정 욕구를 결국 견디지 못하게 된다. 그리고 그들과 거리를 두려고 한다. 이때 내담자는 '버림받았다'라고 느낀다. 내담자는 지금까지 '버림받았다'라고 느끼는 인간관계를 반복해 왔으므로 자신을 버리고 상처를 준 상대에 대한 분노가 마음속에 가득하다. 그들은 마음 깊은 곳에 애정 결핍, 공허함, 고립감과 함께 격렬한 분노를 품으면서 그 고통을 참고 열심히 살아간다.

이 격렬한 분노는 평상시에는 억압되어 있지만 항상 부글부글 수면 위로 떠오르려고 한다. 그래서 펄펄 끓어오르는 마그마가 분출하듯 언젠가는 표면화된다. 예를 들어, 마음에 들지 않는 사람을 심하게 공격하거나 상처를 줄 수도 있다. 집단 괴롭힘이 그 대표적인 예이다.

● 공격성과 굳은 도덕관

그들은 '시간과 약속은 반드시 지켜야 한다', '학교에서는 성실하게 공부해야 하고, 우수한 성적으로 좋은 대학에 가야 한다', '성욕이나 성행위는 추접스럽고 더러운 것이다' 등 굳은 관념과 가치관을 갖는 경우가 많다. 그리고 그것에 반(反)하는 사람을 공격하거나 경멸한다. 또 '시간을 지키지 않는 (머리가 나쁜, 성적으로 문란한) 사람은 공격당해 마땅하다'라고 정당화한다. 자기 내면에 사람에게 상처를 주지 않고는 견딜 수 없는 비현실적인 공격성이 있다는 것은 알지 못한다.

이것은 다음과 같이 바꿔 말할 수 있다. 자신을 사랑해주지 않고, 수용해주지 않은 부모에 대한 분노는 억압된다. 그러나 그 분노는 해방되길 원하며 다른 사람을 공격하는 방식으로 분출된다. 이처럼 타인을 공격하는 구실을 얻을 목적으로 굳은 도덕관념을 갖는 사람들이 있다. 자신들의 도덕관에 따르지 않는 사람을 책망하기 위한 것이다.

상처가 깊은 사람이 갖는 굳은 도덕관은 부모의 애정을 원하다 못해 몸에 밴 것이기도 하다. 그는 부모가 자신을 조건 없이 사랑해준다는 느낌이 부족했으므로 부모가 원하는 모습이 되려고 한다. 진짜 자기 마음의 소리나 느낌을 무시하고 부모가 바라는 사고방식이나 행동을 체득하려는 것이다.

부모와 교사의 말을 듣지 않고 반항하는 비행 청소년도 이에 해당한다. 그들은 언뜻 보면 부모나 교사의 기대나 지시를 지키지 않고 자유분방하게 사는 것처럼 보이지만 실제로는 부모의 가치관에 얽매어 옴짝달싹 못 하고 있다. 자신을 '나쁜 아이'라고 생각하는 부모의 견해를 그대로 받아들여 마음 깊은 곳에서 자신을 나쁜 사람이라고 느낀다. 그리고 부모가 생각하는 '나쁜 인간상'을 행동으로 나타낸다. 만약 부모가 학벌과 성적을 중시하는 가치관을 가졌다면 그들은 성적이 나쁜 자신에 대해 깊은 죄책감과 열등감을 가지고 있을 것이다. 그들은 흔히 '이래야만 한다'는 매우 곧고 좁은 가치관을 갖는다. 그리고 무리 가운데서 그에 반하는 행동을 하는 사람에게 격렬한 공격성을 발휘한다.

이른바 가정교육이 엄격한 부모 가운데는 아주 좁고 굳은 가치관을 가지고, 자기 자신의 부모에 대한 공격성을 무의식중에 아이에게 향하는 부모도 있다. 부모가 '이래야만 한다, 저래야만 한다'고 요구하는 것은 아이에게 '있는 그대로의 너로는 안 된다'라고 말하는 것과 같다. 거절이다. 물론 부모가 아이에게 다양한 요구를 하는 마음에는 애정이 깔려 있다. '아이가 훌륭한 사람이 되었으면 좋겠다', '성공했으면 좋겠다'라는 바람이 있어서 엄격해지고, 아이들의 생각과 행동을 부정하는 대신 옳다고 생각하는 바를 강요하는 것이다.

그러나 부모의 그런 생각이 아이에게는 애정으로 전해지지 않는다. '아버지, 어머니는 나를 조건 없이 사랑해주지 않아서 그들이 원하는 대로 행동하지 않으면 나는 사랑받지 못한다'고 강하게 느끼며 자란 아이일수록 부모의 거절을 반복적으로 경험한다. 그럴수록 거절에 대한 두려움을 가지면서 자랄 수밖에 없다. 그렇게 자란 아이는 대부분 부모와 마찬가지로 굳은 도덕관, 가치관을 갖게 되고 그에 따르지 않는 사람들에게 화를 낸다.

있는 그대로의 나 자신을 사랑받지 못한 분노를 억압하는 사람 가운데는 후배에게 몹시 권위적으로 행동하는 사람도 있다. 그런 사람은 '아랫사람을 이렇게 대하는 것이 당연하다'고 생각한다. 자신의 미해결된 공격성을 쏟아내고 있다는 사실은 깨닫지 못한다. 또 유소년기에 애정 결핍과 공격성을 가졌던 사람 가운데 매우 공격적인 공상에 빠지는 사람도 있다. 사람을 죽이거나 세상의 파멸을 상상하는 것 등이다.

● 인간의 본질에 대한 불신

우리는 누구나 부모에게 조건 없이 사랑받고 인정받기를 원한다. 그러므로 부모에게 사랑받고 수용되기 위해 많은 조건을 충족해야 하는 아이일수록 그 조건에 맞지 않는 나 자신을 부정한다. 부모에게 '성실하게 공부해서 성적이 좋은 아이는 대단하고 훌륭한 존재이지만 그렇지 않은 아이는 훌륭하지 않다', '어머니에게 화내거나 말대꾸를 해서는 안 된다', '너의 자연스러운 감정과 욕구를 채우려는 것은 자기중심적인 것이다. 아버지의 뜻에 따라 행동해야 한다' 등 무의식적 요구를 강하게 받을수록 자기 내면의 게으름 부리고 싶은 마음이나 즐기고 싶은 욕망, 분노와 같은 자연스러운 감정, 자신의 순수한 감정과 욕구 등을 나쁘고 위험한 것이라고 느끼고 억누르게 된다. 거기서부터 '인간의 자연스러운 욕구나 마음은 억누르고 규제해야 한다. 본능대로 행동하면 나태해지고 파괴적이고 자기중심적인 존재가 된다'라는 성악설의 인간관이 탄생한다.

    자신의 가치관에 어긋나는 타인의 행동이나 생각을 판단하는 의식은 자기 자신의 일부를 부정하는 데에서 생겨난다. '나쁘다'고 여기는 자신의 모습을 다른 사람에게서 발견하면 그것이 자신에게 위협이 되므로 부정하지 않을 수 없다. 즉 우리가 타인을 책망할 때는 자기 안에 그 사람과 똑같은 특성이 있지만 죄책감 때문에 자기에게 그런 부분이 있다는 사실을 부정하는 것이다.

● 아이에 대한 부모의 전이 반응

우리는 모두 크든 작든 부모의 조건 없는 사랑을 받지 못한 마음의 상처를 가진 채 자랐다. 완벽한 부모란 없기 때문이다. 상처가 크면 클수록 치유되지 않은 자신의 과거 상처로 인한 전이 반응을 자기 아이에게 격렬하게 일으킨다.

한 여성이 '나쁜 행동을 한' 자녀를 혼내기 위해 대문 밖으로 내쫓았다. 아이는 '밖으로 내보내지 마요!'라고 하며 어머니에게 매달리고 울부짖는다. 그래도 어머니는 아이를 밖으로 쫓아냈고, 아이는 더 격렬하게 '집에 들여보내 달라'고 울며 소리친다. 의식상으로는 이런 행동이 '아이를 위해서 혼내는 것'이라고 믿는다. 아이를 엄격하게 대하는 이유 가운데 사랑하기 때문인 부분도 있을 것이다. 그렇지만 상담이 진행되면서 어머니는 무의식적으로 '내가 이렇게까지 거부해도 아이가 아직 나를 찾는다'라는 사실을 확인하고 있었다는 것을 깨달았다. 그녀는 그 정도로 아이에게 자신을 필요로 하기를 바란 것이다. 이것은 그녀의 격렬한 애정 욕구 때문이다.

사랑받지 못한 마음의 상처가 커서 자녀에게 애정과 관심을 구하는 부모에게 교육 상담사가 '이렇게 하세요. 저렇게 하세요'라고 조언하거나 '사랑으로 대하는 것이 중요합니다'라고 가르치는 것은 대부분 별로 의미가 없다. 그렇게 행동할 수밖에 없는 마음의 상처가 치유되지 않았기 때문이다. 부모는 어린 시절 마음의 고통에서 비롯된 자신의 전이 욕구를 충족시키기 위한 행동(과도한 훈육 등)에 대해서는 알아차리지 못하고 '사랑하니까' 또는 '가정교육이니까'라고 믿으며 정당화할 것이다. 상담사의 조언에 따라 머릿속으로 '올바른 양육을 하자'라고 생각하고 노력할 수도 있지만, 부모자녀 관계에서 진정으로 중요한 따뜻함이나 공감이 늘어나지는 않는다.

상처가 큰 부모일수록 그 상처가 치유될 때까지는 본인이 사랑과 관심을 받고 싶어 하므로 자녀를 예뻐할 마음의 여유가 적다.

● 전이의 강도가 높은 연인 관계

앞서 전한 바와 같이 연인, 부부 관계는 과거의 아픔에 기초한 전이 반응을 일으키기 쉬운 관계 가운데 하나이다. 연인, 부부 관계가 '심리적으로 건강한 두 어른이 서로를 배려하면서 함께 행복과 기쁨을 만드는' 성숙한 관계가 아니라, 근본적인 아픔으로 인해 '자신에게 없는 것을 상대방에게서 받으려는' 필요에 의한 관계일수록 공허, 불안, 상대를 원하는 충동, 의존성, 분노, 공격성이 나온다. 그러므로 질척질척한 관계가 될 수밖에 없다. 아니면 그런 괴로운 상황이 벌어지지 않도록 표면적이고 얕은, 거리를 둔 관계가 된다.

전이 반응은 누구나 경험한다. 다만 그 강도가 낮을수록 '정상' 또는 '건강'한 마음 상태에 가깝다. 반대로 애정 결핍, 공허, 증오, 공격성의 분출 정도가 높을수록 '경계성 성격 장애borderline personality disorder' 상태에 가깝다.

● 전이 욕구와 상실의 아픔

소중한 사람을 잃은 마음의 아픔도 전이 현상과 크게 연관되어 있다. 소중한 사람을 향한 애착이 (넓은 의미의) 성적 호기심을 띠고 있거나, 분노와 공격성을 포함한 양가적인 특징을 가지고 있을수록 그 대상을 잃었을 때 심각한 마음의 아픔을 경험한다. 상실을 딛고 일어서는 것이 어려워지고 그만큼 시간도 걸린다. 이것은 펫로스 증후군pet loss syndrom이라고도 말할 수 있다.

상실의 아픔에서 회복이 어려운 경우를 '복잡성 비탄complicated grief'이라고 부른다. 상실의 슬픔을 딛고 다시 일어설 때도 상담은 효과가 있다. 복잡성 비탄에 시달리는 사람은 상담과 같은 지원이 없으면 꽤 오래도록 불행의 그림자를 드리우며 살게 된다.[10] 그 괴로움을 평생 짊어지며 사는 경우도 자주 있다.

초반에 사례로 언급했던, 학생을 격려하며 몸을 만지는 학교의 상담 보조 교사의 이야기로 돌아가 보자. 그 보조 교사에게 '기대고 싶다, 사랑받고 싶다'라는 욕구를 자극받은 학생 가운데 그녀를 심하게 의존하게 된 학생도 있었다. 그녀는 학생이 자신에게 학생에게 끈질기게 달라붙는 것이 싫어졌다. 그녀가 학교를 그만둔 뒤에 '예전 상담 보조 교사한테 연락하고 싶다'며 학교에 거듭해서 요구한 학생도 있었지만 그 여성은 요구에 응하지 않았다.

결과적으로 그 보조 교사는 학생에게 상처를 주었다. 그것은 '사람들이 의지할 수 있는, 필요한 존재가 되고 싶다. 그렇게 함으로써 내가 무가치한 존재라는 불안감에서 벗어나고 싶다'라는 자기 마음의 상처에 근거한 욕구인지도 모른다. 그러므로 이 상담 보조 교사같이 무조건 따뜻하고 상냥한 태도가 지원적이며 공감적이라고는 할 수 없다.

● 부적절한 감정 반응의 예

전이 감정의 격렬함이 부적절한 또 다른 사례이다. 내가 미국에서 심리사로 일했을 때 직원들이 교대로 한밤중이나 주말에도 응급 대응을 하기 위해 휴대전화를 지니고 있었다. 내가 담당이었던 어느 날, 한밤중에 한 여성에게 전화가 걸려왔다. 나는 그녀의 호소를 오랫동안 경청했다. 그런데 그녀는 갑자기 '당신같이 지독한 인간은 좀처럼 없을걸. 당신은 세상에 크나큰 손해야!'라며 전화에 대고 소리를 지르기 시작했다. 물론 내 대응에 잘못된 부

---

10) 상실을 딛고 일어서는 것을 돕는 방법으로 이 책의 주제인 경청에 의한 상담 외에도 디마티니 메소드 Demartini Method(158)(159)라는 효과가 매우 높은 방법이 있다. 복잡성 비탄의 경우일지라도 흔히 몇 시간의 세션을 통해 내담자의 회복과 재활을 가능하게 한다.

분이 있었을 수도 있지만 '이 상담사는 능력이 없구나'라며 단념하고 전화를 끊으면 될 일이었다. 그렇게 격렬한 반응은 현실적인 반응이 아닌 과거에 겪은 아픔에서 온 것이다.

비현실적으로 격렬한 감정 반응과는 반대로 감정적 반응이 있어야 적절한 장면에서 아무런 반응이 없는 것도 대개 전이 반응이다. 마찬가지로 미국에서 근무할 때 나는 업무상 착오로 상담 약속을 어긴 적이 있다.(160) 그러나 나에게 바람맞은 내담자는 다음에 만났을 때도 짜증이나 분노 또는 실망한 기색이 전혀 보이지 않았다. 아무 일도 없었다는 듯이 차분하고 이해심 많은 협조적인 내담자를 연기한 것이다. 이것은 '상담사에게 미움받고 싶지 않다'는 전이 반응이다.

3. 전이 반응의 특징 (3) 양가적

아이는 부모의 조건 없는 사랑과 보호를 요구해 마지않는다. 그리고 그것을 얻을 수 없을 때 공포와 불안, 슬픔, 고독을 느끼는 동시에 그런 생각을 하게 만든 부모에게 심한 분노를 느낀다. 즉 아이는 부모를 원하는 욕구와 그 반대의 부모에 대한 공격적인 감정을 동시에 갖는다. 이처럼 동일한 사람에게 동시에 정반대의 감정이 존재하는 것을 '양가적'이라고 말한다. 그 양가적인 반응을 인간관계 속에서 반복하는 것이 전이다.

전이 반응에는 다른 사람의 애정과 관심을 구하는 충동과 타인을 공격하는 충동이 공존한다. 기대고 싶은 욕구, 가까워지고 싶은 욕구, 동경, 어리광, 성적 욕구, 이상화 등을 양성 전이라고 부른다. 반대로 분노, 미움, 혐오, 경멸 등은 음성 전이라고 부른다. 많은 경우 두 감정 중 어느 한쪽은 표면화되고 다른 한쪽은 억압된다. 그러나 양성 전이의 이면에는 음성 전이가 도사리고 있으며, 반대로 음성 전이의 이면에는 양성 전이가 있다. '사랑이 지나쳐 미움이 백 배'라는 표현은 전이의 양가감정을 잘 나타내는 표현이다.

● 반항적인 아이들이 보여주는 양가감정

전이의 양가감정 사례로 선생님의 눈에 들기 위해 열심히 공부하는 학생에 대해 생각해보자. 이 학생은 의식상으로는 선생님을 좋아한다(양성 전이 감정). 그렇지만 그 이면에는 '선생님은 성적이 우수한 학생만 예뻐하는 거부감이 드는 사람'이라는 음성 전이의 지각이 숨어 있다. 그 감춰진 음성 전이 감정은 선생님이 상처가 되는 부주의한 발언과 행동을 할 때 '나에게 이렇게 심한 말을 하다니', '이 정도는 당연히 해줘야 하는데 해주지 않는다'라며 심한 분노를 표현한다.

심하게 화를 내는 음성 전이 반응의 이면에는 선생님에게 이상적인 인간상이나 교사상을 찾는 '이상화理想化'라는 양성 전이가 있다. 그리고 그 이상을 선생님이 충족시켜 주지 않을 때 (실제로 사람이 누군가의 이상을 100% 만족시키는 일은 불가능하다) 학생은 선생님에게 화가 나고 그를 경멸할 것이다. 이것은 학생의 억압된 분노가 분출된 것이지만 정작 학생 본인은 자신에게 미해결 분노가 있다는 것을 실감하며 이해하지 못한다.

여기서 만약 비난을 당한 선생님이 화가 나서 그 학생을 혼내면 학생은 '역시 선생님은 나쁜 사람'이라고 생각하고 자신의 분노와 공격을 정당화할 그럴듯한 이유를 얻게 된다. 그러나 어른의 애정과 관심을 간절히 원하는 아이는 거절당하는 것을 매우 두려워하고 있으므로 분노를 굳게 억압하고 표현하지 않는 경우도 많다.

배우자에게 폭력을 행사하는 사람, 부모에게 주먹을 휘두르는 아이, 친구를 따돌리는 아이 등 타인을 공격하는 사람은 사실 공격하는 그 대상을 필요로 한다. 사람을 공격하는 한편 그 사람에게 의존하고 있으며, 그 존재를 잃을까 봐 두려워한다. 이런 현상도 음성 전이의 밑바닥에 양성 전이가 존재하는 양가감정의 일례로 이해할 수 있다.

전이 반응이 양가적이라는 것은 부모나 교사 등 어른에게 분노를 터뜨리는 적대적이고 반항심이 높은 아이일수록 사실은 그만큼 애정과 관심을 원하고 있다는 뜻이기도 하다. 충분한 애정과 관심을 받지 못해서 화가 난 것이다. 그들의 반항적인 행동에는 그런 식으로 눈에 띔으로써 관심을 얻을 수 있다는 측면도 있다. 반항하는 아이 가운데 사실은 사랑받고 싶은 마음이 큰 만큼 거절당하는 것이 두려워서 거절당할 위험을 피하려고 오히려 어른을 싫어하고 공격하는 아이도 있다.

부모에 대한 분노가 강한 사람은 부모의 사랑을 받아들이는 것을 스스로 거부한다. 사랑받고 싶지만 받지 못하는 고통을 더는 겪고 싶지 않기 때문이다. 그렇지만 본인이 그런 상태라는 사실은 알아차리지 못하고 '부모가 나를 사랑하지 않는다'라고 느낀다. 그러므로 적대적이고 반항심이 높은 아이를 지원할 때 가장 먼저 필요한 것은, 사실은 사랑받고 싶지만 적대적인 행동을 할 수밖에 없었던 고통의 깊이를 최대한 그 아이의 입장이 되어 생생하게 상상하고 이해하는 것이다. 반항심이 큰 아이일수록 유소년기의 애정 결핍이라는 트라우마에 시달리고 있다.

● 양성 전이와 음성 전이의 표현법

경계성 성격 장애라는 마음의 병을 가진 사람들이 있다. 그들의 특징 가운데 하나는 연인 등 가까운 대상이나 상담사를 이상화하여 극단적으로 존경하고 의지하다가도 갑자기 심한 증오심을 느낀다는 것이다. 즉 동일한 한 사람이 어떤 때에는 완벽한 양성 전이의 대상이 되었다가, 또 어떤 때에는 극단적인 음성 전이의 대상이 된다.

또 양성 반응과 음성 반응을 분리하여 하나의 감정이 어떤 사람에게 향하고, 또 하나의 감정은 다른 누군가에게 향하는 경우가 있다. 이것을 '분리방어기제分離防衛機制'라고 부른다. 예를 들어, 어른이나 교사에게는 반항하는 청년이 애정 욕구를 다른 사람에게 향하여 연인이나 자기 그룹의 리더에게 극단적으로 의존하는 경우이다. 미국 유학 시절 한 교수님의 조교로 일한 적이 있다. 일부 학생들이 그 교수에 대해 음성 전이를 일으켜 나에게는 이상화된 양성 전이를 겨누었다. '저런 사람이 교수라니 가당치도 않다. 그에 비하면 노보루[역자주: 저자]는 아주 훌륭하다. 노보루가 모든 수업을 맡아야 한다'라고 말이다. 또 일부러 돈까지 써가며 대학 신문에 그 선생님을 비난하고 나를 칭찬하는 광고를 실었다. 가난했던 나는 '그 돈을 나에게 주면 좋을 텐데'라고 생각했던 기억이 난다.

4. 전이 반응의 특징 (4) 급변하는 성질

아이는 부모에게 사랑받는다고 느끼면 기쁘고 안심이 된다. 그러나 '사랑받지 못하면 어쩌지?' 하고 느끼는 순간 불안해지고 분노를 느끼기도 한다. 전이 반응이란 그런 경험을 이후의 인간관계 속에서 계속 반복하는 것이다. 그러므로 동일한 사람에 대한 전이 감정이 갑자기 변하는 때도 있다. 앞에서 언급했듯이 경계성 성격 장애라고 불리는 심리적 고통을 가진 사람은 자주 그렇게 반응한다.

'친한 친구'였던 중학생 여자아이 두 명이 사이가 나빠지면 서로 험담하고 미워하다가 어떤 계기로 화해하면 다시 '세상에서 가장 친한 친구'로 돌아가는 것, 연인을 이상화했다가도 공격하는 사람, 영어 선생님을 좋아한다는 이유로 열심히 영어를 공부하던 학생이 선생님의 부주의한 언행만으로 그 선생님을 심하게 미워하는 것 등이 전부 급변하는 성질의 사례이다.

5. 전이 반응의 특징 (5) 비현실적으로 완강한 성질

아이가 일단 부모의 애정에 불신감을 가지면 그것을 간단하게 해결할 수는 없다. 왜냐하면 부모는 자기 생존의 열쇠를 쥐고 있는 중요한 인물이기 때문에 신뢰할 수 없는 부모를 신뢰하는 것은 목숨과 연결되기 때문이다. 전이에서도 동일한 특징이 나타난다. 바로 앞에서 언급한 '급변하는 성질'과 모순된 것 같지만, 전이 반응은 일단 생기고 나면 좀처럼 변하지 않는 끈질긴 성질이 있다.

예전에 나에게 한결같이 의존적인 전이 감정을 가진 내담자가 있었다. 그녀는 나에게 미움받는 것이 견딜 수 없었으므로 부끄럽게 생각되는 것들을 계속 감추려고 했다. 내가 '당신은 본인이 좋아지는 것보다 제가 좋아할 것을 우선시하는 것 같습니다'라고 지적해도 그녀의 의존적 태도는 바뀌지 않았다.[11]

내가 '교수라서' 나를 무서워하는 학생은 날 무서워할 필요가 없다는 것

---

11) 이 지적에는 공감과 조건 없는 존중이 빠져 있다. 당시 내 수준에서의 표현이라고 생각한다. 내담자가 나에게 사랑받고 싶은 욕구를 최우선시하는 애정 결핍의 고통에 공감하고 그 방식을 존중했다면, 그녀에게 좀 더 공감적인 응답을 하며 저런 지적을 하려고 생각하진 않았을 것이다.

을 머리로는 이해하지만 역시나 내 앞에서는 긴장한다. 종교 신자들이 명백히 모순된 행동을 하는 교주를 광적으로 계속해서 믿는 것도 끈질긴 전이 성질의 사례이다.

지금까지 전이의 특징을 살펴보았다. 전이는 상담에서 가장 중요한 저항의 근원이다. 다음 장에서는 전이가 저항이 되는 현상에 대해 한 걸음 더 나아가 생각해보자.

제8장. 전이 저항

상담사에 대한 전이는 상담에서 촉진제 역할을 하는 경우가 있다. 좋아하는 선생님의 과목을 열심히 공부하는 학생과 같이 내담자가 '저 상담사라면 믿고 내 이야기를 하고 싶다'라고 느끼는 경우이다. 이 경우에는 상담사를 향한 약한 양성 전이가 상담에 참여하는 동기의 일부가 된다.

반면, 전이가 상담에서 방해, 즉 저항이 되는 경우도 빈번하다. 이것을 '전이 저항'이라고 한다. 그리고 상담이 진전되지 않거나 중단되는 원인 가운데 가장 많은 경우가 상담사가 전이 저항을 간과하거나 전이 반응을 잘 다루지 못할 때이다.[161][162] 상담사에게 전이에 대한 대처는 그만큼이나 중요한 것이다. 그와 동시에 상담에서 가장 어려운 것이 전이를 올바르게 이해하고 그것에 적절하게 대처하는 것이기도 하다.[163][164]

1. 음성 전이에 의한 저항

상담이 전이에 의해 방해를 받는 알기 쉬운 예로는, 상담사에 대한 불신감 때문에 내담자가 말하기를 거부하는 경우를 들 수 있다. '왜 이런 곳에 와야 하죠?', '오늘은 말할 기분이 아니에요', '할 말이 떠오르지 않아요', '지금까지 제 얘기만 듣고 조언은 안 해주셨으니까 오늘은 선생님이 조언해주세요' 등이다.

또 상담사에 대한 분노나 불만 위주의 이야기를 하고 자신의 고민이나 걱정은 이야기하지 않는 경우도 음성 전이가 저항하는 것이다.

2. 양성 전이에 의한 저항

아까와는 반대로 '상담사가 좋다', '좋은 내담자가 되어 상담사에게 호감을 얻고 싶다', '내 상담사는 훌륭한 분이다' 등 양성 전이가 저항이 되는 경우도 상당히 빈번하다. 양성 전이 저항이란 생각나는 것을 무엇이든 자유롭게 말하는 것이 아니라, 상담사에게 인정받을 만한 것을 의식적 또는 무의식적으로 선택해서 이야기하는 것을 말한다. 대부분 내담자에게 다소나마 양성 전이 저항이 생긴다. 나에게 상담 약속을 바람맞은 내담자가 화를 내지 않은 것도 양성 전이 저항이 작용한 예이다.

비록 처음에는 음성 전이가 표면화된 내담자더라도 (예를 들어, 강제로 상담사에게 끌려와 분노와 불신을 노골적으로 드러내는 비행 청소년 등) 상담이 진행되면서 내면에 있는 양성 전이가 표면화되어 '상담사에게 인정받고 싶다, 나를 훌륭하다고 생각했으면 좋겠다, 좋은 사람이라는 평가를 받고 싶다, 호감과 관심을 얻고 싶다' 등과 같은 감정이 나온다.

'오늘은 무슨 이야기를 할까' 하고 준비해 오는 내담자도 있는데, 무엇을 이야기할지 고른다는 것은 무엇을 이야기하지 않을까를 선택하는 것이기도 하다. 이것은 저항의 표현이다. 오히려 대화 소재로 선택하지 않은 것 가운데 진짜 해결해야 하는 핵심 문제가 있는 경우가 자주 있다.

3. 통찰한 듯 이야기하는 전이 저항

심리학책이나 강의에서 얻은 지식을 기반으로 하여 상담사에게 인정받을 만한 이야기를 하는 내담자도 있다. 예를 들어, '우리 아이가 등교를 거부하는 원인이 저에게 있었어요. 제가 바뀌지 않으면 안 돼요', '이성 관계가 잘 안 되는 이유는 어렸을 때 아버지에게 사랑받지 못했기 때문이라는 사실을 깨달았어요' 등의 이야기를 하는 경우이다. 그러나 이것은 단순히 '이렇게 생각하는 것이 옳다'라는 지식에 따른 것일 뿐 정말 자유롭게 말하는 것은 아니다. 그러므로 통찰한 듯 말하는 그들의 이야기는 더욱 자기답고 자유로우며 자기실현과 연결되는, 진정한 통찰 표현은 아니다.

상담사가 이것을 이해하지 못하면 내담자에 대해 '통찰이 늘었다. 상담이 순조롭게 진행되고 있다'라고 생각하며 기뻐할 것이다. 내담자도 '역시 이렇게 말하니 상담사가 인정해주는구나' 하며 자기 생각이 옳다고 확신하여 그럴듯한 이야기를 계속해 나갈 것이다. 그러나 이것은 상담 과정이 정체되는 것일 뿐 진전되는 것은 아니다.

4. 내담자가 자유롭게 이야기할 수 있는 관계 구축

상담사에게 인정받기 위한 이야기를 하는 내담자에게 필요한 것은 '아이 문제는 부모인 당신 탓이니까 아이를 혼내면 안 됩니다'라고 제안하거나, '어린 시절 부모님과의 관계에 관해 이야기해주세요' 등의 지시가 아니다. 그들에게 필요한 것은 '아이가 억지를 부려서 얼마나 힘든지', '좋은 부모가 되기 위해 애써온 노력을 알아주지는 못할망정 아이도 학교도 얼마나 책망하는지', '나에게 상처를 준 이성이 얼마나 지독한 인간이었는지' 등에 대해 본심을 이야기하는 것이다. 즉 일단 마음 놓고 아이 탓이나 남 탓을 하는 것이다. 듣는 사람이 내담자의 마음을 충분히 공감하며 들을 때 내담자에게 변화가 생긴다. 변형을 가져오는 진정한 통찰은 내담자의 지식과 관계없이 그 내면에서 실제로 느껴지는 통찰이다.

반대로 내담자에게 '어머니, 자신을 탓하면 안 됩니다. 다른 사람을 탓하는 것도 필요해요. 마음껏 아이에 대한 불만을 말씀해주세요'라고 하는 것도 좋지 않다. 내담자가 그 작용에 맞춰 아이에 대한 불만을 이야기하더라도 그것은 '상담사가 원해서' 하는 것일 뿐이며, '좋은 내담자'를 연기하는 것이다. 이것 역시 내담자가 더욱 자유로워지고 자기 자신을 신뢰하게 되는 진정한 의미의 건설적 변화 과정이 아니다.

로저스는 이에 대해 '감정을 느껴도 안전하다고 가르칠수록, 정말 의미 있고 자신의 실감에 딱 맞는 배움은 생기기 어려워진다'라고 말했다. 나아가 '상담사가 할 수 있는 것은 진정으로 의미 있는 배움이 가능한 조건을 만드는 것'이라고 했다.(165)

또 상담사에게 존경받기를 원하는 내담자는 고민을 이야기하는 대신에 자신이 어려움을 잘 극복하고 있다고 말한다. 자신을 심리적으로 건강한 사람이라고 생각해주길 바라고, 성공한 사람으로 평가받기를 원한다. 반대로 힘들고 괴로운 일을 이야기하면 상담사가 자신에게 관심을 둔다고 생각하고 힘든 일만 이야기하는 내담자도 있다. 그뿐만 아니라 '상태가 호전되면 상담을 끝내야 한다'라고 무의식적으로 생각하고 좋아지지 않는 예도 있다. 이런 것들은 모두 전이 저항이다.

상담이 효과를 거두려면 내담자는 자기 생각, 하고 싶은 말을 되도록 자유롭게 말할 수 있어야 한다. 그리고 상담사는 내담자가 전하려고 하는 경험이 그에게 어떤 의미가 있는지 음미하면서 공감적으로 듣는 것이 중요하다.

5. 내 전이 저항 경험

내가 상담을 받았을 때, '절대로 상담 시간에 늦으면 안 된다'고 생각하는 나 자신을 발견한 적이 있다. 그것에 관해 이야기하는 동안 어머니가 시간 약속을 지키지 않는 것을 몹시 싫어하셨던 것과 내가 늦었을 때 엄청 혼난 일이 떠올랐다. 그리고 지각을 하면 상담사가 '상담에 저항하고 있다'라고 생각할까 봐 그게 싫어서 '저항하지 않는 좋은 내담자'가 되려고 했다는 사실도 깨달았다. 이것은 '상담사에게 호감을 얻고 싶은' 의존적 양성 전이이다. 그리고 나를 이해하고 공감해주는 상담사에게 이런 전이를 일으키게 한 어린 시절의 애정 결핍의 원인에 관해 이야기했다.

그때 나는 '상담사에게 약점을 보여 미움받고 싶지 않다. 나를 '심리적으로 건강한 사람'이라고 생각했으면 좋겠다'라는 마음을 그 자리에서 생생히 느끼며 이야기했다. 전이 반응을 행동화[12]하지 않고 상담 도중에 말로 표현할 수 있었다.

그 시간 이후로 내 안에서 '상담에 늦으면 안 된다'는 강박적인 마음이 점점 사라졌다. 그 뒤에도 나는 상담에 대체로 제시간에 도착했다. 그러나 '늦으면 안 된다'는 강박적인 의식 때문이 아니라, '나 자신을 위하여 늦지 않게 도착해서 시간을 충분히 쓰고 싶다'라는 현실적 욕구에서였다. 이런 변화와 함께 일상에서도 육체적으로 가벼워지고 자유로움을 느꼈던 일을 기억하고 있다.

상담에서는 전이를 어떻게 다루는 것이 좋을까? 다음에서 그것에 관해 생각해보자.

---

12) 행동화란 어떤 감정을 느끼는 것을 피할 목적으로, 그 감정을 말하는 대신 감정을 느끼지 못하도록 행동하는 것을 말한다. 예를 들어, 감정에 직면하는 것은 상담사에게 '지각하면 선생님이 좋은 내담자라고 생각하지 않을까 봐 무섭습니다'라고 공포를 생생히 느끼면서 말하는 것이다. 그와는 반대로 상담사에게 나쁜 내담자라고 여겨질 공포를 느끼지 않기 위해 상담 예약에 항상 제시간에 오려고 하는 것이 행동화이다.

제9장. 전이 치유

1. 전이 치유란?

앞에서 우리는 상담사에게 인정받을 만한 이야기를 하는 내담자에 대해 살펴보았다. 내담자는 '상담자가 나를 좋아해주고 있다(인정해주고 있다)', '상담사에게 힘을 얻었다', '격려받았다'라고 느낌으로써 증상이 가벼워지는 경우가 자주 있다. 이런 현상을 '전이 치유'라고 한다. 애정 결핍, 공허함의 원인은 해결되지 않았지만, 전이 욕구가 충족됨에 따라 괴로움이 일시적으로 편해진다.

예를 들어, 행복하지 않은 사람이 연인이 생긴 뒤 행복해지는 변화에는 전이 치유의 성질이 짙다. 그러나 애정 결핍, 공허, 분노, 감정 기복, 짜증, 불안 등을 낳는 마음의 갈등은 해결되지 않았으므로 결국 연인을 향해 격렬한 양성 전이, 음성 전이가 올라오고 연인 관계에 갈등이 생긴다. 특히 우리는 파장이 잘 맞는 사람에게 끌리므로 마음의 갈등에 시달리는 사람은 자신과 똑같은 갈등을 안고 있는 사람과 연인이 된다. 그러면 서로가 서로를 향해 전이를 일으키고 그 관계는 더욱 힘들어진다. 그리고 연인과 헤어지면 그 사람은 원래의 불안한 마음 상태로 돌아간다.

다음은 내가 들은 전이 치유 사례이다. 어떤 여성이 상담을 받은 뒤 상태가 호전되어 상담을 종결했다. 상담사는 남성이었고 그 여성을 칭찬하고 격려한 것 같다. 그러던 어느 날 여성은 거리에서 우연히 상담사가 부인과 손을 잡고 걷는 것을 목격했는데 큰 충격을 받아 단번에 증상이 악화했다고 한다.

내담자는 '상담사에게 인정받고 있다(호감을 얻었다)'라고 느껴서 증상이 가벼워졌다. 그런데 상담사가 이런 전이 반응을 눈치채지 못하면 내담자는 '이 상담사는 내가 인정받기 위한 행동을 하게 만드는 근원적 괴로움을 이해하지 못한다'는 것을 알게 되고 '이 상담을 지속해도 소용이 없다'는 사실을 곧 깨닫는다. 그렇게 되면 '선생님 덕분에 증상이 호전되었어요. 감사합니다'라고 말하며 상담을 종료한다. '사랑받고 싶고, 인정받고 싶은' 전이 욕구의 충족을 요구하며 상담을 계속할 수도 있지만, 이런 경우 상담이 진전되지 않는다.

2. 전이 치유를 낳은 이상화 전이

상담으로 내담자의 증상이 경감 또는 해소될 때 초기에는 전이 치유의 요소가 강하다. 그 시점에서 상담을 그만두면 언젠가는 이상화 전이가 무너지고 이전 증상이 반복될 것이다. 조금 전 상담사가 부인과 손을 잡고 걷는 것을 본 여성이 그것을 계기로 증상이 악화된 것이 전형적인 예이다.

전이 치유가 일어날 때 내담자는 상담사에게 '이상화 전이'라고 불리는 양성 전이를 일으킨다. '내 상담사는 매우 좋은 사람이다. 그에게 사랑받아서 기쁘다'라는 기분을 느낀다. 이것은 '부모님 대신 이상적인 존재에게서 따뜻한 관심과 호의를 받았다'라고 느껴서 애정 결핍, 고독, 공허함을 일시적으로 느끼지 않는 것이다.

이상화 전이의 예로 다음과 같은 반응이 있다. '이 사람이야말로 나를 행복하게 해줄 이상적인 사람이다', '이 선생님이 시키는 대로 하면 틀림이 없다', '이 상담사라면 나를 구해줄 것이다' 등의 반응이 있다. 이것들은 타인을 이상화한 비현실적인 반응이다.

● 이상화 전이의 근원

그럼 이상화 전이는 왜 일어나는 것일까? 그 근원은 무엇일까?

우리는 어린 시절 자신의 부모를 이상적이라고 느낀다. 부모는 생존과 성장에 필요한 것들을 제공해주며, 외부의 위험이나 자신을 지키는 방법에 대해서 훨씬 잘 알고 있기 때문이다. 성장 과정에서 부모를 떠나 멋대로 혼자 행동하는 아이보다 부모를 전적으로 신뢰하고 따르는 아이가 생존 가능성이 크다. 그러므로 아이는 부모를 전지전능하다고 믿고 의지하며 따를 필요가 있다. 부모가 든든하게 의지할 수 있는 존재라면 그 보호 아래 안심할 수 있을 것이다.

어린 시절 우리는 부모를 이상화하며 '부모님과 함께라면 안심'이라고 생각한다. 자기 자신과 세상에 대한 기본적인 안심감을 얻을 수 있었다. '세상은 안전한 곳이고 나는 이 세상에 존재할 가치가 있으며 모든 사람은 상냥하고 따뜻하다'라는 믿음이다. 그런 믿음 위에서 성장하면 '나에게는 세상을 살아갈 강인함과 능력이 있다'라고 느껴 부모를 이상화할 필요가 없어진다. 그리고 실제로 이상적이지도 완벽하지도 않은 부모의 현실 모습이 보이고 그 사실을 편안하게 받아들인다. 그러면 부모가 한 명의 인간으로 느껴지고 부모를 위하는 마음이 생겨 효도하게 된다. 이것이 자립이다.

반대로 부모에게 분노나 불만, 반발심을 강하게 느낀 사람은 자립하지 못한다. 대부분 사람은 '부모님께 감사하다'라고 말한다. 이것이 거짓말은 아니겠지만 감사와 함께 불만과 분노가 억압되어 있다. 불만과 분노가 많은 사람은 부모의 애정을 강하게 구하고, 있는 그대로의 부모를 사랑하고 받아들일 여유가 부족하다. 부모를 향한 불만과 분노는 우리의 성장을 저해하고 인생에 다양한 제한과 문제를 만들어낸다. 그러므로 상담 등을 통해 그런 응어리를 해결해야만 더 편안하게 살 수 있고 능력이 개발되며 삶이 발전한다.

유소년기에 부모를 이상적으로 느끼고 신뢰하지 못했거나, 부모의 조건 없는 안정된 사랑을 충분히 느끼지 못한 채 성장했다면 우리는 자신과 세상에 대한 근원적인 불안감을 느끼고 외롭게 살게 된다. 그 불안과 외로움을 완화하기 위해 '이 사람이라면 모든 것을 신뢰하고 의지할 수 있겠다'라고 생각되는 사람을 찾는다. 이것이 이상화 전이이다.

● 이상화 전이가 무너질 때

그러나 인간관계가 깊어지면 상대방의 진짜 모습을 보게 되고, 그 사람이 결코 자신이 바라고 믿었던 이상적인 존재가 아니라는 것이 분명해진다. 이때 이상화 전이는 무너진다.

그렇게 되면 이상화 전이에 숨어 있던 음성 전이가 표면화된다. '믿고 있었는데 배신당했다', '나는 당신을 이렇게까지 생각하는데(신뢰하는데), 그 마음을 돌려주지 않는다', '모든 것을 의지했는데 저런 사람인 줄 몰랐다'라며 낙담하고 상처를 받아 경멸하는 마음이 생기고 분통이 터진다. 연애와 결혼의 파국, 친구와 동료 사이의 불화, 상사와 부하 관계의 악화 등이 일어난다.

3. 상담에서의 이상화 전이

상담에서 상담사는 자주 이상화 전이를 받는다. 상담이 진행되면 그것이 무너지고 음성 전이가 표면화되는데 이 단계가 오기 전에 상담이 종결되면 전이 치유 상태로 끝나게 된다. '그런 훌륭한 상담사에게 호감을 얻었기 때문에(격려를 받았기 때문에, 힘을 얻었기 때문에) 증상이 나아졌다. 그 상담사 덕분이다'라고 생각하는 상태이다.

나에게도 비슷한 경험이 있다. 내담자에게 이상화 전이를 받으면 상담사는 '좋은 상담사라고 평가받고 싶은', '신뢰를 얻고 싶은', '사람을 돕고 싶은' 개인적 욕구가 자극된다. 그런 욕구는 상담사가 내담자를 의존하게 하며 이것은 내담자에게 부담으로 작용한다. 내담자에게 이상화 전이가 일어났을 때 내담자에게 도움이 되게 하려면 내담자에게 의존적 전이 반응을 일으킨 상담자 자신의 마음 갈등을 강도 높게 해결해야 한다. 그래서 상담사 자신도 상담을 받아야 한다.

● 이상화 전이의 서툰 취급법

이상화 전이의 서툰 취급법에 대한 예를 들어보겠다. 한 상담사가 내담자를 위로하고 조언하며 상담 시간을 연장하는 등 기타 다양한 서비스를 제공한다. 그런 행동을 하는 본심은 내담자에게 호감과 신뢰, 좋은 평가를 얻고 싶고 불평을 듣고 싶지 않은 것이다. 그런 상담사는 내담자의 이상화 전이가 깨지지 않게 유지하고 싶어 한다. 그래서 왠지 모르게 이상화 전이에 잠재된 분노나 공격성이 느껴지면 그것이 나오지 못하도록 행동한다.

또 내담자가 불만이나 분노로 음성 전이를 표현했을 때 상담사가 동요되어 내담자가 좋아할 만한 행동을 하거나 상담사에 대한 불만을 표현하기 어렵게 만드는 경우가 있다. 내담자가 상담사에 대한 불만과 불신을 내비치면 '대화에서 부족한 부분이 있다고 느끼시나요?', '저에게 불만스러운 기분이시군요' 등과 같이 이해하는 표정과 목소리로 침착하게 응답하는 것이 중요하다. 그로 인해 내담자는 불만과 분노를 더욱 쉽게 이야기하게 된다. 그러나 내담자의 호의나 좋은 평가를 바라는 상담사는 내담자에게 불평을 듣는 것이 두려워서 그렇게 하지 못한다.

게다가 상담사가 내담자의 음성 전이를 받아들이지 못할 때 내담자에게 전이를 일으킨다. '그렇게 나에게 불만이라면 상담을 그만두겠다'라고 생각하기도 한다. 그렇지만 그 시점에서 지원을 그만두는 것은 내담자에게는 버림받는 것과 같다. '솔직하지 않고 순종하지 않으면 역시 거절당하는구나'라며 과거에 깊이 상처받은 체험을 반복한다. 내담자가 상담사에 대한 불평, 불만을 이야기하고 있을 때도 (유아가 부모를 찾는 것처럼) 상담사의 관심과 애정을 구하는 양성 전이가 동시에 존재하기 때문이다.

● 이상화 전이의 대처 방법

전이 치유가 아닌 근본적인 변화를 위해서는 상담사가 이상화 전이를 일으키게 하는 내담자의 깊은 애정 결핍과 고독, 공허함에 생각을 더하고, 그것을 공감적으로 이해할 수 있어야 한다. 그리고 이해심이 넓고 공감적인 상담사와의 관계 속에서 부모에게 충분한 보호와 사랑을 받지 못한 괴로움, 비참함, 두려움, 분노 등을 느끼며 이야기하는 과정이 필요하다. 이때 상담사는 내담자가 가진 부모에 대한 애정 욕구에 넓은 의미로 성적이며 접착적인 성질이 포함되어 있다는 생각을 하면서 내담자의 고통을 상상해야 한다.

또 상담 과정 중에 상담사에 대한 이상화가 약해져 억눌려있던 분노, 불신, 경멸 등의 음성 전이 감정이 나타나는 경우도 흔하다. 그럴 때는 내담자가 그것을 상담을 통해 느끼고 말할 수 있어야 하고, 그 내용이 공감적으로 받아들여지고 이해되는 과정이 필요하다. 이런 과정을 거친다면 부모에 대한 분노나 사랑받지 못한 외로움이 더욱 순수하게 느껴지게 될 것이다. 그 괴로움을 느끼고 말하는 것이 진정으로 깊은 변형을 가져온다.

그런 과정이 일어나기 위해서는 내담자에 따라 주 1회 상담으로 몇 년이 걸릴 수도 있다. 격주나 그 이하의 빈도에서는 그 수준까지 가지 못하는 경우도 많다. 그렇지만 비용 등 현실적인 제약 때문에 격주나 그 이하의 빈도로 해야 하는 경우라도 상담을 아예 받지 않는 것보다는 낫다.

4. 전이 치유도 무의미하다고는 할 수 없다

전이 치유도 무의미하다고 단언할 수는 없다. 전이 치유 상태는 적어도 이상화 전이가 유지되는 동안은 지속할 가능성이 있다. 즉 내담자가 '그 훌륭한 상담사가 나를 인정해줘서 큰 도움이 되었다'고 느끼는 동안에는 내담자의 증상이 상담 전보다 좋아져 있을 것이다. 그리고 전이 치유 상태의 내담자는 '상담사 덕분에 나아졌다(편안해졌다)'라고 느껴서 다시 힘들어지면 지원이 필요할 수도 있다. 또 전이 치료라도 그것이 일어나려면 어느 정도 상담사의 능력은 필수이다. 미숙한 상담사는 증상이 좋아지기 전에 자주 상담이 중단된다.

　전이 치유가 일어날 때 더 본질적인 마음의 치유와 성장도 동시에 일어나고 있을 수도 있다. 무엇보다 어디까지가 전이 치유이고 어디서부터 '진짜' 치유와 변형인지는 명확하게 구별할 수 없다. 그러나 내담자에게 전이 치료보다 깊은 차원의 지원을 할 수 있는 단계까지 지원 능력을 개발하기 위해서는 전이와 전이 치유에 대한 이해를 높이고 전이 치유를 넘어선 변화에 따르는 상담 능력이 필요하다. 그럼 내담자의 전이에 어떻게 대처하는 것이 도움이 될까? 다음에서 살펴보도록 하자.

제10장. 전이에서 치유와 변형으로

1. 내담자는 자신만의 독특한 전이 반응을 반복한다

전이 반응은 과거의 아픔에 기인한 반응이라서 지금의 현실과는 맞지 않는다. 그러므로 깊고 격렬한 전이 반응을 일으키는 사람일수록 현실과 충돌하게 되고 삶이 힘들다. 그리고 내담자는 상담사와의 관계 속에서 괴로움의 원인이 되는 전이 반응을 반복한다.

예를 들어, 사람에 대한 불신과 두려움 때문에 마음을 열지 않는 내담자는 상담사에게도 똑같은 불신과 두려움을 느껴서 마음을 열기가 어렵다. 또 사람에게 지나치게 기대했다가 그것이 충족되지 않으면 '배신당했다'라고 느끼는 패턴을 반복하는 내담자는 상담사에 대해서도 과도한 기대를 하고 상담 기간 내내 '상담사가 내게 아무것도 해주지 않았다', '상담사에게 배신당했다'라고 느낀다.

이처럼 내담자는 상담사와의 사이에 독특한 전이 반응을 일으킨다. 그렇다면 상담사는 내담자의 전이 반응을 어떻게 다루어야 할까?

2. 전이 감정을 다루는 방법

전이 감정은 과거 아픔의 반복이다. 부모에게 다정한 사랑을 받지 못한 슬픔과 분노가 현재의 누군가에게 분출되는 것이 그 예이다. 또는 과거의 아픔이 반복되지 않게 하려고 다른 감정을 느끼는 때도 있다. 사랑받지 못한 외로움을 채우기 위해 누군가를 이상화하여 의지하는 것이 그 예이다.

이런 전이 감정에서 무엇보다도 중요한 것은 그것에 대해 충분히 이야기함으로써 공감받고 이해를 얻는 것이다. 이를테면 내담자가 상담사에게 의지하고 싶고, 상담사의 관심이나 좋은 평가를 바라는 등 양성 전이의 감정을 느끼고 있을 때는 수용적인 관계 속에서 그것을 느끼고 말하는 것이 좋다. 그것을 상담사가 공감적으로 이해한다면 중요한 전개가 펼쳐지게 된다.

내담자가 그런 감정들을 표현했을 때 상담사는 그 욕구가 지닌 넓은 의미의 성적이고 접착적인 성질에 대해 생각을 더하면서 그것이 어떤 기분인지 되도록 생생히 느끼는 것이 중요하다. 그리고 공감의 목소리로 '저에게 기대고 싶고 지도해 주었으면 하는 기분이시군요', '제가 그걸 좋게 생각하는지 궁금하신가요?' 등과 같은 대답을 하는 것이 적절하다.

예를 들어, 학교 선생님이나 상담사에게 반항하는 비행 청소년에게는 그렇게 적대적인 관계만 맺는 괴로움을 최대한 생생히 상상하며 그들의 고뇌를 공감적으로 이해해야 한다. 그들은 ① 부모를 향한 애정 욕구가 충족되지 않아서 생긴 애정 결핍의 아픔, ② 분노, ③ 부모의 애정을 구하는 충동과 분노에 대한 죄책감, 이 세 가지 감정을 품고 있는 경우가 많다.

실제로는 선생님이 반항하는 학생에게 '태도가 나쁘다'며 음성 전이 반응을 일으켜 화내고 공격하는 예도 적지 않다. 상처가 있는 교사일수록 학생들에게 사랑받고 싶어서 반항하는 학생을 공감하거나 이해할 수 없으며, 화를 내고 마음의 문을 닫아버리는 경향이 있다.

● 지성화知性化라는 방어 기제

전이 반응을 일으키는 내담자에게 도움이 되지 않는 것 가운데 하나는 상담사가 전이 반응에 대해 가르치려고 하는 것이다. 이론으로 이해한다고 한들 전이를 일으키는 아픔, 공허함, 분노, 미움 등은 전혀 해결되지 않는다. 오히려 자신의 전이 반응을 단순히 이론적으로 납득해버린다면 전이 감정을 느끼거나 이야기하기 힘들어질 뿐만 아니라 해결에서 멀어지게 된다.

전이 반응의 원인인 마음 아픔의 근원은 무의식 영역에 있다. 마음 아픔이 치유됨에 따라 전이 반응은 자연스럽게 약해지고 현실적인 감각과 관점이 늘어난다.(166) 의지와 이론적 이해를 통해 전이 반응을 고치려고 해도 별 소용이 없다.

마음에 아픔이 있는 한 친구가 있었다. 그녀는 주치의였던 정신과 의사를 동경하는 마음을 품게 되었다. 그녀에게 직접 들었는데 그 젊은 남자 의사는 그녀에게 '당신의 동경심은 내가 아니라 당신의 부모에 대한 마음이 의사인 나에게 향한 것입니다'라고 이야기했다고 한다. 의사는 전이에 대해 환자에게 설명한 것이겠지만 이것은 난센스이다. 그 설명으로 알 것 같기도 하고 모를 것 같기도 한 지식 하나가 늘었을 뿐이다. 괴로움의 원인은 아무

것도 변하지 않았다. 오히려 그런 말을 들으면 환자는 의사를 동경하는 마음을 표현하기 힘들어진다.

지식과 이론으로 자기 마음을 분석해봤자 마음속 깊은 갈등을 해결할 수는 없다. 좀 더 자유로워지거나 괴로움을 줄일 수도 없다. 이론에 따라 자신을 바꾸려고 하거나 이해하려고 하는 것은 '지성화'라는 방어 기제이다. '방어 기제'란 고통을 일시적으로 덜기 위하여 알게 모르게 행하는 마음의 책략을 말한다. 방어 기제는 진짜 괴로움의 원인을 탐구하고 찾아내 해결하는 것에 저항할 목적으로 사용된다. 예를 들어, 대학생이 '나 자신을 이해하고 싶다', '나를 바꾸고 싶다'라며 심리학 수업을 수강하고 심리학 책을 읽는 것은 지성화의 대표적인 예이다. 마음속 고통에 직면하는 것을 피하고자 이론적으로 이해하려는 것이다.

상담사가 전이 반응에 대하여 내담자에게 가르치고 설명하는 행동은 '지성화'를 강화한다. 또 애초에 그런 행동이 하고 싶어지는 그 자체가 상담사의 전이 반응이다. 그것은 내담자를 공감적으로 이해하려는 태도가 아니어서 내담자가 마음속 깊은 갈등을 해결하고 더 자기답게 살아가려고 하는 변화를 방해한다.

상담에서는 흔히 '자기 이해', '알아차림'이라고 말하는데, 이것은 자기 자신을 지식으로 이것저것 분석하는 것이 아니다. 예를 들어, '나는 아버지에게 사랑받지 못해서 남성에게 공포심이 있다', '나는 어렸을 때 여동생을 울려서 심하게 혼난 경험이 있어서 지금도 여성에게 상처를 주지 않으려고 신중해진다', '나는 처음 보는 사람과 이야기하는 것은 서툴지만 일단 사귀면 굉장히 마음을 터놓는 성격이다' 등의 지식은 마음의 성장과 치유로 이어지는 통찰이나 자기 이해가 아니다. 진정한 자기 이해란 감정 수준의 생생한 실감을 수반한 알아차림 체험으로, 우리는 그것을 경험할 때마다 좀 더 자유롭고 편해진다.

3. 음성 전이를 다루는 방법

전이 감정은 내담자가 그것에 대해 충분히 이야기하고 상담사가 공감적으로 이해하는 것이 무엇보다 중요한데, 내담자의 음성 전이가 표출될 때에는 전문 상담가라도 불안해지기 쉽다.

    내 실제 경험담을 예로 들어보겠다. 공황장애를 앓고 있다고 전달받은 20대 여성 A 씨를 만났다. A 씨는 무척 쭈뼛쭈뼛하며 자신 없어 보이는 사람이었다. 그녀는 매우 긴장한 채로 낯선 나와 마주 보고 앉아 모기같이 가냘픈 목소리로 자신의 고통과 불안, 공황장애 증상 등을 이야기했다. 지금까지 아무에게도 말하지 못하고 혼자 품어온 괴로움을 목소리를 쥐어 짜내어 어떻게든 말하려고 하는 것이 느껴졌다. 그렇게 두 번의 세션을 가졌으며 나는 상담이 잘 진행되고 있다고 생각했다.

    세 번째 방문했을 때 A 씨는 지금까지와는 완전히 다르게 시원시원해 보였다. 그리고 또렷한 목소리로 이렇게 말했다. '오늘이 세 번째 상담인데 증상이 조금도 나아지지 않네요. 지금까지 여기서 이야기한 내용은 친구들에게도 말한 건데, 일부러 이곳에 와서 이야기할 필요는 없지 않나 하는 생각이 들어요. 이런 상담으로 좋아지긴 하나요?' 나는 깜짝 놀랐다. 또한 당황했으며 초조한 마음이 들었다. 그 뒤로 나는 무슨 말을 했는지 기억이 나지 않는다. 일단 그 시간 내내 어떤 대화가 이어졌으며 다음 상담 예약도 잡았다. 그리고 만약 A 씨가 오고 싶지 않아지면 전화로 취소하기로 이야기한 뒤 그 날 대화를 끝냈다.

결국 다음 상담 전날 그녀는 병원에 전화를 걸어와 예약을 취소했다. 그녀와는 그 뒤로도 만나지 못했다. 나로서는 왜 실패했는지 알 수가 없었는데, 수퍼바이저에게 다음 사항을 지적받은 뒤에야 비로소 실패 원인을 이해할 수 있었다.

● 실패 원인

A 씨의 상담은 잘 진행되고 있었다. 물론 내 기량과 능력 미숙으로 A 씨에 대한 공감적 이해가 부족한 부분이 있었겠지만, 나와의 상담에서 좋은 점도 분명 있었을 것이다. A 씨가 '도움이 안 된다'고 불평한 것은 상담이 진전되면서 그녀에게 음성 전이가 생겼고 그것을 내게 직접 말할 수 있게 된 것이었다. 그런 줄도 모르고 '조금도 나아지지 않았다'는 말을 들은 나는 당황해서 불안하고 초조해진 것이다.

내가 불안해진 이유는 '유능한 상담사가 되어 사람들에게 도움을 주지 않으면 나는 이 세상에 존재할 가치가 없다'는 신념이 있었기 때문이다. 그런 신념이 내 마음속 깊은 곳에 있다는 것을 깨달은 것은 그로부터 몇 년 뒤 상담을 받을 때였다. 만약 내가 A 씨의 상담을 진행할 때 '지금 있는 그대로의 나로도 가치가 있으며, 이대로 존재해도 괜찮다'는 것을 자연스럽게 이해했다면 동요는 적었을 것이다. 그때 내 불안의 원인은 '상담이 잘 진전되면 음성 전이가 표현된다'는 이론적 이해가 없었다는 것과 내 마음의 상처에 뿌리 내린 자기 무가치감이었다.

내담자가 자유롭게 느끼고 이야기할 때 상담사가 불안정하면 내담자가 안심하고 상담사와 관계를 맺지 못한다. A 씨가 그녀의 불만과 분노를 차분히 공감하며 수용해주지 않는 상담사를 신뢰하지 못한 것은 당연한 일이었다. 그래서 그녀는 상담을 취소한 것이다.

● 음성 전이에 대한 대처

A 씨에게 필요했던 것은 고통을 덜어주지 못하는 상담사에 대한 불신과 괴로움을 충분히 표현할 수 있는 장이었다. 그리고 그곳에서 자신의 불신감이 공감받고 받아들여지는 것이었다. 그것이 수준 높은 차원에서 이루어졌다면 상담이 진행됨에 따라 상담사에 대한 기대가 비현실적으로 컸다는 것(나에 대한 이상화 전이), 그리고 상담사를 신뢰하지 못하고 마음을 열지 못한 원인이 대인 불신이었다는 것(그녀는 친구에게 이야기하는 정도의 수준으로밖에 말하지 못했다)을 스스로 생생히 느꼈을 것이다. 그리고 비현실적인 기대를 하게 만드는 기댈 곳 없고 의지할 곳 없는 무력감을 실감하여 이야기를 시작했을 것이다. A 씨는 분명 그런 감정과 대인 불신감을 '느끼지 않고, 직면하지 않도록' 억누르면서도 항상 마음속으로는 느끼며 살았을 것이다. 그것이 공황 발작으로 나타난 것이다.

상담이 더 진전되면 그녀는 만성적인 무력감, 불신감에 시달리는 원인이었던 유아기의 마음 상처를 상담사와의 관계 속에서 재체험하고 표현하고 이해받으며 치유되었을 것이다. 그것은 A 씨와 상담사 모두에게 부담이 되는 과정이지만 그 대가는 힘듦을 훨씬 능가한다. 그녀의 인생이 활짝 꽃필 것이기 때문이다.

반복해서 이야기하지만 상담사가 이런 것들을 지식적으로 가르치려 할수록 상담은 앞으로 나아가기 어렵다.

4. 역전이|countertransference

상담사가 '내담자가 유능한 상담사라고 생각했으면 좋겠다', '내담자에게 호감을 얻고 싶다'고 느끼는 것은 내담자를 향한 상담사의 전이 반응이다. 이처럼 상담사가 내담자에 대해 갖는 전이를 '역전이'라고 부른다. 현실에서는 내담자가 상담사를 '나쁜 상담사'라고 판단했다고 해서 상담사가 불안해할 필요는 없다. 어느 한 사람의 내담자에게 신뢰받지 못했다고 해서 일자리를 잃는 것은 아니기 때문이다. 오히려 상담사가 불안정한 상태라면 상담을 실패할 확률이 높아져서 일자리를 잃을 가능성이 크다.

'상담사가 내담자에게 좋게 평가받고 싶은 것은 전이 반응이다'라는 말은 상담사가 내담자에 대해 마치 아이가 부모에게 하듯이 반응한다는 것이다. 그것에 관해 설명해보겠다.

● 역전이가 상담을 방해할 때

'내담자에게 신뢰를 얻겠다', '내담자에게 나쁘게 평가받고 싶지 않다', '상담이 중단되면 어쩌나' 하는 상담사의 역전이는 상담에 큰 방해 요소가 된다. 내담자는 상담사가 자신을 수용해주고 도와주길 원하는데 오히려 상담사를 받아들이고 도와줄 것을 요구당하기 때문이다. 그것은 내담자에게도 전해진다. 그러면 내담자는 안심하고 자신을 향한 내면을 탐구할 수 없게 된다. 상담사도 내담자의 불만과 분노를 이해하려는 여유가 없어진다.

또 우리가 고통 받는 사람에게 도움을 주려고 할 때 빠지기 쉬운 함정이 있다. 그것은 상담사가 내담자의 상태가 좋아지기를 바라는 것이 내담자에게 부담이 된다는 사실이다. '부탁인데 저를 위해 나아주세요'라는 상담사의 생각은 내담자에게 전달된다. 이것도 상담사가 내담자에게 도움을 요청하는 것이다. 다른 사람에게서 좋아질 것을 요구당하면 우리는 안심하고 나아질 수 없다.

내담자는 전이 유무에 따라 상담사를 유능하다, 무능하다, 이상적이다, 해롭다 등과 같이 다양하게 느낀다. 상담사를 어떻게 느끼고 평가하는지는 내담자의 자유다. 그런 평가를 하는 내담자의 방식을 그대로 존중하는 것이 상담사가 가져야 하는 중요한 기본자세이다. 이것이 로저스나 많은 정신분석가가 중시한 '내담자를 무조건 존중하고 수용한다'는 것이다. 상담사의 역할은 내담자의 현재 방식을 받아들이고 존중하며 공감적으로 이해하는 것이다. 그리고 그 이해를 말로 내담자에게 전달되도록 노력하는 것이다. 상담사가 '나쁜 평가를 받으면 어쩌지?' 하고 불안해하면 그럴 여유가 없어진다.

이렇게 내담자가 좋아지기를 바라는 마음이 생기는 이유는 상담사 마음의 아픔 때문이다. 내담자가 나아지지 않으면 자신의 존재 가치가 없다(작다)고 느끼는 것이다. 그러므로 상담사로서 능력을 높이려면 상담사 자신이 상담을 받음으로써 자기 무가치감의 원인이 되는 마음의 아픔을 깊이 있게 치유해야 한다.

상담받는 것을 피하고 싶은 진짜 이유는 억압된 감정에 대한 공포와 대인 불신(대인 공포) 때문이다.[167)(168] 그래서 '상담을 받으면 무엇이 튀어나올지 불안'하고 '안 좋은 상담사를 만날까 봐 불안'한 것이다. 전문가들조차 감정에 대한 두려움과 대인 불신 때문에 상담을 피하고 싶은 마음이 든다. 그렇지만 그 감정에 대한 두려움과 대인 불신이야말로 상담사로서 힘을 키우기 위해 해결해야 하는 일이다. 상담사가 자신의 무가치감과 그에 얽힌 마음의 아픔을 고도로 치유했을 때 그것을 뛰어넘은 발자취는 인간으로서, 그리고 상담사로서 귀중한 자산이 된다.

5. 수용적이고 공감적인 개입의 사례

나는 내담자가 불신과 불만을 표현할 때 '이 사람은 불신과 불만이 있구나. 그건 어떤 느낌일까? 내 어떤 부분 때문에 불신과 불만을 느끼고 있을까?' 생각한다. 내담자의 불신, 불만에 관심을 가지고 그것을 상상하며 그 사람처럼 느끼려고 한다.

내가 내담자의 불신이나 불만 표현에 대해 침착하게 수용하며 공감적으로 대응할 수 있게 된 것은 나 자신의 치유와 변형의 진행, 경험이 쌓인 것, 유효한 수퍼비전으로 인해 내담자를 공감적으로 이해하는 힘이 늘어난 것, 이 세 가지 요인 덕분이라고 생각한다.

내담자의 불신감이나 불만에 수용적이고 공감적으로 대응한다는 것은, 예를 들어 다음과 같은 개입을 말한다.

[사례 1]
내담자: 선생님 결혼하셨나요?
상담사: 만약 제가 독신이라면 당신의 부부 관계 고충을 이해하지 못하는 것 아닐까 하고 느껴지시나요?

[사례 2]
내담자: 이건 부모님한테도 얘기한 적이 없는데 상담에서도 말 안 해도 괜찮지 않나.
상담사: 이야기하고 싶지 않은 기분이군요.
내담자: 이야기하면 선생님은 잘 들어주시겠죠. 하지만 짜증 나실 것 같아요.
상담사: 제가 겉으로는 잘 들어주는 것 같지만 속으로는 당신에게 짜증을

낼 것처럼 느껴지시나요?

[사례 3]
내담자: 지난주와 똑같고 기분에 별로 변화가 없어요.
상담사: 이렇게 대화를 하고 있지만 나아지고 있지 않다고 느껴지시나요?

[사례 4]
내담자 : 비밀 유지 의무는 지켜주시나요?
상담사 : 제가 혹시 다른 사람한테 말하지 않을까 하는 불안감이 밀려오시나요?
(또는) 오늘 말씀하신 것은 굉장히 상처받기 쉬운 일이어서 소중히 다뤄주길 바란다는 기분이신가요?

위의 사례에서와 같이 나는 일단 보증이나 확답을 하는 경우가 없다. 보증이나 확답을 주는 경우는 아래와 같은 개입이다.

'아니요, 저는 독신입니다.'
'짜증을 내거나 하지는 않으니까 말씀하셔도 괜찮아요.'
'기분에 변화가 없다는 건 나빠지지는 않았다는 말이네요. 잘됐네요.'
'전에도 말씀드렸듯이 비밀 유지 의무는 지켜드리니 안심하세요.'

위와 같이 확답을 하고 싶은 것은 상담사의 역전이 때문이다. 질문에 대답하지 않으면 내담자가 화를 낼까 봐 불안한 것이다. 내담자에게 신뢰를 얻고 싶고 불평은 듣고 싶지 않기 때문이기도 하다.

내담자가 상담사에게 불신을 표현하는 것은 그가 기본적으로 가진 인간에 대한 불신이 표출되는 것이다. 즉 타인에게 지나친 애정 욕구를 품고 그것이 충족되지 않아 불만을 느껴 마음을 닫는 대인관계 패턴이 드러나는 것이다. 그러므로 그런 반응은 수용적이면서도 공감적인 상담사와 함께 탐구해야 하는 중요한 주제이다.

상담사가 안일하게 대답하거나('저는 독신입니다') 보증을 하게 되면('말씀하셔도 괜찮아요') 중요한 이슈를 덮어버리고 탐구가 방해받고 만다. 이런 상담은 깊어지지 않고 중단된다. 3부에서는 탐구를 방해하고 재촉하는 개입에 의해 대화가 얼마나 얕아지거나 깊어지는지 구체적으로 배워보겠다.

내담자를 존중하고 공감적으로 이해하기 위해서는 상담사 자신이 자기 아픔의 근원을 치유하는 것과 더불어 지금까지 배워온 전이의 관점이 도움이 된다. 다음 장에서는 전이라는 개념을 통해 내담자의 고충을 좀 더 공감적으로 이해하는 관점을 알아보도록 하자.

제11장. 전이의 이해를 통한 내담자 고통에 공감하기

1. 공감적으로 이해할 수 없는 원인

내담자의 마음을 공감적으로 이해하는 것이 특히 어려운 때가 있다. 그 원인으로 세 가지 가능성을 생각해볼 수 있다.

첫째, 내담자의 행동이 나에게 불이익으로 이어질 때이다. 예를 들어, 친구를 상담한 뒤 친구가 나를 싫어하게 되면 나는 결국 친구를 잃게 될 것이다. 그래서 나를 싫어하는 친구의 마음에 공감하며 수용할 여유가 없어진다. 상담사가 가족, 친구, 동료 등 아는 사람을 상담하지 않는 이유 가운데 하나가 여기에 있다.

다른 두 가지 이유에 대해서는 뒤에서 자세하게 다뤄보겠다.

● 내 안의 받아들여지지 않는 부분을 타인에게서 볼 때

내담자를 공감적으로 이해하기 어려운 두 번째 원인은 자신의 받아들일 수 없는 부분을 상대방에게서 볼 때이다. 예를 들어, 타인의 나태한 행동, 자기중심적인 행동. 성적으로 자유분방한 행동 등에 화가 나거나 경멸감을 느낀다면 그것은 자기 안에 있는 나태함, 자기중심성, 성적으로 자유롭기를 바라는 욕망을 받아들이지 못한 것이다. '나에게는 그런 부분이 없다'라고 믿고 싶기 때문이다. 이와 관련하여 내 경험을 이야기하겠다.

내가 상담사 연수에 참석했을 때의 일이다. 한 젊은 남성 상담사가 '솔직히 저는 아직도 부모님께 기대고 싶고 그걸 받아줬으면 좋겠어요'라며 참가자들 앞에서 진솔하게 이야기했다. 그러자 내 뒤에 앉아 있던 상담사 지망생인 중년 여성이 '그건 너무 나약한 생각이야', '무슨 말을 하는 거야? 정말 나약하군' 등 비판적인 혼잣말을 반복하는 것이 들렸다. 나는 그 여자에 대해 '그의 사고방식이 안일하다는 것은 본인도 알고 있다. 그는 사람들 앞에서 좀처럼 꺼내기 힘든 속마음을 과감하고 솔직하게 말해주었는데 그걸 비판하다니 너무하군'이라는 생각에 화가 났다. 그때 나는 그 여성을 판단하며 깔본 것이다. 그리고 내 안에 남을 비판하고 깔보는 나 자신이 있다는 것을 깨달았다.

우리가 다른 사람의 나쁜 면을 보고 화가 나는 것은 자신도 같은 면을 가지고 있으면서 그 사실을 스스로 받아들이지 않을 때이다. 앞에서 언급한 중년 여성에 대해 나는 '상담사를 지망하는 사람이 자신의 가치관을 다른 사람에게 적용하여 정직한 마음을 비판한다는 것은 말도 안 된다'라며 화가 났지만, 사실 자신의 가치관을 다른 사람에게 적용하여 비판하던 사람은 나 자신이었다. 나는 그 여성을 '상담사라면 사람의 마음을 이해하고 받아들여야 한

다'라는 가치관으로 판단했다. 그리고 그녀가 그것에 맞지 않는다며 화내고 비판한 것이다. 만약 내가 '자신의 가치관에 따라 남을 판단하는 나 자신'을 인정하고 받아들였다면 그 여성에 대해 '저 사람은 지금 상태로는 상담사가 되기 어렵겠구나'라고 생각했을지는 몰라도 화를 내진 않았을 것이다.

우리는 자신의 일부를 부정할 때 부자연스러워지고 나다움을 발휘하며 사는 데 제한이 따르고 인생을 한정 짓는다. 예를 들어, 게으름을 부정하는 사람은 '항상 부지런해야 한다'는 생각에 쫓겨 살 수밖에 없다. 다른 사람에게 '자기중심적'이라고 비판하는 사람은 다른 사람의 시선을 신경 쓰는 나머지 자기 욕구를 다른 사람에게 표현하거나 충족할 수 없다. 타인의 성性적 자유분방한 모습에 화가 나는 사람은 이성에게 호감을 얻고 싶어 하는 마음과 성에 대해 죄책감이 있으므로 성을 (그리고 삶을) 만끽하는 것을 제한하는 것이다.

우리가 자기 안의 무언가를 부정할 때 부정한 그 부분은 우리를 통제한다. 자기 안에 존재하는 게으름, 자기중심성, 성적 욕구에 시달리는 것이다. 분노 조절이 안 되고 폭발하는 사람도 마찬가지다. 그런 사람은 속으로는 자신의 화를 매우 두려워한다.

● 내담자의 반응이 비현실적일 때

내담자를 공감적으로 이해하기 힘든 세 번째 원인은 내담자의 반응이 비합리적이고 비현실적이기 때문이다. 6장의 1. 공감적으로 이해하기 힘든 내담자에서 '열차 안에서 모두가 자신을 힐끔힐끔 쳐다본다'라고 호소하던 대인 공포증 남성, 공감적으로 수용해주는 상담사에게도 불신감을 표하며 마음을 열지 않는 내담자, 다정한 남편에게 불만만 잔뜩 품고 이야기하는 여성

등의 사례를 살펴보았다. 그들의 반응이 비현실적인 이유는 그것이 과거의 아픔에 기초한 전이 반응이기 때문이다. 전이라는 관점을 사용하면 그들의 반응을 이해하기가 더욱 쉬워진다. 그것에 대해 하나씩 살펴보도록 하겠다.

2. 비합리적, 비현실적인 반응을 보이는 내담자의 전이 반응

● 대인 공포에 시달리는 사람의 전이 반응

대인 공포에 시달리는 내담자는 어린 시절부터 부모에게 거부당하고 버림받았다고 느끼며 양육되었고 그에 대한 격렬한 분노를 품고 있다. 그런데 그 분노나 공격성을 충분히 느끼지는 못한다. 부모에게 분노를 터뜨리면 더욱 애정을 잃을 수도 있고, 그 분노가 너무 격렬해서 '이것이 나타나면 통제가 되지 않아 부모님께 상처를 줄지도 모른다'고 마음 깊은 곳에서 겁이 나기 때문이다. 그 가운데는 무의식적으로 부모를 죽일지도 모른다고 느끼며 두려워하는 내담자도 있다.

부모에 대한 억압된 분노는 무언가가 자기 안에서 부글부글 끓고 있는 듯한 '이유를 알 수 없는 이상한 느낌'으로 느껴진다. 분노가 너무 무서워서 자기 안에 분노가 있는 것조차 인정하지 못한다. 그러므로 스스로는 분노라는 것을 모르고 '영문을 알 수 없는 무서운 것'이라고 느낀다. 정체 모를 무서운 것을 품고 있는 일만큼 무서운 것은 없다. 그래서 내담자는 이유를 알려고 한다. 그리고 '아, 그렇구나! 주변 사람들이 나를 공격하려고 한다(바보로 만들고 있다, 욕을 한다, 죽이려고 한다 등). 그래서 이렇게 괴롭고 무서운 이상한 느낌을 느끼는구나'라고 해석한다. 이처럼 자기 안에 있는 감정이나 충동을 부정하기 위하여 그것을 '외부에 존재하는 것'으로 인지하는 방어 기제를 '투사projection'라고 부른다.

또 대인 공포에 시달리는 사람은 '사람들이 모두 나를 빤히 쳐다보고 있다'고 느끼는 경우가 있다. 그 호소에는 '모든 사람이 나에게 주목하고 있을 것'이라는 신념이 있다. 그 신념에서 '모든 사람에게 주목받지 않으면 공허하고 외로워서 견딜 수 없다'는 매우 격렬한 애정 결핍을 엿볼 수 있다. 즉 사람에 대한 두려움이라는 음성 전이의 이면에는 '모든 사람이 관심을 가져 줬으면 좋겠다'라는 의존적 양성 전이가 존재하는 것이다. 대인 공포에 시달리는 사람이 그 정도로 강렬하게 타인의 관심을 구하는 것은 부모에게 사랑받지 못한 애정 결핍의 고뇌가 매우 심하기 때문이다.

대인 공포에 시달리는 내담자를 상담한다는 것은 그가 느끼는 타인에 대한 공포심과 두려움을 마치 자기 일처럼 상상하는 것이며, 최대한 절실하고 생생히 느끼면서 듣는 일이다. 나아가 그의 호소 아래에 깔린 격렬한 분노와 미움, 그리고 사람들의 관심을 구하게 하는 애정 결핍과 공허에 대해 되도록 생생히 상상하며 듣는 것이다. 이때 그가 주위 모든 사람의 관심을 구하는 욕구에는 유아가 부모의 애정을 구하는 접착적이고 성적인 성질이 있다는 것을 이해해야 한다.

상담사가 내담자의 고뇌를 공감적으로 들으면 내담자는 서서히 사람에 대한 분노를 말하기 시작한다. 이것은 아주 중요한 순간이다. 그 분노에 특히 공감적이고 수용적으로 응답해야 한다. '그 사람이 왜 그런 말을 했는지 이해하기 힘드시군요', '어머니는 당신의 마음을 모르시는군요' 등 불만이나 분노에 정중하게 응답해야 한다.

상담이 진행되면 머지않아 내담자 안에 있는 분노와 증오가 상담사에게 향할 것이다. 상담사가 그것을 수용적, 공감적으로 받아들일수록 내담자에게 도움이 된다. 덧붙여 전이 반응은 누구에게나 일어나는 반응이다. 대인 공포를 일으키는 애정 결핍의 괴로움과 분노의 경험도 정도의 차이는 있겠지만 누구에게나 생기는 일이다. 그래서 내담자의 고충을 상상할 수 있다.

● 상담사를 경계하며 긴장하는 내담자의 전이

우리는 '도움이 되고 싶다, 공감하고 이해하고 싶다'는 생각으로 온화하게 앉아 있는 상담사에게도 '날 비판하면 어쩌지? 안 좋게 생각하진 않을까?'와 같이 경계하며 크든 적든 마음을 열지 못한다. 왜냐하면 우리는 모두 과거의 소중한 누군가에게 거부당한 괴로운 경험이 있기 때문이다. 우리 안에 자리 잡은 자신의 일부를 부정하는 생각을 상담사에게 투사하고 있기 때문이기도 하다. 거기에 더해 위에서 언급한 대인 공포의 마음 움직임이 다소나마 작용한다.

상담사에게 '무슨 이야기를 해야 좋을지' 모르겠다는 것은 전이 저항의 표현이다. 즉 상담사에게 '있는 그대로 솔직하게 표현하면 나를 안 좋게 생각할 것'이라고 느끼는 전이 반응이다. 그래서 자기 생각을 솔직하게 말하지 못하고 머리가 새하얘져서 할 말이 생각나지 않게 된다. 이러한 반응이 일어나는 이유는 자신의 마음이나 생각을 소중한 사람에게 표현했을 때 받아들여지지 않았던 과거 경험으로 인한 상처를 지금까지 안고 있기 때문이다. 상담사는 그런 내담자의 불안을 최대한 자기 일처럼 생생하게 상상하면서 '무슨 말을 해야 할지 잘 모르겠나요?', '마음이 텅 비어서 아무것도 떠오르지 않으신가요?' 등과 같이 응답하는 것이 좋다.

만약 내담자가 상담사에 대한 불신감을 솔직하게 말할 수 있다면 '무슨 말을 해야 제가 받아들일지 몰라서 대화하기 어려우신가요?', '제가 이해할 수 있을지 걱정이 돼서 대화하기 불편한 마음이신가요?' 등과 같이 좀 더 직접적인 응답을 하는 것이 적당하다. 이때 상담사가 어떤 말을 하는지도 중요하지만, 더 중요한 것은 상담사의 사랑과 관심을 바라는 내담자의 의존적이고 접착적인 욕구와 상담사가 좋아해 주지 않을 것이라는 공포에 생각을 더하며 응답하는 것이다.

● 다정한 남편에 대해 불평만 늘어놓는 여성

성실하고 다정한 남편에 대한 불평만을 이야기하는 여성의 마음에 대해 생각해보자. 그녀에게는 부모에게 충분히 사랑받지 못했다고 느낀 경험에서 비롯된 애정 결핍이 있다. 그 아픔에서 벗어나기 위해서 '완벽하게 사랑해 주는 남성'이라는 이상형을 찾아 남편과 결혼했을 가능성이 크다. 이런 사람은 연애 관계에서 연인에 대한 전이 감정이 늘어날수록 애정과 관심을 강하게 요구한다. 그리고 그것을 얻지 못하면 격렬한 분노를 표출한다. 이런 과잉 반응은 비현실적인 것이며, 그 반응 때문에 연인은 멀어지게 된다.

격렬한 애정 욕구와 증오는 이성적인 성인의 반응이 아니라 버림받고 상처받은 아이의 반응이다. 아이들은 본래 조건 없이 사랑받고 존중받고, 신체적으로도 심리적으로도 따뜻하고 세심한 보살핌을 받을 당연한 권리가 있다. 그것을 얻지 못했다면 격렬한 불공평함, 분노, 슬픔을 느끼는 것이 당연하다. 그런 상처가 있는 사람은 만성적으로 심각한 불공평함, 분노, 슬픔, 무력감을 느낀다.

또 속으로는 '주위 사람들은 내가 행복하고 안심할 수 있게 나를 잘 보살피고 항상 관심을 가져야 한다'라고 믿는다. 이 신념은 마음속 상처받은 아이가 부모를 그렇게 느끼고 믿는 것에서 기인한다. 유아가 부모의 보살핌과 관심을 받는 것은 당연한 일이기 때문이다. 이 여성을 그런 맥락에서 이해한다면 격렬한 애정 욕구와 증오를 쏟아내는 그녀의 모습에서 부모에게 몸과 마음이 모두 밀착된 애정을 원하지만, 그 욕구가 충족되지 않고 불합리하게 취급되어 상처받아 울고 있는 아이가 느껴진다. 상담에서는 이 정도로 높은 수준의 공감이 필요하다.

경청 전문가라면 이 여성에 대해 생각해 볼 필요가 있는 또 다른 가능성도 있다. 그것은 그녀가 상담사에게 무언가 불만이나 분노를 느끼고 있지만, 그것을 의식할 수 없어서, 또는 의식은 하고 있어도 직접 이야기할 수 없어서, 대신 남편에 대한 불만을 이야기하는 것일 수도 있다는 것이다.

이처럼 내담자가 타인에 대한 분노나 불만을 말할 때 상담사는 '이것은 사실 나에게 느끼는 감정인데 내가 좋지 않게 생각할까 봐 두려워서 말하지 못하는 것인지도 모른다'라는 가설을 머리 한쪽에 두고 듣는 것이 중요하다.

● 내담자의 반응을 이론에 적용하는 것의 중요성

로저스의 동료 상담사인 올리버 브라운은 '우리가 사람을 사랑할 수 있는 것은 그 사람의 반응에 겁낼 필요가 없고 그 반응이 우리의 기본적인 욕구와 연관되어 있어서 이해가 가능할 때이다[169]'라고 말했다. 예를 들어, 누군가가 우리에게 화를 낼 때 겁을 먹으면 자신을 지키기 위해 거리를 두거나 마음을 닫고 반격할 것이다. 그러나 '사실 그는 모두와 사이좋게 지내고 싶은데 그 욕구를 느끼는 것이 두려워서 분노로 반응하고 있다'라는 것이 이해되고 그 분노를 겁내지 않는다면 사랑을 갈구하지만 원하지 않는 척하는 그 사람을 이해하고 수용할 수 있게 된다.

언뜻 보기에는 비현실적이고 이해하기 어려운 반응도 전이라는 이론을 통하면 더욱 이해하기 쉬워진다. 이론은 내담자를 공감적으로 이해하기 위하여 존재하는 것이다.

3. 자기 자신의 전이 반응을 공감적으로 이해하다

전이 반응은 누구나 가진 인간다운 반응이다. 그것은 결코 인간으로서의 결함이나 인격이 낮음을 의미하는 것이 아니다. 그러나 내가 상담사를 꿈꾸던 시절, 나 자신의 전이 반응을 깨달았을 땐 '내가 이런 미해결된 마음의 문제를 가지고 있었다니 한심하다'라고 생각하며 그것을 '내 결함'이라고 느꼈다. 그런 느낌이 강하면 내담자의 전이 반응을 볼 때 그 사람을 있는 그대로 무조건 존중할 수 없고, 마음 깊은 곳에서 공감적으로 이해하는 마음이 생기지 않는다. 비판하는 마음과 깔보는 기분, 바꾸고 싶은 마음이 일어난다. 그러므로 전이 반응을 공감적으로 이해하는 능력을 높이기 위해서는 상담사 자신이 상담을 받는 가운데 전이 반응을 실제로 체험하고, 공감적으로 받아들여지는 경험을 해야 한다. 그 경험을 통해 전이 반응을 일으키는 내담자를 있는 그대로 존중하면서 그의 고통을 이해하는 일이 수월해질 것이다.

동일한 내용을 상담에서의 저항에서도 말할 수 있다. 상담 과정에서 저항하는 것도 누구에게나 있을 수 있는 인간적인 반응이다. 그것을 이해하기 위해서는 자기 자신의 저항을 실감하고 그런 자신을 있는 그대로 사랑하고 받아들이는 경험이 중요하다.

나는 자신의 전이 반응에 대한 통찰이 낮고 저항이 강한 전문가일수록 내담자에게 전이나 저항이 생길 때 그를 공감적으로 이해하거나 받아들이지 못한다고 생각한다. 그리고 '이 사람은 금방 자기 기분을 속이려고 한다',

'이 사람은 사실 좋아지고 싶지 않은 것이다', '어떻게 하면 깨닫게 해줄 수 있을까?' 등 이해가 부족하고 때론 거부적인 마음이 들기 쉽다. 공감이 불충분한 채 내담자의 모순을 지적하고 싶은 마음이 생기기도 한다.

제12장. 상담사는 무엇을 하는가?

1. 상담사가 하는 일

인간 중심 상담과 정신분석 이론에 대한 고찰에 근거하여 경청에 의한 상담에서 상담사가 하는 일은 무엇인지, 그리고 상담을 통해 내담자에게 어떤 변화가 생기는지 정리해보겠다.

상담사가 하는 일은 내담자가 표현하는 중요한 것들을 되도록 내담자 입장에서 공감적으로 이해하고 그 이해를 말로 되풀이하는 것이다. 이때 중요한 것은 내담자의 표정, 목소리 상태, 말의 내용으로 표현하고 있는 것을 상담사가 마치 자신의 모습인 것처럼 최대한 생생히 상상하고 느끼는 것이다.

내 경험으로는 상담사가 이것 이외의 다른 의도를 가지면 상담 과정을 방해해버린다. 다른 의도란 예를 들어 다음과 같은 것이다.

내담자의 생각이나 행동을 '바로잡으려' 하거나 '고치려고' 하는 것, 어떤 행동을 하도록 시키는 것, 가르치려 하는 것, 설득시키려는 것, 무언가를 깨닫게 하려는 것, 감정을 느끼게 하려는 것, 어떤 주제에 관해 이야기하도록 하는 것, 캐내려고 하는 것, 내담자의 긴장, 불안, 불신감, 우울, 분노 등의 감정을 바꾸려는 것, 괴로움에서 구해내려는 것, 상담사를 신뢰하도록 하는 것, 상담사에게 호감을 느끼게끔 하는 것 등이다.

너무나도 중요한 내용이라 반복하겠다. 상담사가 하는 일은 내담자가 표현하는 중요한 일을 되도록 내담자의 입장이 되어 생생히 상상하며 공감적으로 이해하고 그 이해를 말로 되풀이하는 것이다.

그로 인해 내담자가 '상담사는 내 마음과 생각을 내 처지에서 이해해주고 있으며, 나를 무조건 받아들여 준다'라고 느끼면 마음의 자기 치유력이 발휘되고 진짜 감정, 생각에 열림과 동시에 서서히 깊은 치유 과정이 시작된다.

2. 인간 중심 상담에 대한 오해

인간 중심 상담에 관해 가장 많은 오해는 상담사가 내담자의 말을 단순히 반복한다는(앵무새처럼 맞장구를 친다는) 것이다. 상담사가 어떤 말을 하는가 하는 기술도 중요하지만 더 중요하고 본질적인 것은 공감적 이해이다. 내담자의 말을 반복해서 응답하는 것이 나쁜 것은 아니다. 그러나 로저스의 상담 기록을 보면 그가 내담자의 말을 반복한 것은 거의 없다는 사실을 알 수 있다.

그 예를 다음에서 살펴보겠다. 로저스의 공개 상담 대화의 일부를 발췌한다.

[글로리아와 세 명의 치료전문가[170]]

내담자: 만약 제가 정직하다면 아이가 제게 청결한 이미지를 가질 수 없다고 생각해요. 게다가 저는 남편보다도 더 음탕한 사람이라고 느껴요. 저는 아이가 허용하지 못할 일을 많이 할 것 같아요.

로저스: 그럼 만약 아이가 당신에 대해 알게 되면 진심으로 당신을 사랑할 일은 거의 없을 거로 생각하시는 건가요?

내담자: 맞아요. 완전히 말씀하신 그대로예요.

* * *

내담자: 아이에게 거짓말을 하고 나서 계속 신경이 쓰이더라고요. 아주 옛날로 거슬러 올라가서 딸에게 (진실을) 이야기하는 게 좋을지, 아니면 조금 더 기다리는 편이 좋을지 모르겠어요. 딸이 저에게 물어보는 걸 잊어버렸을지도 모르지만요.

로저스: 하지만 중요한 것은 당신이 잊지 않았다는 것이지요.

내담자: 전 잊어버리지 않았어요. 맞아요.

[로저스 상담(개인 치료)의 실제[171]]

내담자: 친구가 있는 것은 정말 즐겁고 그 사람들과 함께 무언가를 하는 것도 좋아해요…. 그런데도 이렇게 참을 수 없는 기분도 드네요.

로저스: 이런 거군요. 상반된 두 개의 마음이 있는 거죠. '저 여자분들은 정말 좋은데…. 일반적인 여성에 대해서는 초조함을 느낀다. 이걸 어떻게 하면 좋을까?'라고 말이죠.

* * *

내담자: 너무 무서운 외로움이거든요. 그렇잖아요, 누가 함께 있어 줄지도 모르고요….

로저스: 이런 걸까요? '누가, 누군가가 함께 있어 주려나…. 이렇게 두려울 때나 외톨이 같은 때에'라는?

내담자: (운다)

로저스: 정말 많이 상처받으셨군요.

3. 이론은 공감을 위해 존재한다

깊고 세밀한 공감을 하기 위해서는 이론이 필요하다. 이론은 내담자를 공감적으로 이해하기 위하여 존재한다. 상담사가 이론의 도움으로 내담자의 고충을 더 세심하고 깊이 있게, 더 생생히 상상하고 이해한다면 그것은 내담자에게 전달된다. 그러면 내담자는 지금까지 직면하지 못했던 깊은 감정과 생각이 느껴져서 그것을 더 말하고 싶어진다. 이것이 마음의 자기 치유력에 의한 움직임이다. 그리고 그 과정이 진행됨에 따라 내담자의 마음에 점차 다음과 같은 변화가 생긴다.(172)(173)

- 자신을 좀 더 조건 없이 좋아하게 된다.
- 다른 사람의 가치관이나 규칙rule 등에 얽매이는 정도가 줄어들고, 진정한 자신의 감정이나 가치관이 더 진솔하게 느껴져서 그것들을 더욱 신뢰하게 된다.
- 남의 시선에 크게 신경 쓰지 않게 된다.
- 사는 것이 더 즐거워진다.

- 현실을 더욱 올바르게 인식할 수 있게 되고, 현실에 맞는 사고방식, 느낌, 견해를 갖고 행동할 수 있게 된다.
- 좌절이나 감정의 기복이 줄어들어 감정적으로 안정된다.
- 실패나 좌절을 더욱 빨리 이겨내고 긍정적이고 건설적으로 살아갈 수 있게 된다.
- 성장하고 싶은 마음이 강해진다.
- 사람과의 순수한 연결을 더욱 강하게 원하게 된다.
- 사람과의 순수한 연결이 더 느껴진다.
- 사물에 대해서 '흑이냐 백이냐'라는 극단적이고 단순화된 시각에서 균형 잡힌 현실적 시각을 갖게 된다.
- 남을 배려하는 여유가 늘어나고 다른 사람의 마음을 알게 된다.
- 자기 자신에게 더욱 상냥해진다.
- 타인에게 더 상냥해진다.
- 살아있는 기쁨을 더욱 느끼게 된다.
- 자기 자신에 대한 얽매임이 줄어들고 자발적인 사람이 된다.

4. 조력적 진단이란 무엇인가

상담에서는 '진단'이라는 단어가 많이 쓰인다. 그러나 내담자의 주관적인 세계를 공감적으로 이해하는 것과는 관계가 없는, 내담자를 외부에서 보고 꼬리표를 붙이거나 평가하는 행위가 '진단'이라는 이름으로 행해지는 것을 자주 보게 된다. '이 내담자는 발달장애이다', '경계성 인격장애이다', '자기 긍정감이 낮고 남 탓을 하는 경향이 강하다' 등의 평가를 하는 것이 주를 이루며, 내담자의 고통을 그 사람의 입장이 되어 공감적으로 상상해 보려는 의도가 부족하다.

그리고 '진단'한다는 목적으로, 내담자의 사고나 감정을 그 사람 처지에서 공감적으로 이해하는 것과는 멀어져, 마치 취조나 다름없이 내담자에 대해 이것저것 묻거나 심리검사를 하는 일도 흔히 벌어진다.

그러나 이런 '진단'은 별 도움이 되지 않는다. 적어도 경청을 통해 내담자 마음의 갈등 해결을 촉진하고 그가 가진 본연의 모습으로 살아갈 수 있게 변형을 돕는 상담에서는 방해가 된다.

실제 상담에서 '진단'은 매우 중요하다. 그것은 내담자의 기분, 생각, 행동을 되도록 그의 처지에서 공감적으로 이해하기 위한 것이다.

그렇다면 그러한 조력적인 진단이란 어떤 것을 말하는 것일까? 그리고 지금까지 살펴본 이론을 실제 상담에 어떻게 활용할 수 있을까?

이것을 배우기 위해 3부에서는 상담 대화의 일부를 발췌하여 고찰해보려고 한다. 내담자 9명이 등장한다. 9명 내담자와의 대화와 해설을 한 번 읽는 것만으로는 이해하기 어려울 것이다. 반복 읽기를 통해 공감적인 견해와 생각을 몸에 익혀서 내담자가 한 발언의 의미를 이해할 수 있게 되기를 바란다.

Psych & Empathic Listening

제3부

정신분석적 경청 상담의 실제

상담사는 내담자를 공감적으로 이해하고 수용하려고 한다. 그러나 대인 불신감이 강한 내담자일수록 상담사의 수용적인 태도를 느끼지 못하며 경계심으로 인해 마음을 열지 못한다. 내담자의 이런 마음의 움직임에 공감하고 지원하는 자세로 경청하는 방법에 대해 생각해보자.

사례 1. 상담사에게 불신감을 품은 남성 대학생

■ 내담자

A 씨(19세, 남성) 대학교 1학년

■ 상담 경위

A 씨는 대학교 1학년, 6월에 상담실에 찾아왔다. 증상이나 상담 경위 등은 불분명하다. 첫 회기 상담의 일부를 발췌한다.

(A 씨 3분 지각. 굉장히 당황한 듯 헐떡이며 입실한다. 숨을 조금 고른 뒤)
상담사: 처음 뵙겠습니다. 저는 상담사입니다.
A 씨: 지각해서 죄송합니다. A라고 합니다.

상담사: 잘 부탁드립니다.

A 씨: 죄송해요, 늦어서. 잘 부탁드립니다.

상담사: 급히 오셨군요.

A 씨: 정말 죄송합니다. 아…. 당황스러워라….

상담사: 늦어서 많이 당황스럽군요.

A 씨: 네, 죄송합니다.

상담사: 늦어버렸다, 잘못했다고 미안하게 느끼시나요?

A 씨: 네…. 아, 하지만…. 이제 안정됐습니다. 저…. 제가 여기에 온 이유는…. (상담사 얼굴을 본다) 음…. 뭐든지 이야기해도 괜찮은가요?

상담사: 무슨 말을 해야 좋을지 모르겠고 좀 곤란한 느낌이신가요?

A 씨: 네. 뭐랄까…. 상담이 처음이라서요.

상담사: 처음이라 대화하기 힘드신가요?

A 씨: 네. 제가 좀 신중한 편이라…. 저에 관한 이야기를 잘 못 해요.

상담사: 자기 자신에 관해 이야기하는 건 잘 못 하시는군요.

A 씨: 맞아요. 게다가 이제는 괜찮아져서 고민이 있는 것 같지도 않고요.

상담사: 전에는 힘들었지만 이제는 상담이 필요 없을 것 같은 생각도 있으신가요?

A 씨: 근데 또 제대로 해결하는 게 좋을 것 같기도 하고….

상담사: 힘든 마음도 있고 해결해야겠다는 생각도 드는군요.

A 씨: 맞아요. 지금은 괜찮지만 해결해야 할 것 같은 느낌은 있어요. 하지만 제대로 이야기를 할 수 있을지….

상담사: 제대로 이야기해야 할 것 같아서 긴장되는 느낌인가요?

A 씨: 네. 하지만 괜찮아졌어요…. 제가 여기에 온 이유는….

상담사: 네. 어떤 일 때문에 상담을 받아야겠다고 생각하셨나요?

A 씨: 예약을 잡을 당시에는 엄청 힘들었어요.

상담사: 엄청 힘드셨군요.

A 씨: 그런데 최근 2, 3일은 좋아졌어요. 오늘은 새벽 3시까지 집에서 게임하느라 잠을 조금 자고 학교에 와서 수면 부족이긴 하지만요.

상담사: 3시까지 깨어 있었다니. 아침 일찍 학교에 오기 힘들었겠는데요?

A 씨: 네, 그래도 기분은 좋아요. 하지만 수업 중에는 그림책에서 본 녹색 사자같이 쓸데없는 것들만 떠올라요. 왠지 기분을 이야기한다거나 그런 건 별로 할 필요가 없다는 느낌이 들어요.

상담사: 기분을 이야기할 마음이 생기지 않는군요.

A 씨: 네. 제가 아직 1학년이라서 친구가 많이 없어요.

상담사: 친구가 많이 없다….

A 씨: 이 학교는…. 너무 삭막하지 않나요?

상담사: 삭막해서 마음이 불편하신가요?

A 씨: 교수님은 늘 공부 이야기뿐이고요. 학생들도 그렇잖아요.

상담사: 교수님도 학생들도 공부만 이야기하니 힘들군요.

A 씨: 맞아요.

(이 이후로 A 씨는 친구를 사귀지 못하는 것과 전공을 결정하지 못하는 것 등에 관해 이야기한다)

(중략)

A 씨: 시험 기간에 몸이 안 좋아서 힘들었어요.

상담사: 감기인가요? 아니면 빈혈?

A 씨: 그러게요. 잘 모르겠어요. 시험을 보는 도중에 숨이 가빠져서 쓰러질 뻔했는데 꾹 참았어요.

상담사: 숨이 가빠져서 힘들었지만 버텼군요.

A 씨: 네. (침묵)

상담사: 무슨 시험이었나요?

A 씨: 기초 물리요.

상담사: 숨이 가빠졌다는 것 말인데요. 전에 천식 같은 병에 걸린 적이 있나요?

A 씨: 아뇨. 병원에서 진찰이나 진단을 받은 적은 없어요.

상담사: 그런가요? 그럼 스트레스 때문일까요?

A 씨: 그런가…. (자꾸 고개를 돌리고 어깨를 주무른다.)

상담사: 긴장되세요?

A 씨: 어깨가 결리네요. 시험 기간에도 어깨가 결렸는데….

상담사: 공부를 하면 긴장이 되나요?

A 씨: 글쎄요…. 하지만 공부는 계속해서 무리해왔어요.

상담사: 무리한 것을 스스로 깨닫고 있군요.

A 씨: 좋은 학점을 딸 수 있을까, 취직할 수 있을까… 생각하면 무서워요.

상담사: 무섭다….

A 씨: 유급을 하거나 니트족[역자주: NEET족, Not in Education, Employment or Training의 줄임말]이 되면 제가 어떻게 될지 모르겠어요.

상담사: 어떻게 될지 모르겠다….

(세션 종료 10분 전)

A 씨: 여기서 이야기하는 것처럼 제 푸념이나 힘든 일을 다른 사람에게 말하고 싶어요. 하지만 제 이야기를 듣고 상대방의 기분이 무거워지는 건 미안한 일이잖아요. 상대방이 비난당했다고 느끼는 것도 싫고. 제 마음을 몰라줄 수도 있고요.

상담사: 상대방이 내 말을 들어줬으면 좋겠는데 제대로 들어줄지 불안하군요.

A 씨: 같은 수업을 듣는 친구 중에 대화하게 된 녀석이 있거든요. 그 친구도 어머니 혼자 계신 가정에서 자라서 '이 녀석이라면 알아줄 수도 있겠다' 싶어서 우리 부모님에 대해 말했는데 '응석부린다'는 말을 들었어요. (웃음) 집에 돌아가서 생각해보니 너무 찜찜했어요.

상담사: 그 사람에게 과감히 부모님 이야기를 했는데 비난받아서 기분이 개운치 않았군요.

A 씨: 쓸데없는 참견을 하니까.

상담사: 화가 났다….

A 씨: 너무 화가 났어요. 자기가 무슨 대단한 사람인 줄 알고. 친구가 있으면 좋겠지만 거리를 두면서 사귀지 않으면 안 되겠다고 생각했죠.

상담사: 역시 사람들과는 거리를 두지 않으면 상처받는다고 생각하신 건가요?

A 씨: 조심해야죠. 경계하지 않으면 안 돼요.

상담사: 경계해야 한다는 생각이 드시는군요.

A 씨: (상담실 시계를 보고) 이제 곧 (오늘 치료 세션이) 끝나네요. 상담은 제 생각을 이야기하는 것뿐인가요?

상담사: 좀 아쉬운 느낌이 드시나요?

A 씨: 이렇게 이야기를 하면 뭐가 어떻게 되는 건가 싶어서요.

상담사: A 님이 방금 말씀하신 '사람을 경계해야 한다'는 생각이 여기에 오셔서 대화하기 힘들었던 이유에도 해당하나요?

A 씨: 음…. 전혀 없다고는 단언할 수 없을 것 같아요.

상담사: 아직 저를 신뢰할 수 없는 느낌도 조금 있으신가요?

A 씨: 제 말을 들어준다는 게 지금까지 겪어보지 못한 거라…. 좀 다르다고 해야 하나?

상담사: 조금 말하기 힘든 느낌?

A 씨: 조금 말하기 힘든 느낌이에요. 선생님이 고개를 끄덕이는 얼굴이 좀 무서웠어요. (웃음) 죄송합니다.

상담사: 제가 무섭게 느껴지고 이야기하기가 힘들었군요.

A 씨: 네…. 저 온라인 게임에 한 번 빠지면 멈추지를 못해요.

상담사: 그래요?

A 씨: 이야기하기 힘들 것 같은 느낌은 들지만 그런 것도 이야기해볼 수 있으면 좋겠어요.

상담사: 오늘은 시간이 다 되었네요. 무서워서 말하기 힘들다는 느낌은 아주 중요해요. 혹시라도 제가 무서운 느낌이 신경 쓰이신다면 다음 주에 또 이렇게 시간을 내서 그것에 관해서 이야기해보면 좋을 것 같은데, 어떠세요?

A 씨: 제가 상담이 처음이고 낯을 가려서 익숙해지는 데 시간이 걸릴 수도 있어요. 처음 하는 일은 무섭거든요.

상담사: 무섭다…. 자신에 관해 이야기할 수 있게 되기까지 시간이 걸릴지도 모른다는 거군요.

A 씨: 그럴지도 모르죠. 모르겠어요.

상담사: 그럼 다음 주 목요일, 오늘처럼 2시에 기다려도 괜찮을까요?

A 씨: 네, 잘 부탁드립니다.

상담사: 수고하셨습니다.

A 씨: 감사합니다.

■ 해설

먼저 주목해야 할 점은 A 씨가 지각을 했다는 사실이다. 내담자가 지각하는 이유는 대개 상담사를 만나는 것이 두렵기 때문이다. 이것을 기준으로 그의 기분에 대해 생각해보자.

A 씨는 헐떡이며 방에 들어온다. 그리고 지각한 것을 상담사에게 사과한다. 그의 행동에서 세 가지 중요한 포인트가 보이는데 그것을 염두에 두고 상담을 진행할 필요가 있다. 첫째, A 씨가 상담사에게 일으키는 전이가 어떤 전이인지 이해하는 것. 둘째, 상담이 진전되려면 적절한 시기에 전이 반응에 관해 대화하고 상담사와 내담자 모두 그 전이 반응을 깊이 이해하는 작업이 필요하다는 것. 셋째, 그 전이 반응이야말로 상담의 초점이 된다는 것. 이 세 가지에 대해 살펴보기로 하겠다.

● A 씨의 전이 반응에 대해서

첫째, A 씨의 전이에 대해 살펴보자. A 씨는 헐떡이며 입실한다. 그리고 먼저 상담사에게 지각한 것에 대해 사과한다. 여기에서 A 씨는 '지각하면 상담사가 좋지 않게 생각한다'라고 자각하고 있음을 알 수 있다. 이것은 상담사에 대해 '거부감이 드는 인물'이라고 느끼는 음성 전이 반응이다. 동시에 '상담사에게 좋은 평가를 받고 싶고 거부당할까 봐 두려운' 양성 전이 반응이기도 하다. (전이의 특징 가운데 하나인 양가감정이 나타난다.) 또 A 씨는 상담사에 대한 두려움이라는 음성 전이 때문에 지각할 수밖에 없었을 가능성이 있다.

내담자의 불안이 매우 높게 고조되면 상담사에 대한 전이 감정을 의식조차 할 수 없게 된다. A 씨의 경우도 마찬가지이다. 상담사에 대한 두려움과 그 밑바닥에 깔린 상담사의 인정과 애정을 바라는 욕구를 의식하지 못한다. A 씨는 단순히 '지각은 나쁜 행동이니까 사과하는 것이 당연하다'라고 생각하고 있을 것이다.

A 씨는 지각한 것을 여러 번 사과했는데 상담사는 그것이 과하다고 생각했다. 그가 죄책감으로 인해 위축된 느낌이 들었던 것이다. 이것은 A 씨 자신도 불안 때문에 지각했다는 사실을 어렴풋이 눈치를 채고 있을지도 모른다는 것을 나타낸다. 불가피하게 지각을 했고 전이 반응도 없다면 죄책감을 느끼지는 않을 것이다. 그러나 A 씨가 상담에 대한 불안감 때문에 우물쭈물하고 집을 늦게 나섰다면 죄책감을 느낄 것이다. 그러므로 A 씨가 허둥지둥 도착해서 지각한 것에 대해 과도하게 사과한 것은 그가 상담에 대해 불안, 무거움, 저항감 등을 느끼고 있을 가능성이 크다.

A 씨는 상담사에 대해 음성 전이를 품고 있다. 그래서 상담사에게 마음을 열고 중요한 내용을 자유롭게 이야기할 수 없다. 상담이 진전되기 위해서는 상담을 통해 음성 전이[역자주: 불편한 느낌]를 어느 정도 해결할 필요가 있다. 그렇지 않으면 상담은 진전되지 않고 중단된다.

● 전이 감정을 느끼고 말하는 것의 중요성

앞에서 언급한 두 번째 포인트와 관계가 있다. A 씨의 음성 전이를 해결하려면 그가 음성 전이 감정을 생생히 느끼며 이야기하고, 그것을 상담사가 공감하며 수용하는 과정이 필요하다. 즉 상담사가 자신을 싫어하고 좋지 않게 생각할까 두려운 마음을 생생히 느끼면서 말하고 그 마음을 공감받는 경험이다.

그러나 이것은 상담사가 지시하거나 유도할 수 있는 것이 아니다. 상담사가 A 씨에게 '저에 대해 어떤 마음을 가졌는지 말해주세요', '제가 무서운 거 아닌가요?'라고 물어봐서 대답하는 것으로는 변형이 일어나지 않는다. 어디까지나 A 씨가 자발적으로 상담사를 대하는 경계심과 불안을 '지금-여기'에서 느끼고 그것에 대해 말하는 과정이 필요하다.

그것이 가능해지려면 A 씨가 느끼는 두려움과 그 밑에 깔린 애정 욕구 (상담사에게 좋은 평가를 받고 싶은 욕구), 그리고 그 두 마음에 대한 금지 (겁내면 안 된다, 어리광부려서는 안 된다는 생각)를 상담사가 되도록 자기 일처럼 상상하면서 공감하고 이해해야 한다. 공감이 부족하면 A 씨는 자신의 두려움과 애정 욕구를 깨닫지 못할뿐더러 그것에 관해 이야기할 수도 없다.

● 음성 전이 반응의 내담자 수용하기

중요한 것은 상담사가 두려움을 지닌 A 씨에 대해 수용적인 태도를 보이는 것이다. 상담사가 A 씨의 두려움을 받아들이지 않고 '긴장을 풀어줘야겠다', '마음을 열게 해야겠다'라고 생각하는 것은 수용과는 정반대의 태도이다. 내담자를 무조건 존중한다는 것은 내담자가 긴장하든 긴장을 풀든, 상담사에게 마음을 열든 닫든, 그것을 바꾸고 싶다는 생각이 들지 않고 있는 그대로 내담자를 수용하는 것이기 때문이다. 그러므로 내담자에게 '긴장하지 않아도 돼요', '이 정도 지각은 괜찮아요'라고 말하거나 내담자가 편하게 이야기할 수 있도록 잡담을 하는 것은 내담자를 있는 그대로 수용하는 태도가 아니다. 상담사의 그런 태도는 내담자에게도 그대로 전달된다. 그러면 내담자는 '상담사가 날 좋아하게 하려면 경계심과 긴장을 숨겨야 한다'고 생각한다. 즉 경계심 없이 마음을 여는 '좋은 내담자'를 연기하는 것이다.

여기에는 상담사의 역전이도 관련되어 있다. 상담사가 내담자를 공감적으로 이해하고 존중하는 자세에서 벗어나 '긴장을 풀어줘야겠다', '지각한 것에 죄책감을 느끼지 않게 하자'고 생각하는 것은 내담자가 자신을 '좋은 상담사'로 여기길 바라는 마음이 행동으로 나타나는 것이다. 그런 상담사는 '당신은 좋은 내담자, 나는 좋은 상담사'라는 구도를 내담자와 함께 만들어낸다.

상담에서는 모든 내담자가 상담사에게 다소나마 불신감을 느낀다. 또 내담자가 상담사에게 분노와 경멸, 혐오감 등을 느끼는 과정이 필요한 때도 있다. 즉 내담자와 상담사가 진정으로 서로를 마주한다면 '좋은 내담자, 좋은 상담사'로 계속 존재하는 것은 불가능하다. 내담자는 상담사에게 불신감과 혐오감을 느끼는 '나쁜 내담자'가 될 수 있다. 이때 내담자는 상담사를 '믿을 만한 가치가 없는, 혐오스러운 상담사'라고 느낄 수도 있다. 그러므로 상담사가 '좋은 내담자, 좋은 상담사'의 구도를 만들려고 하면 내담자의 고통과 마주할 수 없게 된다.

상담사의 그런 태도는 반드시 내담자에게 전해진다. 이런 경우 내담자는 진짜 깊은 고통을 이야기하지 않으며, 상담은 중단된다. 게다가 내담자는 마지막까지 '상담사가 찾는 좋은 내담자'를 연기할 것이므로 '덕분에 증상이 좋아졌으니 상담을 종료할게요'라고 말하며 중단할지도 모른다.

● 대인 공포

지금까지의 내용을 정리하면 다음과 같다. 'A 씨의 음성 전이가 어느 정도 해결되지 않는다면 중요한 사항은 언급되지 않은 채 상담이 중단될 것이다. 그러므로 상담사는 A 씨의 전이 감정에 공감하는 것이 중요하다.' 세 번째 포인트는 A 씨의 전이야말로 상담에서 초점이 되는 문제라는 것이다.

이런 표현은 전이가 상담을 방해하는 요소인 것처럼 들릴 수 있다. 그러나 실제로는 전이가 있기에 상담은 사람의 마음을 깊은 곳에서 변형시키는 힘을 가진다. 이것에 대해 생각해보기로 하겠다.

A 씨가 어떤 증상으로 상담에 왔는지 위의 서술에서는 알 수 없다. 그러나 그가 어떤 증상을 이야기하는지는 상관이 없다. 그가 첫 치료 세션에서 보인 상담사에 대한 불신이야말로 그의 삶에 문제와 괴로움을 만드는 원인이다. 즉 A 씨는 그게 누구이든 모든 사람에게 애정(승인, 좋은 평가, 호의 등)을 과도하게 원한다. 그리고 그것을 얻지 못할까 봐 두렵다. 이것이 대인 공포 증상이다. 그는 그 공포와 고독감에 시달리고 있다.

또 대인 공포에 시달리는 사람은 사람을 무서워하는 것이 아니다. 사람을 무서워하기는커녕 사람들의 애정, 관심, 승인, 높은 평가 등을 지나치게 바란다. 그들이 무서워하는 것은 그것을 받지 못하는 것이다. 사람들의 애정과 관심을 지나치게 요구하는 한편 '다른 사람이 나에 대해 알게 되면 나를 싫어할 것이다(절교할 것이다, 공격할 것이다, 경멸할 것이다)'라고 믿는다. 그래서 사람들과의 교류가 무척 두렵다.

A 씨의 애정 욕구는 과도하게 높아서 현실 속 인간관계에서는 충족이 되지 않는다. 어린아이도 아닌 A 씨에게 주위 사람들이 항상 따뜻한 관심을 쏟을 리 없기 때문이다. 그러므로 그는 '나를 알아주지 않는다', '저 사람은 나를 인정해주지 않는다'라고 느끼며 상처받는 경험을 반복했을 것은 물론 그에 대한 분노도 가지고 있을 것이다.

● A 씨의 만성적 애정 결핍의 고통

이어서 중요한 점이 있다. 그것은 A 씨가 사람들의 애정을 지나치게 바라는 이유가 마음속 깊은 곳에 만성적인 애정 결핍이 자리 잡고 있기 때문이라는 것이다. 그의 고질적인 애정 결핍은 유소년기의 부모와의 관계에서 기인했을 것이다. A 씨는 어렸을 때 '부모님이 나를 조건 없이 사랑한다'라고 충분히 느끼지 못했을 가능성이 크다. 모든 유아는 부모(또는 부모 역할을 하는 존재)가 돌봐주지 않으면 죽는다. 그러므로 아이에게 있어서 부모에게 버림받는 것은 죽음의 공포이다. 그리고 유아가 부모의 애정을 원하는 충동에는 신체적 친밀감의 욕구도 포함되어 있다. A 씨는 그 충동이 충족되지 못한 채 자랐을 것이다. 그러므로 그의 애정 욕구에는 넓은 의미에서 성적 충족을 원하는 성질이 있다. 그것은 구강기를 시작으로 항문기, 남근기에 걸쳐 지속되는 애정 욕구이다. 그것이 상담사에게 향하고 있다.

대인 공포와 애정 결핍은 반드시 동시에 존재한다. 지금까지 살펴본 바와 같이 그런 고통을 겪는 사람은 유아가 몸과 마음이 부모에게 밀착되기 원하는 구강기적 애정 욕구를 주위 사람들에게 구한다. 그들의 고통에 깊이 공감하기 위해서는 사람들의 호의와 관심을 바라는 마음에 내재된 유아 성욕적인 성질, 또한 유아적인 관심을 구하게 하는 애정 결핍에 대해 생각을 더 하는 것이 중요하다.

그러나 상담사가 내담자에게 이것을 설명하라거나 '깨닫게 하자'는 것이 아니다. 또 내담자의 마음을 '파고들려'고 하는 것도 상담을 방해한다. 중요한 것은 이 내용을 이해해서 그것을 바탕으로 되도록 내담자의 입장에서 상상하고 이해하는 것이다. 만약 상담사가 그런 준비가 되어 있지 않은 채 내담자가 단순히 '긴장하고 있다', '신경 쓰고 있다'라고 이해한다면 내담자는 '상담사가 내 고통을 진정으로 알아주고 있다'고 느끼지 못한다. 그렇게 되면 깊은 수준의 고통을 해결하는 상담이 되지 않는다. 그것은 일시적이고 피상적인 변화만을 가져온다. 지금까지 설명한 것은 내담자의 고통에 공감하고 이해하기 위해서 굉장히 중요한 것이어서 뒤에서 몇 가지 사례를 들어

다시 설명하겠다.

이야기를 A 씨에게로 되돌려보자. A 씨가 상담사에게 느끼는 불안이나 경계심은 상담에 방해는커녕 그가 맞서야 하는 대인 공포와 애정 결핍이라는 중요한 과제가 상담사와의 '지금-여기'의 관계 속에 나타난 것이다.

● 전이 반응을 '지금-여기'에서 다루기

여기서는 내담자의 문제를 상담사와의 관계에서 다루고 검토하는 것의 중요성에 대해 알아보도록 하겠다.

Ⓐ라는 여성이 Ⓑ라는 남성을 좋아하는데 그것을 표현하지 못한다고 가정해보자. Ⓐ는 Ⓑ를 애타게 그리워하는 마음과 그것을 전하고 싶지만 용기가 나지 않아 전할 수 없는 괴로움을 친구에게 이야기했다. Ⓐ는 친구가 자신의 마음을 알아주었으므로 고독감과 괴로움을 조금 덜었다. 그러던 어느 날, 갑작스러운 비보가 도착한다. Ⓑ가 교통사고를 당해 위독한 상태라는 것이다. Ⓐ는 황급히 병원으로 달려갔다. Ⓑ는 침대에 누워 있지만 의식은 있으며 Ⓐ가 와준 것을 안다. Ⓐ는 드디어 그녀의 마음을 고백한다. 중증 환자인 Ⓑ는 말을 못 하지만 Ⓐ의 눈을 보고 고개를 끄덕인다. 마음을 알아준 것이다.

이야기는 여기까지이다. Ⓐ에게는 Ⓑ를 향한 애틋한 사랑을 친구에게 이야기해서 이해받는 것보다 본인에게 직접 고백하는 것이 훨씬 더 크고 의미 있는 경험이다. 그래서 그녀는 Ⓑ에게 마음을 전한 것이다.

상담에서도 마찬가지이다. 처음에 내담자는 고민거리에 대해 '그때-거기'에서 일어난 일을 이야기한다. 예를 들어, '어제 학교에서 반 아이들이 저를 이상한 눈으로 쳐다본 것 아닐까 생각하니 무서웠어요'와 같이 말하는 것이다. 고민을 이야기하고 그 이야기에 상담사가 공감하며 알아주는 것은 의미 있는 일이다. 그러나 내담자가 가진 '사람들이 이상하게 생각한다'라는 공포를 '그때-거기'에서 일어난 과거의 일로 말하지 않고, 눈앞의 상담사에게 '지금-여기'에서 느껴지는 일로 말하며 상담사가 그것을 그대로 받아들여 공감적으로 이해하는 것이 내담자에게는 훨씬 강력하고 의미 있는 경험이다.

A 씨가 상담사에 대해 긴장한 이유는 그가 가진 대인 공포가 상담사를 향해 있기 때문이다. 만약 그가 상담사에 대해 느끼는 경계심과 공포를 '지금-여기'에서 생생히 느끼고 말한다면 정서적으로 큰 영향을 받는 대화가 될 것이다. 상담사에 대한 공포를 상담사 본인이 공감하고 받아들일 때 A 씨는 공포에 직면할 수 있다. 그렇게 되면 공포의 근원으로 연상이 이어지고, 치유와 변형으로 통하는 탐구가 시작된다.

● 대인 공포의 원인

이제 대인 공포의 근원에서 중요한 것들을 살펴보자. 내담자의 치료적 자기 탐구는 근원으로 나아가는 것이므로 상담사가 그 근원을 염두에 두면 조력 활동에 도움이 된다.

대인 공포의 근원은 억압된 분노이다. 내담자는 누군가에 대한 격렬한 분노를 자신도 모르게 무의식 영역에서 억압하고 있다. 분노에 대한 죄책감과 두려움 때문이다. 마음속에 분노가 있지만 그 분노를 생생히 느끼는 것이 두려워서 억압해야 한다. 그래서 '마음속에 뭔가 알 수 없는 무서운 것이 있다'라고 느낀다. 분노로 인식할 수 없다. 그러면 '사람들이 나에 대해 좋지 않게 생각하기 때문에 이렇게 무섭다'라고 해석한다. 이것이 대인 공포의 메커니즘이다.

대인 공포에 시달리는 사람은 얼핏 보면 분노와는 무관한 사람 같은 인상을 주곤 한다. 과묵하고 어른스러우며 이성적이다. 감정을 드러내지 않고 무척 겸손하다. 그리고 본인도 자신이 화내지 않는 성격이라고 믿는다. 그들에게 화는 너무 무서워서 그것을 억압하고 의식적으로 인격과 분리하고 있기 때문이다. 그렇지만 분노에 대해 두려움과 죄책감을 품고 부정한다고 해도 분노는 없어지지 않는다. 무의식 영역에서 억압될 뿐이다. 억압된 분노는 여러 가지 난처한 상황을 초래한다. 잔병치레하거나 이유 없이 짜증이 난다. 막연한 죄책감에 시달리고 자기 자신을 좋아하지 못해 고민이 되기도 한다. 때로는 억눌린 분노가 폭발하여 인간관계를 망치기도 한다. 그리고 억눌린 분노가 가져오는 괴로움 가운데 가장 큰 괴로움은 바로 대인 공포이다.

● 기타 신경증 증상이 형성되는 메커니즘

분노를 억압하고 투사함으로써 대인 기피증이 생기는 것처럼 견디기 힘든 감정을 느끼지 않도록 방어하는 방법으로 여러 가지 신경증 증상이 형성된다.

  예를 들어, 분노를 포함한 참기 힘든 감정이 자기 마음에 있다는 것을 쉽게 받아들이지 못하는 사람은 감정이 고조되어 심장이 두근거리고 호흡이 심해지면 '나는 아무 감정도 느끼지 않았는데 갑자기 심장 박동이 격해지고 숨이 가빠온다. 심장마비인가?, 호흡곤란인가?'라고 해석한다. 공포심에 정신이 오락가락하는 공황 상태가 된다.

  분노, 공격성, 성충동을 견디지 못하는 사람은 그 무서운 감정과 충동이 자기 안에 있는 것을 인정하지 않고 외부에 있다고 생각한다. 그래서 '세상은 무서운 것들로 넘쳐나는구나! 무서워서 견딜 수가 없다'라고 해석한다. 이런 사람은 자기 방 안의 모든 물건이 불결하고 병원균에 오염되어 있다고 생각한다. 그래서 물건을 만지지 못하는 강박성 성격 장애인 오염 강박이 생긴다. 또는 '어떤 무서운 것이 외부에서 들어와 붙어서 떨어지지 않기 때문에 내가 이렇게 무서운 것'이라고 여긴다. 또는 아무리 손을 씻어도 더러운 것이 씻기지 않는다고 생각해 강박적으로 손을 씻는 행동을 하기도 한다.

'내가 이유 없이 이렇게 심한 공포를 느끼는 이유를 알았다. 집에 없는 동안 불이 날 것 같기 때문이다(또는 도둑이 들 것 같기 때문이다)'라고 해석하면 가스는 잘 껐는지, 현관문은 제대로 잠갔는지 몇 번이나 반복해서 확인하는 확인 강박 행동을 한다.

자기 안에 있는 공격성이 너무 무서워서 그 존재조차 인식하지 못하던 사람이 공격성을 의식하게 되면 '내가 갑자기 거리에서 사람을 찌르면 어쩌지?', '차를 운전하다가 사람을 받아버리진 않을까?' 하며 극단적인 가해 공포를 느낀다. 이유를 알게 되면 자기 안의 강력한 공격성을 느끼게 되는 것이다.

이처럼 신경증 증상은 (적어도 그 가운데 일부는) 너무 두려운 나머지 직면할 수 없는 감정들을 무의식적으로 억압하기 위한 방어로 만들어진다.

● **내담자의 분노가 첫 번째 포인트**

앞에서 언급한 바와 같이 대인 공포에 시달리는 내담자를 상담할 때에는 분노가 포인트라는 점을 머릿속에 넣어두면 도움이 된다. 내담자는 상담사의 공감과 수용적인 태도가 느껴짐에 따라 분노를 표현하기 시작한다. 처음에는 대게 '왜 ⓒ가 저런 짓을 하는지 이해가 안 돼요', 'ⓓ가 저에게 이런 말을 해서 좀 화가 났어요' 등 부드러운 말투로 분노를 표현한다. 그런 표현에 대해서는 특별히 공감적인 응답을 해야 한다. 'ⓒ의 행동이 너무 이해가 안 되는군요', 'ⓓ가 그런 말을 해서 화가 나셨군요' 등과 같이 내담자의 분노 및 분노에 대한 두려움 모두에 공감하며 대화를 하는 것이 적절하다.

● 상담사에 대한 두려움을 공감적으로 다루다

대인 공포에 시달리는 내담자 상담에서는 분노를 탐구하기 전에 상담사를 향한 대인 공포를 먼저 다루는 것이 적절할 때도 있다. 즉 내담자가 말하기 거북한 느낌, 긴장감(상담사에게 받아들여지지 않을 것에 대한 공포), '상담사에게 인정받을 만한 말을 해야 한다'는 생각이 표현될 때 그것을 공감적이며 수용적으로 다루는 것이 중요하다. 예를 들어 다음과 같이 이야기할 수 있다.

'지금 살짝 긴장이 돼서 말하기 힘드신가요?'
'제가 인정할 만한 이야기를 해야 한다는 생각이 들어서 대화하기 힘든 느낌이신가요?'
'할 말이 떠오르지 않나요?'

내담자가 말하기 거북한 느낌이나 긴장감을 표현할 때는 그것을 '지금-여기'에서 다루어야 한다. '내담자의 긴장을 풀어준다'거나 '말하기 편하게 해주기'를 시도하는 것은 비非상담적이다. 내담자가 긴장을 하든 경계를 하든, 상담사가 내담자를 있는 그대로 받아들일 때 내담자는 다른 곳에서 경험하지 못한 무조건 수용적인 인간관계를 맺게 된다.

내담자가 말하기 불편한 느낌이나 긴장감을 표현하는 방법으로는 '긴장됩니다', '머리가 새하얘져서 무슨 말을 해야 할지 모르겠어요' 등 언어로 표현하는 경우와 침묵하거나 초조한 모습으로 '음, 저…'라며 말이 나오지 않는 등 비언어적으로 표현하는 경우이다.

어쨌든 대인 공포를 가진 내담자는 상담사에게 공포와 불신감을 느낀다. 그것을 상담에서 다루어야 하기 때문에라도 중요한 소재로 간주하고 공감적이며 수용적인 태도로 응답해야 한다. 내담자가 상담사에 대한 감정을 직접 이야기하는 것은 용기가 필요한 일이다. Ⓐ가 Ⓑ에게 직접 사랑을 고백하는 데 용기가 필요했던 것처럼 말이다. 그러므로 내담자가 상담사에 대한 신뢰가 많이 쌓이지 않은 시점에서 '아직 저를 신뢰하지 못해서 대화하기가 힘드신가요?', '저에게 인정받을 만한 이야기를 해야 할 것 같아서 자유롭게 말할 수 없으신가요?'와 같은 직접적인 질문을 하면 내담자가 본심을 이야기할 수 없다.

이런 경우 상담사에 대한 공포를 직설적으로 언급하기보다는 앞에서 이야기한 것처럼 '지금 살짝 긴장해서 말하기 힘드신가요?', '지금 좀 당황하셔서 어떤 것부터 말해야 좋을지 모르는 느낌인가요?'와 같이 부드럽게 질문하는 것이 좋다. 그러면 내담자와 다음과 같은 대화로 나아갈 수도 있다.

상담사: 당황스럽고 어떤 말부터 해야 할지 모르겠다는 느낌인가요?
내담자: 네…. 음…. 뭐든지 말해도 괜찮나요?
상담사: 뭐든지 생각나는 게 있으면 말씀하시면 되는데, 이렇게 말씀드려도 무슨 말을 해야 할지 모르는 느낌이신가요?
내담자: 네…. 제가 낯을 많이 가리고 저에 관한 이야기는 잘 안 해서요.
상담사: 다른 사람에게 자신에 관해 이야기하는 것이 서툴군요.
내담자: 네…. 뭐랄까…. 어떻게 생각할지 신경 쓰이기도 하고….
상담사: 어떻게 생각할지 모르니까 말하기 어려운 느낌인가요?
내담자: 그렇네요. 날 이상하게 생각하지 않을까 하고 신경이 쓰이는 타입이라서….

상담사: 제가 이상하다고 생각하면 어쩌나 하는 생각이 드시나요?
내담자: 네. 근데…. 생각을 너무 많이 하는 것 같아요. 저도 알거든요. 그렇게까지 신경 쓸 필요 없다는 걸.
상담사: 어떻게 생각할지 그렇게까지 신경 쓸 필요는 없다는 생각이 드시나요?
내담자: 네. 그렇게 생각해요. 생각을 너무 많이 하네요. 사람들의 시선을…. 저희 엄마가 엄청 엄격하시거든요. 그게 연관이 있는지 모르겠지만 반 친구들이나 선생님의 시선이 신경 쓰여요…. (고민을 말하기 시작한다.)

위의 대화에서는 내담자가 '무슨 말을 해야 할지 모르겠다'라고 말한 것이 그가 가진 대인 공포에서 기인한다는 것이 조금 명확해졌다. '제가 낯을 많이 가리고 저에 관한 이야기는 잘 안 해서'라고 한 대목이 그것을 나타낸다.

그리고 상담사에 대한 두려움이 공감으로 인해 더욱 분명해진다. 다음 부분에서 그 과정이 나타난다.

상담사: 어떻게 생각할지 모르니까 말하기 어려운 느낌인가요?
내담자: 그렇네요. 날 이상하게 생각하지 않을까 하고 신경이 쓰이는 타입이라서….
상담사: 제가 이상하다고 생각하면 어쩌나 하는 생각이 드시나요?
내담자: 네.

그러자 내담자의 마음 상태에 변화가 일어난다. 자신에 관해 이야기하면 상담사가 안 좋게 생각하지 않을까 하는 두려움이 공감을 얻음으로써 마음의 자기 치유력이 발휘되어 현실 검토 능력이 높아졌다. 그래서 자신의 두려움이 비현실적이라는 통찰이 생겼다. 그 과정은 다음 부분에서 드러난다.

내담자: 네. 근데…. 생각을 너무 많이 하는 것 같아요. 저도 알거든요. 그렇게까지 신경 쓸 필요 없다는 걸.
상담사: 어떻게 생각할지 그렇게까지 신경 쓸 필요는 없다는 생각이 드시나요?
내담자: 네. 그렇게 생각해요. 생각을 너무 많이 하네요. 사람들의 시선을….

내담자가 상담사의 수용적인 태도를 인식함으로써 두려움이 낮아졌기 때문에 고민을 이야기할 수 있게 된다. '저희 엄마가 엄청 엄격하시거든요' 이후의 발언이다.

'상담사가 나에 대해 좋게 생각하게끔 이야기해야 한다. 속마음은 이야기할 수 없다'라는 전이 저항은 정도의 차이는 있지만 모든 내담자에게 처음부터 마지막까지 항상 존재한다. 그것이 강할수록 내담자는 중요한 내용을 털어놓을 수 없으므로 상담 대화가 의미 없게 느껴진다. 그래서 '속마음을 이야기할 수 없는' 내담자의 전이 저항을 다루지 않은 채 상담이 지속하면 결국 중단되고 만다. 그러므로 전이 저항이 강한 경우 그것을 공감적이고 수용적으로 다루고 논의하는 것이 필요하다.

그러나 그것을 너무 빨리 다루어도 내담자의 불안이 높아져 방어적인 태도를 보이게 된다. '속마음을 이야기할 수 없다'라는 전이 저항을 거론하는 이상적인 타이밍은 상담사가 '저에게 속내를 털어놓는 것이 힘들게 느껴지나요?'라고 개입했는데 내담자가 상담사에 대한 두려움을 '그렇다'고 긍정할 때이다. 이때 내담자는 안심한다. 상담사에 대한 공포가 공감적으로 이해되고 받아들여졌기 때문이다.

● 공감적 이해의 중요성

상담사가 어떻게 응답할 것인가 하는 기술은 매우 중요하다. 내담자가 말한 표현 가운데 중요한 포인트만 간결하게 정리해서 되풀이함으로써 대화는 진전된다. 반대로 중요한 포인트 이외의 것을 언급하면 초점이 흐려지고 내담자의 연상도 멈추어 말하기 힘들어진다. 그러나 이런 기술 이상으로 중요한 것이 상담사의 공감적 이해다.

　내담자의 전이 저항을 다루는 장면에서 특히나 중요한 공감 포인트는 다섯 가지로 정리할 수 있다. 이것을 되도록 내담자의 입장이 되어 상상하면서 대화할 때야말로 공감적인 대화가 된다.

(1) 내담자가 느끼는 상담사에 대한 두려움을 되도록 자기 일처럼 상상할 것
(2) 내담자의 두려움 깊은 곳에 존재하는, 상담사가 자신을 좋아하기를 바라는 욕구, 좋은 평가를 받고 싶은 욕구, 받아들여지고 싶은 욕구를 자기 일처럼 상상할 것
(3) 그 욕구에는 유아가 부모에게 구하는 정서적, 신체적 친밀함, 넓은 의미의 성적인 애정 욕구가 포함되어 있다. 상담사를 향한 애정 욕구를 최대한 자기 일처럼 상상할 것
(4) 내담자는 상담사를 향한 애정 욕구에 대한 죄책감이 있으므로 그 욕구의 일부를 (많은 경우 대부분을) 느끼지 않도록 억압하고 있다는 것
(5) 상담사의 애정을 바라는 유아적 욕구의 바닥에 깔린 만성적 고독을 자기 일처럼 상상할 것

이 다섯 가지 포인트를 마음에 두고 내담자의 감정을 상상하며 대답하는 것과 그것을 모르고 그냥 내담자가 이야기하는 대로 '말하기 힘드시군요'라고 대답하는 것은 전혀 다른 대화다. 전자는 상담이고 후자는 단순한 푸념 들어주기이다.

로저스가 '상담에서 중요한 것은 정서적인 관계의 질이다. 그에 비해 내담자가 무슨 말을 했는지, 상담사가 무슨 말을 했는지는 최소한의 중요성밖에 없다.(174)'라고 한 것도 같은 맥락의 이야기일 것이다.

● A 씨의 갈등

그럼 계속해서 A 씨와 상담사의 대화를 살펴보기로 하겠다.

상담사: 처음이라 대화하기 힘드신가요?
A 씨: 네. 제가 좀 신중한 편이라…. 저에 관한 이야기를 잘 못 해요.
상담사: 자기 자신에 관해 이야기하는 건 잘 못 하시는군요.
A 씨: 맞아요. 게다가 이제는 괜찮아져서 고민이 있는 것 같지도 않고요.
상담사: 전에는 힘들었지만 이제는 상담이 필요 없을 것 같은 생각도 있으신가요?
A 씨: 근데 또 제대로 해결하는 게 좋을 것 같기도 하고….
상담사: 힘든 마음도 있고 해결해야겠다는 생각도 드는군요.
A 씨: 맞아요. 지금은 괜찮지만 해결해야 할 것 같은 느낌은 있어요. 하지만 제대로 이야기를 할 수 있을지….
상담사: 제대로 이야기해야 할 것 같아서 긴장되는 느낌인가요?

이 부분에서는 '고통을 해결하고 더 나은 삶을 살고 싶은' 자기실현의 충동(마음의 자기 치유력)과 '변화는 무서운 것이다. 상처받을 수도 있기 때문이다. 그러니 변화 없이 살고 싶다'라는 충동이 갈등하고 있음을 알 수 있다. 자기실현 충동이 표현된 발언은 '제대로 해결하는 게 좋을 것 같기도 하고…', '해결해야 할 것 같은 느낌은 있어요'라고 한 부분이다. 변화에 저항하는 부분은 '이제는 괜찮아져서 고민이 있는 것 같지도 않고요'라는 발언이다. 그는 마음을 알아가고 감정을 느끼는 것이 두려워서 괴로움과 갈등을 억압해 느끼지 못한다.

또 '제가 좀 신중한 편이라…. 저에 관한 이야기를 잘 못 해요', '제대로 이야기를 할 수 있을지…'라고 한 부분도 본심을 털어놨다가 상담사에게 부정당하고 경멸당할 것에 대한 두려움을 표현하고 있다. 동시에 그것은 마음을 탐구하는 것에 대한 두려움이기도 하다. 이런 발언도 변화에 저항하는 충동의 표현이다.

상담사는 A 씨의 '자기실현 충동'과 '변화를 두려워하고 변하지 않기를 바라는 충동' 사이의 갈등을 공감적으로 이해하고 그 이해를 핵심 단어 반복하기로 되풀이하고 있다. '전에는 힘들었지만 이제는 상담이 필요 없을 것 같은 생각도 있으신가요?', '힘든 마음도 있고 해결해야겠다는 생각도 드는군요'라고 이야기하는 부분이다. 이렇게 공감적이고 수용적인 대화가 이어져서 A 씨의 방어는 조금씩 느슨해지고 자기실현의 충동이 점점 강해져서 대화가 진전된다.

● 비공감적 응답의 예시

여기서는 상담사의 공감이 부족한 응답의 예시를 살펴보기로 하자.

A 씨:　제가 좀 신중한 편이라…. 저에 관한 이야기를 잘 못 해요.
상담사: 신중한 편이라서 자기 자신에 관해 이야기하는 건 잘 못 하시는군요.

　　상담사에게 받아들여지지 않을 공포를 상담사가 자기 일처럼 상상하며 위와 같이 응답한다면 공감이 전해지고 대화는 촉진될 것이다. 그러나 공감 없이 내담자의 말을 기계적으로 반복하면 상담은 진척되지 않는다.

A 씨:　맞아요. 게다가 이제는 괜찮아져서 고민이 있는 것 같지도 않고요.
상담사1: 그거 잘 됐군요.
　　　　(또는)
상담사2: 지금은 고민이 아니군요.

　　이것은 '문제를 해결해서 편안해지고 싶은 동시에 막상 실행하기는 너무 두려운' A 씨의 내면에 있는 갈등을 이해하지 못한 응답이다. 내담자는 깊은 고통을 숨기고 표면적으로 괜찮은 모습을 취하곤 한다. 그런 내담자에게 '당신에겐 문제가 없습니다', '상담은 필요 없을 것 같아요'라고 말하는 상담사도 있다. 위의 대답은 그런 상담사들에게 공통으로 나타나는 이해 부족이 드러난 경우이다. A 씨가 '지금은 괜찮다'라고 말한 것은 방어의 표현이지 그의 본심이 아니다. 만약 상담사가 '괜찮으시군요'라고 대답한다면 그가 말하고 싶은 대화의 초점에서 벗어난다.

A 씨:　근데 또 제대로 해결하는 게 좋을 것 같기도 하고….
상담사1: 네. 꼭 해결합시다.
　　　　(또는)

상담사2: 네. 해결해야 하는 것들이 있을 거라고 생각해요.

　위의 대답은 '자신의 진짜 마음을 들여다보는 것이 두렵다'라고 느끼는 A 씨에 대한 이해와 수용이 모두 없는 응답이다. 상담사는 '내면의 문제를 직면하고 그것을 해결해야 한다'는 가치관을 전달하고 있다. 이처럼 상담사가 '올바른 것, 해야 하는 것'을 이야기하면 내담자는 본심을 말하는 대신 상담사의 가치관에 부합하는 언행을 하게 된다. A 씨의 경우는 '공부해서 우수한 성적을 받는 것이 좋다'라는 부모의 가치관에 맞춰 자신을 죽이고 살아온 패턴을 상담사와의 관계에서 반복한다. 그러면 자신의 본심을 음미하는 과정이 일어나지 않으므로 연상이 진척되지 않는다. 또 상담사가 추구하는 '올바른' 말을 하거나, 할 말이 떠오르지 않아서 곤란해하기도 한다.
　상담사가 A 씨에게 '올바른 것'을 가르치면 그는 '마음의 문제와 맞서서 그것을 해결하는 '올바른 일'은 무섭다'라는 본심을 마주할 수 없으며, 그것이 왜 두려운지 탐구하고 해결할 수도 없다.

● A 씨의 조작 방어

그럼 계속해서 다음 부분을 살펴보자.

A 씨:　예약을 잡을 당시에는 엄청 힘들었어요.
상담사: 엄청 힘드셨군요.
A 씨:　그런데 최근 2~3일은 좋아졌어요. 오늘은 새벽 3시까지 집에서 게임하느라 잠을 조금 자고 학교에 와서 수면 부족이긴 하지만요.
상담사: 3시까지 깨어 있었다니. 아침 일찍 학교에 오기 힘들었겠는데요?

A 씨:　네, 그래도 기분은 좋아요. 하지만 수업 중에는 그림책에서 본 녹색 사자같이 쓸데없는 것들만 떠올라요. 왠지 기분을 이야기한다거나 그런 건 별로 할 필요가 없다는 느낌이 들어요.
상담사:　기분을 이야기할 마음이 생기지 않는군요.
A 씨:　네. 제가 아직 1학년이라서 친구가 많이 없어요.
상담사:　친구가 많이 없다….

　대화를 통해 A 씨가 조증 상태에 있음을 엿볼 수 있다. 우리의 자아自我는 우울감을 이기지 못할 때 조증 상태가 되어 고통을 마비시키려고 한다. 그러므로 '3시까지 깨어 있었다니. 아침 일찍 학교에 오기 힘들었겠는데요?'라고 말한 것은 빗나간 개입이다. A 씨는 힘들고 괴로운 현실과 감정을 견딜 수가 없어서 조증 상태가 된 것이다. 그것을 이해하고 있다면 '오늘은 거의 못 주무셨군요'와 같이 응답하고 감정은 언급하지 않았을 것이다. 그렇게 하는 것이 적절하다.
　또 A 씨의 조증 증상은 '그림책에서 본 녹색 사자같이 쓸데없는 것들만 떠올라요', '기분을 이야기한다거나 그런 건 별로 할 필요가 없다는 느낌이 들어요'라는 발언에서도 나타난다. 거기에는 현실에서 도피하지 않으면 자신을 지킬 수 없는 괴로움이 존재한다. 상담사는 이러한 내담자의 깊은 아픔에 집중해야 한다.

● 살아있는 괴로움에 닿기 시작하다

조증 상태는 내면에 닿는 것을 피하고자 일어난다. A 씨는 조증 상태이긴 하지만 상담이 진행되면서 내면을 느끼기 시작한다. A 씨가 상담사의 공감과 조건 없는 수용을 느꼈기 때문이다.

A 씨: 이 학교는…. 너무 삭막하지 않나요?
상담사: 삭막해서 마음이 불편하신가요?
A 씨: 교수님은 늘 공부 이야기뿐이고요. 학생들도 그렇잖아요.
상담사: 선생님도 학생들도 공부만 이야기하니 힘들군요.
A 씨: 맞아요.
        (이 이후로 A 씨는 친구를 사귀지 못하는 것과 전공을 결정하지 못하는 것 등에 관해 이야기한다.)

'이 학교는…. 너무 삭막하지 않나요?'라는 부분은 상담사가 이 학교의 분위기를 어떻게 느끼고 있는지를 알고 싶어서가 아니라, 자신이 불편하게 느끼고 있다는 것을 알아주길 바라고 한 말이다. 그러므로 이 장면에서 학교가 삭막한지 아닌지에 대해 상담사가 자기 생각을 말하는 것은 난센스이다. 상담사는 그것을 이해했기 때문에 '삭막해서 마음이 불편하신가요?'라고 응답했다.

이때 상담사는 '이 학교가 삭막해서 마음이 불편한가요?'라고 말하지 않았다. 삭막하게 행동하는 주어를 학교로 한정하지 않은 것이다. 이것은 적절한 응답이다. 그 이유는 A 씨가 삭막함을 느끼는 대상은 이 세상 모든 것이기 때문이다. 그가 삭막함을 느끼는 근본 원인은 부모와의 관계이다. 상담사는 항상 삭막하게 살아가는 A 씨의 고민에 공감하면서 그것을 학교에 한정하지 않고 응답했다.

● 분노에 닿기 시작하다

상담사의 적절한 공감과 응답으로 인해 A 씨는 분노를 조금씩 표현하게 된다. '교수님은 늘 공부 이야기뿐이고요. 학생들도 그렇잖아요'라는 발언이다. 조금 전 대인 공포가 있는 사람은 분노를 억압한다고 설명했는데, A 씨의 억눌린 분노가 표현되기 시작했다. 이 시점에서는 분노에 공감하고 수용적으로 응답하는 것이 매우 중요하다. 상담사는 그의 분노와 그것에 대한 두려움 모두를 생각하며 '교수님도 학생들도 공부만 이야기하니 힘들군요'라고 응답했다. 이 시점에서 '화가 났군요', '분노를 느끼시는군요'라고 응답했다면 너무 직접적이었을 것이다. 상담사는 A 씨가 분노를 분노로 느끼지 못하고 있으며 분노에 대한 죄책감도 명확히 하지 못한 채 막연히 '힘들다'고 느끼고 있을 것으로 생각했다. 그러므로 그러한 공감을 전하기 위해서 '힘들군요'라고 응답한 것이다.

상담사가 A 씨의 분노와 죄책감에 관해 공감적이고 수용적인 태도를 유지하고 있으면 그는 분노를 억압할 필요성이 낮아지며, 분노를 좀 더 잘 느끼고 표현할 수 있게 된다. 그리고 내 임상 경험에서 비추어볼 때 치료 세션에서 분노를 생생히 느끼고 표현하는 과정을 거치면 대인 공포 증상은 서서히 가벼워진다.

● 부모에 대한 애정 욕구의 전이

A 씨가 '교수님과 학생 모두 공부에만 집착한다'라고 분노를 느끼는 것에서 엿볼 수 있는 것은 그의 부모가 공부와 성적에 높은 가치를 두고 있으며, A 씨는 '성적이 좋지 않으면 사랑받을 수 없다'라고 믿으며 자랐다는 점이다.

A 씨는 '조건 없는 사랑을 받고 있다'라고 느낀 경험이 적어서 '나는 사랑받을 가치가 낮은 존재이니 좋은 성적을 받아서 가치를 쟁취해야 한다'는 생각을 가지게 된 것이다. A 씨에게는 '나는 원래부터 가치가 낮은 존재'라는 열등감이 있으며 그것 때문에 괴로워하고 있다.

'교수님과 학생 모두 공부에만 집착한다'라는 A 씨의 지각知覺은 어느 정도는 현실을 정확하게 파악한 것일 수도 있다. 그러나 그 지각에는 투사의 측면도 있다. 성적에 집착하는 것은 A 씨 자신이다. '선생님과 학생 모두 공부에만 집착하니까 화가 난다'라는 인지 감정은 자기 부모에게 품고 있는 것이며, 그것이 학교 선생님과 학생들에게 전이된 측면도 있다.

A 씨가 상담하러 온 이유는 부모의 사랑과 관심을 추구하는 유아적 욕구를 충족해주길 바라기 때문일 것이다. 그는 그것에 대해 알아차리지 못하고 있지만 상담이 진행됨에 따라 강한 애정 욕구가 상담사를 향하게 된다.

이 시점에서 상담사가 특히나 공감적으로 이해해야 하는 것은 다음의 네 가지이다.

(1) A 씨는 상담사의 애정을 강하게 요구하는 유아적인 (넓은 의미에서 성적인) 응석 욕구를 품고 있다. 이런 의존적인 욕구와 그 욕구를 상담사에게 향하게 하는 만성적 애정 결핍에 대해 생각해야 한다.

(2) 그의 만성적 애정 결핍 원인이 부모의 조건 없는 애정을 충분히 느끼지 못하고, 부모의 언행에서 '성적이 나쁘면 사랑받지 못한다'고 느꼈다는 것. 그 아픔에 대해 생각해야 한다.

(3) A 씨 스스로는 깨닫지 못하고 있지만 유아적 애정 욕구를 충족하기 위해 상담에 오고 있다는 점에 대해 생각해야 한다.

(4) 유아적 애정 욕구가 상담사를 향해 있으므로 상담사가 자신을 좋아하기를 바라고 그 애정을 잃고 싶지 않은 강렬한 욕구를 품고 있다. 그

의존적인 애정 욕구에 대해 생각해야 한다.

● 마음의 아픔을 신체의 고통으로 치환하다.

치료 세션 중간에는 상담사의 이해가 상당히 빗나가 있다. 그것에 대해 자세히 살펴보기로 하자.

A 씨: 시험 기간에 몸이 안 좋아서 힘들었어요.
상담사: 감기인가요? 아니면 빈혈?

A 씨는 부모에게 '공부를 못하면 널 사랑하지 않겠다'라는 메시지를 받으며 자랐으므로 '성적이 안 좋은 나는 사랑받을 가치가 없다'라고 느낀다. 그 공포로 인해 시험이 너무 힘들다. 내담자가 '학교에서 힘들었다', '시험 중에 힘들었다'라고 말할 때는 부모가 공부나 성적에 지나치게 가치를 두고 있어서 고통스럽다는 가설을 떠올리며 이야기를 들으면 공감적 이해에 도움이 된다.

A 씨는 '성적이 나쁘면 나는 사랑받을 가치가 없다'라고 느끼는 괴로움을 막아내지 못해서 신체적 고통이나 이상異常을 경험한다. 마음속의 깊은 고뇌를 진정으로 마주하고 그것을 느끼는 것에 비하면 신체적 고통이 훨씬 낫다. 그래서 '(마음 말고) 몸이 안 좋아서 힘들었어요'라고 말한다. 그런데 상담사는 그것을 이해하지 못하고 '몸이 안 좋다니 무슨 병인지 확실히 하자'는 의미로 '감기인지 빈혈인지' 묻는다. A 씨의 괴로움의 본질을 이해하지 못하는 것이다. 이렇게 상담사가 내담자의 고통을 이해하지 못하면 상담이 원활히 진전되지 않고 중단되는 주요 원인이 된다.

A 씨는 자신의 아픔을 좀 더 이해해주길 바라며 이야기를 계속한다.

A 씨: 시험을 보는 도중에 숨이 가빠져서 쓰러질 뻔했는데 꾹 참았어요.
상담사: 숨이 가빠져서 힘들었지만 버텼군요.
A 씨: 네. (침묵)

이런 상담사의 개입도 별로 좋지 않다. 중요한 것은 고통의 호소인데 상담사는 고통보단 '버텼다'는 쪽에 역점을 두고 있다. 괴로움에 대한 응답은 '쓰러질 뻔했을 정도로 힘들었군요', '숨쉬기가 힘들어서 쓰러질 정도로 힘들었군요' 정도가 적절하다.

위의 경우와 같이 내담자는 마음의 괴로움과 고통을 알아주길 바라는데 상담사의 주의가 행동으로 향하는 경우가 자주 있다. 예를 들어 다음과 같은 대화이다.

내담자: 어머니께 전화로 고함을 쳤거든요. 왜 아빠에 대해서 나쁘게만 이야기하냐고요.
상담사: 아빠에 대해 나쁘게 이야기해서 고함을 쳤군요.

중요한 것은 내담자가 고함을 친 행동이 아니라 그 행동이 나타내는 분노라는 감정이다. 그러므로 그 분노를 자기 것처럼 느끼면서 그가 느낀 분노를 말에 담아 '엄마가 아빠에 대해 나쁘게 말해서 참을 수 없을 정도로 화가 났군요', '아버지의 험담을 듣고 엄청 화가 났군요' 등으로 응답하는 것이 좋다.

● 상담사의 공감 부족에 따른 탐색적인 응답

A 씨와 상담사의 대화로 돌아가 보자. 상담사의 공감이 부족하여 A 씨는 연상이 떠오르지 않고 계속 침묵하게 된다. 그러면 상담사는 '나에 대해 말하기 힘든 상담사라고 생각하지 않을까' 싶은 생각에 불안하고 초조해져서 침묵을 메우기 위한 질문을 한다. 또 상담사는 A 씨의 기분에 세세하게 공감하기보다 상황을 명확히 하려고 한다. 아래의 대화를 살펴보자.

상담사: 무슨 시험이었나요?
A 씨: 기초 물리요.
상담사: 숨이 가빠졌다는 것 말인데요. 전에 천식 같은 병에 걸린 적이 있나요?
A 씨: 아뇨. 병원에서 진찰이나 진단을 받은 적은 없어요.

A 씨는 '좋은 성적을 받지 못하면 부모에게 사랑받지 못한다'는 강한 공포가 있지만 그것을 직면하는 것이 너무 고통스러워서 직면하지 못한다. 상담사가 그것을 이해하지 못해서 대화는 다음과 같이 이어졌다.

상담사: 그런가요? 그럼 스트레스 때문일까요?
A 씨: 그런가…. (자꾸 고개를 돌리고 어깨를 주무른다.)
상담사: 긴장되세요?
A 씨: 어깨가 결리네요. 시험 기간에도 어깨가 결렸었는데….
상담사: 공부를 하면 긴장되시나요?
A 씨: 글쎄요….

상담사의 공감이 부족해서 A 씨의 방어가 작용했다. 그러나 이 경우 A 씨는 그래도 자신의 고충을 자발적으로 이야기한다. 상담사가 부족하더라도 내담자는 어느 정도까지는 그것을 채워주는 법이다. 특히 건강하고 상담 동기가 높은 내담자일수록 그렇다.

A 씨:　글쎄요…. 하지만 공부는 계속해서 무리해왔어요.
상담사:　무리한 것을 스스로 깨닫고 있군요.
A 씨:　좋은 학점을 딸 수 있을까, 취직할 수 있을까…. 생각하면 무서워요.
상담사:　무섭다….
A 씨:　유급을 하거나 니트족이 되면 제가 어떻게 될지 모르겠어요.
상담사:　어떻게 될지 모르겠다….

　위에서 '무리한 것을 스스로 깨닫고 있군요'라고 한 것도 좋지 않다. '알아차리는 것은 좋은 것'이라는 상담사 개인의 가치관이 전해지기 때문이다. 특히 상담을 공부한 적이 있는 내담자라면 '알아차림은 좋은 것'이라는 가치관을 배웠을 확률이 높다. 그런 내담자라면 '○○을 알아차렸다고 하면 상담사가 인정해주고 받아들여 준다'라고 느낄 것이다. 진정한 깨달음과 변화가 수반되지 않은, 고도로 지성화된 '알아차림'에 대해 많은 이야기를 하게 될지도 모른다. '내가 남자를 어려워하는 이유가 아버지가 무서운 사람이기 때문이라는 것을 알아차렸다'라든지 '다른 사람과 과거는 바꿀 수 없으니 나 자신이 변화할 필요가 있다고 깨달았다'와 같은 경우이다.
　상담사는 도덕적, 윤리적으로 '좋다'고 여겨지는 가치관을 전하지 않도록 유의할 필요가 있다. 예를 들어, '성실하게 일해 오셨군요', '자녀분을 엄청 사랑하고 계시네요', '상대방 입장이 되어보는 것이 중요하다고 생각하는군요' 등의 응답을 하면 내담자는 일반적으로 '옳다'고 일컬어지는 가치관에서 벗어난 본심을 이야기하기가 힘들어진다.

그러나 다행히도 이 사례에서 A 씨에게는 '알아차림이 중요하다'라는 가치관은 전해지지 않았다. 그는 '상담사가 내 괴로움을 알아주고 있다'라고 느낀 것 같다. 그래서 더욱 깊은 속내를 이야기한다. '좋은 학점을 딸 수 있을까, 취직할 수 있을까…. 생각하면 무서워요'라는 대목이다. '내가 좋은 학점을 따서 취직하지 않으면 부모님이 나를 인정해주지 않고 사랑하지 않을 것이다. 그 기대에 부응하지 못할 수도 있다'라는 두려움을 이야기한 것이다. 그는 부모에게 사랑받지 못하는 자신은 존재할 가치조차 없다고 생각한다. 그런 생각은 뒤에 '유급을 하거나 니트족이 되면 제가 어떻게 될지 모르겠어요'로 표현된다. 자신이 어떻게 될지 모르겠다는 것은 '부모의 기대에 부응하지 못하면 너무 절망한 나머지 내 안의 격렬한 공격성을 억제하지 못하는 것 아닐까, 나 자신이나 부모를 파괴하면 어쩌나?' 하는 공포를 말한다.

● 상담사에 대한 불신감

지금까지의 대화로 A 씨가 상담사에게 갖는 불신감은 다소 경감되었다. 그로 인해 그는 고민을 이야기하기 시작한다. '예약을 잡을 당시에는 엄청 힘들었어요', '제가 아직 1학년이라서 친구가 많이 없어요', '그 친구도 어머니 혼자 계신 가정에서 자라서'라고 한 부분이다.

그러나 상담사에 대한 두려움과 불신감은 치료 세션 중에 쭉 지속한다. 그것은 다음의 대화에서 알 수 있다.

A 씨: 여기서 이야기하는 것처럼 제 푸념이나 힘든 일을 다른 사람에게

말하고 싶어요. 하지만 제 이야기를 듣고 상대방의 기분이 무거워지는 건 미안한 일이잖아요. 상대방이 비난당했다고 느끼는 것도 싫고. 제 마음을 몰라줄 수도 있고요.

상담사: 상대방이 내 말을 들어줬으면 좋겠는데 제대로 들어줄지 불안하군요.

A 씨의 이야기는 다음의 네 가지 상반된 생각을 표현한다.
(1) 사람에 대한 불신감 때문에 마음을 열지 못하는 것에 대한 고민
(2) 상담사는 다른 사람들과 달리 공감적이고 수용적이어서 이야기하기 쉽다는 안도감
(3) 그 생각을 상담사에게 전달함으로써 상담사에게 '좋은 내담자'로 비치고 싶은 욕구
(4) 지금까지는 상담사가 공감적이고 수용적인 모습으로 들어주었는데, 더 깊은 속내를 이야기하면 나를 좋아하지 않게 되거나 비판하고 내 마음을 알아주지 않으면 어쩌나 하는 두려움

여기서 상담사는 (1)의 사람에 대한 불신감을 '상대방이 내 말을 들어줬으면 좋겠는데 제대로 들어줄지 불안하군요'라고 응답한다. (1)의 불신감이 내담자에게 가장 중대하고 알아줬으면 하는 일이라고 생각했기 때문이다.

A 씨는 상담사가 자기 마음을 그의 입장이 되어 공감적으로 이해하고 있다고 느꼈다. 그래서 그는 고민을 털어놓고 싶어졌으며 외로움에 관해 이야기하기 시작한다.

● 외로움을 완곡하게 이야기하다

A 씨: 네. 제가 아직 1학년이라서 친구가 많이 없어요.
상담사: 친구가 많이 없다···.

  A 씨에게 친구가 많지 않은 이유는 타인에게 마음을 열고 친구를 사귀는 능력이 낮기 때문이다. 그렇지만 그는 그런 현실을 직면하는 것이 괴롭다. 그래서 친구가 없는 이유를 '아직 1학년이라서'라고 말한다. A 씨의 이야기에 대해 상담사는 '친구가 많이 없다···'라고만 이야기하고 '아직 1학년이라서'라는 부분에는 반응하지 않았다. 그 이유는 '1학년이라서'라는 말이 A의 본심이 아니기 때문이다. 중요한 것은 그의 외로움이다.
  경청하면서 응답해야 하는 때에는 이처럼 내담자가 표현하는 것의 중요한 부분만 되풀이해주는 것이 중요하다. 불필요한 부분까지 반복하면 초점이 흐려지고 내담자가 중요한 것을 말하기 어려워진다. 좋지 않은 사례 가운데 하나는 '아직 1학년이라서 친구가 많이 없군요'라는 응답이다.
  이 장면에서 상담사가 A 씨의 외로움을 자기 일처럼 상상하면서 공감되는 부분을 적절히 반복하고 있으므로 그의 이야기는 더욱 진전된다. 그 부분에 대해 살펴보자.

● 대인 불신감의 괴로움을 이야기하다

A 씨: 같은 수업을 듣는 친구 가운데 대화를 하게 된 녀석이 있거든요. 그 친구도 어머니 혼자 계신 가정에서 자라서 '이 녀석이라면 알아줄 수도 있겠다' 싶어서 우리 부모님에 대해 말했는데 '응석부린

다'는 말을 들었어요. (웃음) 집에 돌아가서 생각해보니 너무 찜찜했어요.

상담사: 그 사람에게 과감히 부모님 이야기를 했는데 비난받아서 기분이 개운치 않았군요.

A 씨: 쓸데없는 참견을 하니까.

상담사: 화가 났다….

A 씨: 너무 화가 났어요. 자기가 무슨 대단한 사람인 줄 알고.

    A 씨는 반 친구에게 부모와의 고민을 이야기했는데 알아주지 않았다. 그가 '응석부린다'는 말에 화가 난 이유는 다른 사람의 관심과 수용을 강하게 바라기 때문이다. 만약 그게 아니라면 '그러게 말이야. 내가 어리광부리는 면이 있나 봐' 하며 화를 내지 않았을 것이다. 여기서 상담사가 해야 하는 중요한 역할은 타인의 관심과 수용을 강하게 구하게 하는 A 씨의 외로움과 분노에 마음을 더하며 귀 기울이는 일이다.

    상담사가 공감적이고 수용적으로 '화가 났다…'라고 응답해서 A 씨는 '이 상담사는 내 분노를 이해하고 받아들여준다'라는 느낌을 전해 받았다. 그래서 그의 본심인 분노에 대해 더욱 솔직하게 이야기하게 된다.

    이로써 A 씨의 이야기는 고민의 핵심에 가까워진다. 대인 불신감의 괴로움에 관해 이야기하기 시작한 것이다.

A 씨: 너무 화가 났어요. 자기가 무슨 대단한 사람인 줄 알고. 친구가 있으면 좋겠지만 거리를 두면서 사귀지 않으면 안 되겠다고 생각했죠.

상담사: 역시 사람들과는 거리를 두지 않으면 상처받는다고 생각하신 건가요?

A 씨: 조심해야죠. 경계하지 않으면 안 돼요.
상담사: 경계해야 한다는 생각이 드시는군요.

　A 씨는 반 친구에 대해서 '거리를 두면서 사귀지 않으면 안 된다'고 말한다. 그렇지만 이것은 그 친구뿐만 아니라 그가 가진 기본적인 대인 불신감의 표현이다. 상담사가 그 사실을 이해하지 못하면 '친구 한 명이 '응석부린다'고 비난했다고 거리를 두다니, 극단적이군' 하며 비非수용적인 태도를 보일 것이다. 이 부분이 내담자가 깊은 괴로움을 표현하기 시작하는 중요한 발언이라는 사실을 알아차리지 못하는 것이다. 공감의 결여는 내담자에게도 전해진다.

　나아가 공감이 결여된 상담사는 다음과 같이 응답할 수도 있다. '누구나 그 사람처럼 당신을 비판하지는 않아요.', '어떻게 거리를 두실건가요?', '당신의 불만을 그 사람에게 말했나요?', '그 사람은 딱히 당신에게 상처 주려고 말한 건 아닌 것 같은데요.'

　한편 희망적인 말투로 응답하는 상담사도 있다. 예를 들어, '친구를 사귀기 원하지만 거리를 두면서 사귀지 않으면 안 된다'는 말에 대해 '사람과 거리를 두지 않고 사귀고 싶군요'와 같이 응답하는 것이다. 마찬가지로 '아직 1학년이라서 친구가 많이 없어요'라는 말에 '빨리 친구를 사귀고 싶군요'라고 응답하는 것도 희망적이다. 이런 희망적인 응답에는 내담자의 고민에 대한 공감이 빠져 있다. 그러므로 표면적인 대화에 그치기 쉽다.

　A 씨와의 대화에서 상담사는 A 씨가 가진 기본적인 대인 불신감을 이해하고 있다. 사람에 대한 불신감과 두려움을 상상하면서 '역시 사람들과는 거리를 두지 않으면 상처받는다고 생각하신 건가요?'라고 응답한다. 그것은 충분히 공감적인 응답이어서 그는 '조심해야죠. 경계하지 않으면 안 돼

요'라고 더 구체적으로 이야기했다.

● 상담사를 향한 불신감

다음에는 A 씨의 대인 불신감이 상담사에게로 향한 것이 명확해지는 대화가 이어진다.

A 씨: 이제 곧 (오늘 치료 세션이) 끝나네요. 상담은 제 생각을 이야기하는 것뿐인가요?
상담사: 좀 아쉬운 느낌이 드시나요?
A 씨: 이렇게 이야기를 하면 뭐가 어떻게 되는 건가 싶어서요.

A 씨가 '상담은 제 생각을 이야기하는 것뿐인가요?'라고 말한 것은 질문이 아니다. 불만을 완곡하게 표현한 것이다. 내담자가 상담사에게 진짜 질문을 하는 경우는 거의 없다. 질문 형식의 발언은 대부분 불만, 의존 욕구, 또는 두려움의 완곡한 표현이다. 내담자 자신도 그 사실을 깨닫지 못하는 경우가 많다. 상담사의 공감이 부족할 때 내담자는 질문한다. 공감이 부족한 상담사일수록 내담자가 질문하거나 조언을 구한다.

상담사가 내담자의 질문에 담긴 의미를 이해하고 그것을 말로 반복하는 것이 효과적인 응답이다. 현재 대화에서는 '좀 아쉬운 느낌이 드시나요?'가 그 부분에 해당한다. 상담사는 A 씨의 질문을 '오늘의 상담은 무언가 부족하다. 본심을 충분히 이야기하지 못해서 편안하지 않다. 나는 상담사에게 더 많은 애정을 원한다'라는 불만의 표현으로 이해했다.

상담사의 이해는 적절했다. 그래서 이 지점에서 A 씨가 상담사에게 가진 불만이 명확해졌다. '조금 말하기 힘든 느낌이예요'라고 한 부분이 불만을 표현한 것이다.

A 씨가 불만을 품은 이유로는 다음 세 가지 원인을 생각해볼 수 있다.

(1) 상담사에 대한 불신감이 강해서 속내를 이야기할 수 없고 비교적 지장이 되지 않을 말만 했다. 그러므로 진짜 속마음을 이야기하거나 안정된 느낌을 받지는 못했다. 있는 그대로의 자신을 공감적으로 이해받고 받아들여졌다고도 느끼지 못했다. 그래서 이번 상담에 큰 의미를 느끼지 못했다.

(2) 상담사에 대한 애정 욕구가 지나쳐서 상담사가 제공할 수 있는 것 이상을 요구하고 있다. 예를 들어, 간단한 조언으로 자신의 고통을 해결해주었으면 좋겠다는 욕구 등이다.

(3) 상담사의 공감에 부족한 점이 있거나, 공감은 하지만 응답 기술이 서툴러서 공감이 형성되지 않았다. 그래서 상담에 별 의미를 느끼지 못했으며 이대로 상담을 반복해도 마음이 변할 거라고 느껴지지 않는다.

● A 씨의 과도한 애정 욕구

위의 세 가지 원인 가운데 상담사에 대한 (1) 불신감과 (2) 과도한 애정 욕구는 항상 동시에 존재한다. 대인 불신감이 강한 사람은 타인에 대해 지나친 애정 욕구가 있다. 타인이 자신의 욕구를 충족해주지 않는다고 느껴서 상처받고, 또다시 상처받는 것이 두려워 대인 불신감이 생긴다. 또 과도한 애정 욕구는 공격성이 동시에 존재한다. 충분한 애정을 주지 않은 부모에 대해 유아기에 느꼈던 분노가 마음속에 남아있기 때문이다. 어리광부리고 싶은 욕구가 강한 사람은 상대방이 어리광을 받아주지 않을 때 격렬한 공격성을 발휘한다. 이것에 대해 자세하게 살펴보기로 하겠다.

유년기에 부모에게 조건 없는 사랑을 많이 느끼지 못한 내담자는 거기에서 비롯된 만성적인 애정 결핍으로 괴로워한다. 그 고통을 덜기 위해서 사람들의 관심과 애정을 원한다. 그렇지만 그가 정말 원하는 것은 유년기 시절 부모와의 심리적, 신체적으로 밀접한 애정이다. 게다가 유아기와 같이 빠른 단계에서 애정을 박탈당하는 경험이 일어났다면 유아적인 애정을 지금 현재의 주변인들에게 구한다. 극단적인 경우, 상담사 등 중요한 대상에게서 매일 24시간 지속해서 관심받기를 원하기도 한다. 이런 유아적 애정 욕구가 현재 성인이 된 뒤의 인간관계에서 채워질 리 없다. 그러므로 내담자는 인간관계에 불만을 품을 수밖에 없다.

'상담은 제 생각을 이야기하는 것뿐인가요?'라는 A 씨의 발언은 애정 욕구의 표현이다. '상담사가 더 이야기해줬으면 좋겠다'라는 의미를 내포한다. '더욱 나에게 애정과 관심을 두길 바란다'라는 뜻이다. 그러나 A 씨에게는 상담사에 대해 의존적인 애정 욕구를 품는 것을 금하려는 마음도 있다. 그러므로 이 시점에서 상담사가 '제가 더 관심을 두길 원하시나요?'라고 물어도 '그런 거 아니에요'라고 부정할 뿐 유익한 알아차림으로 연결되지는 않을 것이다.

어쨌든 A 씨의 질문은 애정 욕구의 표현이며, 그가 진정으로 원하는 것은 어린 시절 부모의 사랑이다. 그러므로 상담사가 질문에 대답하거나 조언을 하더라도 만족하는 경우는 없다. 오히려 애정 결핍이 한층 심해져서 더욱 갈구하게 되는 일도 자주 있다. 그리고 더욱 심해지는 애정 결핍이 질문을 거듭하는 형태로 표현되는 일도 흔하게 일어난다.

내담자가 질문하는 대부분은 그의 의존적인 태도를 나타낸다. 그러므로 의존할 수밖에 없고 기댈 곳 없는 내담자의 마음에 공감하는 것이 중요하다.

(3)의 상담사의 공감 부족은 상담이 중단되는 원인 가운데 가장 큰 원인

이다. 완벽한 상담이란 있을 수 없으며 완벽한 상담이 가능해야 할 필요도 없다. 이때 생각해봐야 할 것은 내담자가 '시간과 돈을 더욱 써서라도 상담에 다시 오고 싶다'라고 느낄 만한 공감적 이해와 조건 없는 수용이 가능한가, 그리고 그것을 내담자가 느낄 수 있게 응답할 수 있는가이다.

● 내담자 질문의 의미

상담사는 A 씨의 질문이 진짜 질문이 아닌 불만의 표현이라는 것과 그 불만의 밑바닥에 기댈 곳이 없다는 의존적인 생각이 깔려있다는 것을 이해하고 있다. 그래서 A 씨의 불만을 말로 되풀이한다. '좀 아쉬운 느낌이 드시나요?'라는 부분이다. 이 물음을 계기로 A 씨가 질문을 통해 간접적으로 표현하던 불신감을 조금 이야기할 수 있게 된다. '이렇게 이야기를 하면 뭐가 어떻게 되는 건가 싶어서요'라는 발언이다.

내담자의 질문이 진짜 질문이 아닌, 불만, 두려움, 의존 욕구의 표현이라는 것을 이해하지 않으면 내담자의 질문에 대답하는 행위가 무의미하다는 것을 알 수 없다. '상담은 제 생각을 이야기하는 것뿐인가요?'라는 발언에 '상담이란 내담자가 자신의 마음을 이야기하며 알아차려 가는 것이며, 상담사는 충고하지 않습니다'와 같은 식으로 응답해 상담에 대해 가르치려는 상담사도 있다. 이런 응답으로는 내담자가 자기 생각을 이해받지 못하기 때문에 더욱 본심을 말하기 힘들어진다. 그래서 연상이 떠오르지 않고 질문을 거듭하는 예도 자주 볼 수 있다.

상담사의 대답이 논리적이고 '올바른' 것이라면 내담자는 논리만 이해하게 된다. 그러면 그럴듯한 핑계를 대게 되고 본심은 말하기 어려워진다. 그런 상담은 결국 중단된다.

● 상담사에 대한 불신감의 명확화

이제부터는 상담사에 대한 불신감이 뚜렷해진다.

상담사: A 님이 방금 말씀하신 '사람을 경계해야 한다'는 생각이 여기에 오셔서 대화하기 힘들었던 이유에도 해당하나요?
A 씨: 음…. 전혀 없다고는 단언할 수 없을 것 같아요.
상담사: 아직 저를 신뢰할 수 없는 느낌도 조금 있으신가요?
A 씨: 제 말을 들어준다는 게 지금까지 겪어보지 못한 거라…. 좀 다르다고 해야 하나?
상담사: 조금 말하기 힘든 느낌?
A 씨: 조금 말하기 힘든 느낌이에요. 선생님이 고개를 끄덕이는 얼굴이 좀 무서웠어요. (웃음) 죄송합니다.
상담사: 제가 무섭게 느껴지고 이야기하기가 힘들었군요.
A 씨: 네…. 저 온라인 게임에 한 번 빠지면 멈추지를 못해요.
상담사: 그래요?
A 씨: 이야기하기 힘들 것 같은 느낌은 들지만 그런 것도 이야기해볼 수 있으면 좋겠어요.
상담사: 오늘은 시간이 다 되었네요. 무서워서 말하기 힘들다는 느낌은 아주 중요해요. 혹시라도 제가 무서운 느낌이 신경 쓰이신다면 다음 주에 또 이렇게 시간을 내서 그것에 관해서 이야기해보면 좋을 것 같은데, 어떠세요?
A 씨: 제가 상담이 처음이고 낯을 가려서 익숙해지는 데 시간이 걸릴 수도 있어요. 처음 하는 일은 무섭거든요.

상담사: 무섭다…. 자신에 관해 이야기할 수 있게 되기까지 시간이 걸릴지도 모른다는 거군요.

A 씨: 그럴지도 모르죠. 모르겠어요.

상담사: 그럼 다음 주 목요일, 오늘처럼 2시에 기다려도 괜찮을까요?

A 씨: 네, 잘 부탁드립니다.

상담사: 수고하셨습니다.

A 씨: 감사합니다.

이 장면에서 상담사가 주로 한 것은 상담사에 대한 음성 전이를 공감적으로 명확화한 것이다. '조금 말하기 힘든 느낌?', '제가 무섭게 느껴지고 이야기하기가 힘들었군요' 등의 응답이 그렇다. 상담사에 대한 불신이나 두려움이 공감적으로 이해되고 받아들여짐으로써 상담사에 대한 신뢰감이 높아졌다.

그러자 A 씨는 '저 온라인 게임에 한 번 빠지면 멈추지를 못해요'라고 말한다. 이것은 '상담사에게 전이 욕구를 충족 받으면 그에게 의존하게 되어서 상담을 그만두지 못하는 것 아닐까?' 하는 불안의 표현이다. A 씨는 불안을 공감적으로 이해받음으로 인해 '나를 더 알아줬으면 좋겠다', '나에게 좀 더 관심과 애정을 쏟아주었으면 좋겠다'라는 욕구가 생겼을 것이다. 그러자 상담사에게 의존하고 한없이 애정 욕구를 요구할 것 같아 그것이 무서워졌고 '게임을 그만둘 수 없다'라는 연상이 떠오른 것이다.

그런데 상담사는 그 마음의 움직임을 이해하지 못했다. 그래서 '그래요?'라고 비공감적인 응답을 하고 말았다. 이것보다 더욱 공감적인 응답은 '멈추지를 못하시는군요', '그만두지 못하게 될 것 같아서 조금 불안하시군요' 등이다.

그렇지만 어떻게 응답하느냐보다 더욱 중요한 것은 '상담사에게 한없이 의지하고 싶은' A 씨의 강한 의존 욕구와 그 욕구에 대한 두려움(죄책감)에 대해 되도록 A 씨의 입장에서 상상하고 이해하는 것이다. 반복되는 이야기이지만 A 씨의 욕구에는 넓은 의미에서 유아가 집착적으로 부모에게 바라는 성性적인 성질이 들어있다. 그것에 대해 생각을 더하며 그의 괴로움을 상상해야 한다.

● 상담사의 적극적인 활동

상담사는 이 장면에서 음성 전이를 공감적으로 명확히 하는 한편, 더 적극적인 개입도 두 가지 행하고 있다.

그 가운데 하나는 상담사가 무서운 감정에 관해 이야기하고 싶어지면 그것에 관해 이야기해보자고 권유한 것이다. 기본적으로 나는 상담사가 대화 내용을 지정하거나 제한하는 것은 내담자의 자유연상을 방해하므로 별로 좋아하지 않는다. 그러나 상담사에 대한 불신, 불안은 내담자에게 매우 중요하고 그것을 어느 정도 해결해야 상담이 진행된다고 느껴서 개입을 시도했다. 그래도 상담사에 대한 불신감을 다음에 이야기할지를 내담자가 결정하도록 '혹시라도 제가 무서운 느낌이 신경 쓰이신다면 다음 주에 또 이렇게 시간을 내서 그것에 관해서 이야기해보면 좋을 것 같은데, 어떠세요?'라고 말했다.

또 하나의 적극적 개입은 다음 예약에 대해서 '그럼 다음 주 목요일, 오늘처럼 2시에'라고 말한 부분이다. 내담자에게 '다음 예약은 어떻게 하시겠어요?'라고 물어보는 상담사가 많다. 이는 자칫 내담자를 내버려 두는 것처럼 들릴 수 있다. 상담사가 다시 대화할 기회를 기다리는 데 적극적이라는 것을 조심스럽게 전하는 편이 좋다.

사례 2. 오이디푸스 갈등으로 고뇌하는 남성 고등학생

이성 부모를 넓은 의미에서 성적으로 원하는 오이디푸스 갈등의 괴로움은 내담자의 이야기 속에서 어떻게 나타날까? 또 내담자의 오이디푸스 갈등의 고통에 어떻게 대응해야 좋을까? 이것들에 대해 살펴보기로 하자.

■ 내담자

B 씨 (17세, 남성) 고등학교 3학년

■ 내담 경위

B 씨는 1년 전부터 등교를 거부하고 있다. 그래서 담임선생님의 추천으로 심신의학psychosomatic medicine 상담과 동시에 공립 학교 산하 교육 상담소를 내

담했다. 의사에게 우울증 진단을 받고 투약이 이루어지고 있지만 뚜렷한 효과는 없다. 교육 상담소에서는 지금까지 주 1회 세션을 총 3회 실시하였다. 이야기한 내용은 주로 학교 선생님들과 학생들에 대한 분노와 취미 활동인 온라인 게임에 관한 것이며 가족에 관한 이야기는 하지 않았다. 네 번째 세션에서 처음으로 가족에 관해 이야기했다. 그 세션에서 발췌한다.

B 씨: 제가 유치원 때 어머니가 집을 나가셨거든요.

상담사: 그렇습니까, 어머니께서 나가신 거예요?

B 씨: 네, 그리고 아버지는 곧 재혼하셨고 저는 아버지와 새어머니 밑에서 자랐습니다. 아버지와 새어머니는 사이가 안 좋아서 자주 싸우셨어요.

상담사: 그렇군요….

B 씨: (담담하게) 아버지와 새어머니 사이에서 여동생이 태어났는데 새어머니는 여동생만 예뻐하셨어요.

상담사: 새어머니가 B 님보다 여동생만 예뻐해서 상처를 많이 받으셨나요?

B 씨: 음…. 여동생 편만 드는 건, 기분 좋지는 않죠…. (침묵)

상담사: 여동생 편만 들었다….

B 씨: 제 안에 악마 같은 부분이 있어서.

상담사: 악마 같은 부분이요?

B 씨: 네…. 동생이 떼를 써서 싸우면 저만 새어머니한테 혼나고 맞았어요.

상담사: B 님만 새어머니에게 불합리하게 맞았군요.

B 씨: 그게 제 악마 같은 부분이랄까 검은 부분이라 해야 하나, 거기에 연결되어 있어요.

상담사: 자기 안에 아주 나쁜 감정이 있다고 느끼는군요.

B 씨: 화가 나는 건 좋지 않다고 생각하거든요.

상담사: 화를 나쁜 감정이라고 느끼시는군요.

B 씨: 음…. 원한이라든지….

상담사: 원망하는 마음이, 무섭다?

B 씨: 무섭네요.

상담사: 무섭다….

B 씨: 하지만, 확실히 새어머니에게는 원한이 있어요.

상담사: B 님으로서는 원망하는 마음이 무섭기도 하지만, 그와 동시에 사실 새어머니를 원망하고 있는 거군요.

B 씨: 네, 원망하고 있어요. 아버지도 컴퓨터 일을 하시는데 일이 바빠서 저를 보살펴주지 않았어요.

상담사: 아버지도 보살펴주지 않았군요.

B 씨: 새어머니는 동생 편만 들고, 애정 따위는 느껴지지 않았다고 해야 하나….

상담사: 새어머니의 애정은 느껴지지 않았고, 아버지도 보살펴주지 않았다….

B 씨: 외로웠어요….

상담사: 외로웠군요….

B 씨: 너무 불공평하잖아요. 왜 저만 야단맞아야 하나 계속 생각했어요.

상담사: 불공평하게 꾸중을 듣고 계속 불만을 느껴오셨군요.

B 씨: (감정을 담아서) 화도 나고요.

상담사: 정말 화가 나네요.

B 씨: 저는요, 특이하다는 말을 듣긴 하지만 미야자와 겐지[13]가 존경스러워요. 자기 일은 뒷전이고 어려운 사람들을 도와준 부분이 대단

---

[13] 미야자와 겐지: 일본 동화작가로 대표작은 애니메이션 〈은하철도 999〉의 원작, 『은하철도의 밤』이다. 그는 당시 농촌의 비참한 환경을 개선하기 위해 농촌운동에 힘쓴 것으로도 유명하다.

하다고 생각하거든요.

상담사: 자기 일은 제쳐두고 남을 도운 것이 존경스럽다고 느끼시는군요.

B 씨: 배려심 있고 남을 원망하지 않는 사람이라고 생각해요.

(눈물 흘리며)

상담사: B 님은 남을 원망하는 괴로움을 많이 느끼시나요?

B 씨: 네…. 원망하고 미워하고…. 그런 것들이 괴로워요. (눈물)

상담사: 남을 원망하는 것에 죄책감을 느끼시나요?

B 씨: 저 자신이 작은 인간처럼 여겨져요. 저희 담임선생님 말인데요. (여기서부터 선생님이 B 씨를 바보로 만든 발언을 한 일에 대해 분노를 담아 20분 정도 이야기한다. 그리고 한참을 다 이야기한 뒤에.) 그렇지만요, 선생님도 악의는 없었다고 생각해요. 제가 더 여유 있는 사람이 된다면 원망하지 않으려나…. 저는 너무 제 생각만 하는 것 같아요…. 항상 그걸로 가득 차 있어요.

상담사: 자신의 원한이나 채워지지 않는 외로움, 불안이 너무 커서 견디기 힘든 정도인가요?

B 씨: 부모님도 몰라주고 선생님께도 이런 이야기는 할 수가 없어요. (눈물) 슬퍼요…. 교통사고로 사람이 죽는다던지, 죽임당한 사람도 죽인 사람도 엄청 힘들잖아요. 그런 불행이 이 세상에 가득한 것이 너무 슬퍼요. (눈물)

■ 해설

B 씨는 네 번째 치료 세션 때까지 가족에 관한 이야기를 하지 않았다. 이것으로 미루어볼 때 가족에 얽힌 마음의 아픔이 상당히 심할 것으로 추측할

수 있다. 그렇지 않으면 내담자는 부모나 배우자에 대해 초기 단계에서 이야기한다.

● 가족에 대해 말하지 않는 것의 의미

증상이 부모 자식 관계나 부부 관계와 관련되어 있지 않더라도 내담자가 아버지와 어머니 또는 배우자에 대해 자발적으로 이야기하지 않거나, 또 이야기하더라도 사실 관계만 간단히 말할 때는 부모나 배우자에게 상당히 괴로운 마음의 아픔이 있는 것이다. 또 배우자나 연인에 대해 말하지 않는 내담자 가운데 많은 사람이 성에 대한 금지(죄책감)가 강하다. 이처럼 내담자가 스스로 이야기하지 않는다는 사실은 내담자를 이해하는 중요한 단서가 된다.

내담자가 가족에 대해 자발적으로 말하지 않을 때 가족에 관해 질문하는 상담사가 있다. 그것은 별로 도움이 되지 않는다. 이를테면 '초기 상담intake에서는 내담자에 대한 정보를 얻어야 한다'며 내담자가 스스로 하지 않는 이야기까지 이것저것 물어보는 경우이다. 그것에 대해 함께 생각해보기로 하자.

● 사정을 듣는 것만으로는 변화가 일어나지 않는다

상담에서 의미가 있는 것은 내담자가 이야기함으로써 마음의 움직임이 생기는 것이다. 이야기하는 것 자체에 의미가 있는 것은 아니다. 만약 이야기하거나 정보를 모으는 것 자체에 의미가 있다면 경찰이 범죄자에 대해 사정을 듣는 것만으로도 범죄자는 갱생할 것이다. 상담이 정보 수집을 위한 청취가 아니라 내담자의 성장과 위안을 가져오는 행위가 되기 위해 상담사가 해야 할 일은 내담자의 이야기를 따라가면서 내담자가 경험하는 것을 깊이 있게 공감적으로 이해하고 응답하며, 그 공감을 전달하는 것이다.

'일단 초기 상담에서 정보를 수집하고 그것을 바탕으로 진단과 상담 방침을 세운 뒤 이후의 세션에 임해야 한다'고 생각하는 상담사도 있다. 그러나 경청에 의한 상담에서 중요한 것은 내담자의 가족 구성, 출생 시 체중, 언제부터 언제까지 학교를 결석했는지 등 단순하고 형식적인 '내담자 이해'가 아니다. 그러한 내담자 이해를 통해 세울 수 있는 '진단과 상담 방침'을 사례 연구회 등에도 수차례 문의해봤지만, 그것은 너무나도 피상적이고 형식적인 것에 지나지 않아 결코 내담자의 깊은 변형과 치유를 촉진하지 못한다.

치료적 진단이란, 내담자의 경험을 되도록 내담자 입장에서 생생히 느끼고 맛보는 공감적 이해이다. 또 상담에서 내담자의 변형과 치유 과정은 초기 상담부터 시작된다. 그렇지 않으면 초기 상담이 의미 있는 세션이 되지 않는다.

● 진단과 상담은 동시에 진행된다

진단과 상담은 항상 동시에 진행된다.(175) '초기 상담에서 정보를 모아 진단을 내리고 그 다음에 상담이 시작'되는 것이 아니다.

내담자에 대한 공감적 이해가 더욱 넓고 깊어짐에 따라 더 넓고 깊은 공감이 내담자에게 전달된다. 그러면 내담자의 이야기는 더욱 깊어진다. 좀 더 심도 있는 정서적 자기 탐구와 동시에 변형이 진행되는 것이다. 내담자는 지금까지 깨닫지 못한 감정이나 사고를 더 뚜렷하게 느끼고 그것을 이야기한다. (상담 진전) 그로 인해 상담사는 한층 더 폭넓은 공감적 이해로 나아간다. (진단 진행) 동시에 내담자도 자기 자신의 느낌이나 생각에 대해 좀 더 넓고 깊이 이해하게 되어 그것이 자기 수용으로 통한다. 나에 대한 조건 없는 사랑과 수용이 확산하여 깊어지는 것이다. (상담 진전) 이것이 변형과 치유의 과정이며 상담 과정이다.

이처럼 내담자에 대한 정보 수집과 진단, 그리고 변형과 치유 과정은 초기 면접을 포함한 모든 세션에서 동시에 일어난다. 그러므로 일부 상담사가 '첫 회기 '인테이크intake'에서 정보를 수집하여 진단을 세우는 것은 상담이 아니며 (변형과 치유 과정이 아니며) 첫 회기 이후에 상담이 시작된다'라고 생각하는 것은 내담자의 경험과 괴리가 있다. 내담자는 상담사와의 사이에서 일어나는 모든 일이 의미 있는 경험이며, 그것에 영향을 받는다. 그러므로 '상담이 아닌 정보 수집'만을 위한 세션은 있을 수 없다.

이제 B 씨의 상담으로 되돌아가 보자.

● 상담사가 내담자에게 말하도록 하는 것의 폐해

상담사가 더 이른 시점에서 부모에 관해 물어봤어도 B 씨는 대답했을 것이다. 새어머니 밑에서 자란 사실도 초기 상담에서 이야기했을 것이다. 그러나 그것은 어디까지나 정보 차원에서 이야기하는 것일 뿐 그로 인해 치유나 성장을 향하는 마음의 움직임이 일어나지는 않는다.

오히려 상담사가 그런 질문을 함으로써 내담자는 '사실 관계를 말하는 것이 중요하고 감정은 중요하지 않다'라고 생각할 수도 있다. 그렇게 되면 내담자는 연상을 자유롭게 이야기하면서 마음의 움직임을 표현하기보다는 부모님의 직업이나 언제 이혼하셨는지 등 단편적이고 형식적인 사실만을 이야기할 것이다. 이때 치료적인 감정 변화는 생기지 않는다.

또 상담사가 B 씨의 가족에 관한 이야기를 꺼내면 '가족에 대해 쉽게 말할 수 없을 정도로 힘든 상태'임을 상담사가 공감하고 있다는 중요한 포인트가 보이지 않게 된다. 내담자가 무언가 중요한 부분에 대해 말하지 못하는 것은 말 못 할 이유가 있는 것이다. 말하지 못한다는 사실 자체가 중요하다. 이야기하도록 끌어낸다고 되는 것이 아니다.

이러한 이유로 나는 내담자가 스스로 이야기하지 않는 것을 질문하거나 말하도록 하는 것은 내담자의 심리적 변형을 가져온다는 점에서 별로 도움이 되지 않는다고 생각한다. 오히려 방해되는 경우가 많다.

● B 씨의 전이 반응

이 상담에서는 먼저 다음 사항을 이해해야 한다. 유아는 부모에게 신체적, 정서적으로 밀착된 사랑을 원하는데 B 씨는 그 충동이 거의 채워지지 않아서 생긴 깊은 외로움과 슬픔을 가지고 있다. 그리고 B 씨는 자신을 사랑해 주지 않았다고 느낀 부모에게 강렬한 분노도 품고 있다.

B 씨가 첫 3회기의 상담에서 학교 선생님과 학생들에 대한 분노를 주로 이야기했다는 사실은 무엇을 의미할까? 그것은 문제의 근본인 애정 결핍과 그 원인인 부모에 대한 증오가 선생님과 학생을 향하고 있다는 것을 보여준다. 그는 마음속의 분노를 선생님과 학생들에 대한 분노로 인식하고 있다. 또 그는 아직 의식을 못 하지만 부모에게 원하던 애정 욕구를 학교 선생님에게서 구하기도 한다. '모든 선생님이 항상 나를 공평하게 대해야 한다', '비록 내가 나쁜 태도를 보이거나 눈에 띄지 않더라도 선생님은 나에게 호의와 관심을 가져야 한다'와 같은 지나친 기대가 있다.

● 부모를 향한 분노에 대한 죄책감

사람은 부모에게 분노를 품는 것에 죄책감을 느낀다. B 씨도 상담사의 조건 없이 수용하는 태도와 공감적 이해를 깊이 느끼기 전까지는 부모에 대한 분노를 느끼거나 말하지 못했다. 그 대신에 좀 더 느끼기 쉽고 말할 수 있는, 선생님과 학생에 대한 분노가 먼저 느껴졌다.

B 씨는 부모에 대한 유아적 애정 욕구가 과도해서 현재의 인간관계로는 그 욕구가 충족되지 않는다. B 씨는 그때 상처받고 분노를 느낀다. 그러나 그 상처와 분노는 사실 부모와의 관계 속에서 느껴왔던 감정이다. 즉 그가 선생님이나 학생과의 관계에서 느끼는 상처는 유아가 '부모에게 충분히 사랑받지 못했다', '부모가 나에게 관심을 두지 않는다'라는 생각이 들 때 느끼는 상처와 분노이다. 그러므로 이것은 과잉 감정이다.

● 전이의 특징인 왜곡 인지에 대하여

선생님과 학생들의 행동과 태도에 대한 B 씨의 사고방식에는 비현실적이고 왜곡된 부분이 있다. 그 부분에 대해 살펴보기로 하겠다.

아이에게는 부모의 기분이나 상황을 헤아릴 능력이 없다. 그러므로 부모의 행동을 자기 기준에서 해석한다. 아이는 부모가 자신의 욕구를 즉시 충족시켜 주지 않을 때 '부모가 나를 소중하게 생각하지 않는다'고 여긴다. 예를 들어, 아이가 잘 시간이 지나도 장난감을 가지고 놀고 있다면 부모는 장난감을 빼앗고 재울 것이다. 그렇지 않으면 이튿날 아침에 수면 부족 상태에서 유치원에 가야 하기 때문이다. 또 아이가 양치질하는 것을 싫어해도 부모는 억지로 아이의 이를 닦는다. 이것은 모두 아이를 위한 일이라고 생각하는 부모의 애정에서 비롯된 행동이다. 그러나 아이는 부모의 뜻을 이해하지 못해서 '엄마가 나에게 심술을 부린다'고 받아들인다.

부모가 자식에게 애정을 쏟을 마음의 여유가 없을 때 아이에게 차갑고 과격하게 대하기도 한다. 그때 아이는 부모가 자신에게 애정이 있으며 잘 해주고 즐겁게 지내고 싶어도 지금은 그럴 여유가 없다는 사실을 이해하지 못한다. 그러므로 '부모님이 나를 사랑하지 않는다'라고 해석한다. 더불어 '나를 사랑하지 않는 이유는 내가 나쁜 아이이기 때문이다'라는 해석으로 이어진다.

B 씨는 어렸을 때 친어머니가 집을 나갔다. 그 일에 대해 B 씨는 '엄마가 나를 사랑하지 않아서 나를 버렸다. 나 따위는 아무래도 상관없다고 생각했다'라고 해석했을 것이다. 게다가 아버지는 어머니를 붙잡지 않았다. 어머니가 집을 나가면 B 씨가 그토록 원하는 어머니의 애정을 잃을 것인데도 말이다. 어린 시절 B 씨는 아버지가 어머니를 심하게 대하고 내쫓았다는 환상을 품었을 수도 있다. 그렇다면 B 씨에게 아버지는 원수다. 아버지는 새어머니의 불합리한 공격에서 그를 지켜주지 않았다. 게다가 친어머니도 (그의 관점에서는) 자신을 버렸다. 어린 B 씨에게 부모가 적敵이라는 생각에서 오는 고독감과 공포는 어느 정도였을까? 그것을 내담자 입장에서 깊이 상상하고 느끼며 귀 기울이는 것이 상담에서 필수적인 공감적 경청이다.

더군다나 아버지는 B 씨에게는 아무래도 좋을 여성을 가정에 끌어들였다. B 씨는 '아버지는 내 기분을 짓밟고 자신의 욕구를 우선시했다'라고 생각했을 것이다.

● 오이디푸스 갈등의 괴로움

B 씨의 아버지와 새어머니는 그가 침범할 수 없는 '부부'라는 친밀한 관계

이다. 그가 너무나도 원하는 '몸과 마음이 모두 친밀한 애정'을 아버지와 새어머니는 서로 주고받으며 자신은 내버려 두고 있다. 적어도 어린 B 씨의 환상에서는 그랬을 것이다. 애정 결핍에 시달리는 어린 B 씨에게 그것은 실로 괴롭고 고통스러운 일이다.

'아버지와 새어머니는 사이가 안 좋아서 자주 싸우셨어요'라는 대목은 아버지와 새어머니에 대한 질투심이 나타나는 표현이다. 두 사람이 자주 싸운 것은 사실일 수도 있다. 동시에 아버지와 새어머니에 대한 질투심에 괴로운 나머지 그것을 느끼지 않기 위해서 '아버지와 새어머니는 사이가 좋지 않다'라고 믿었던 것인지도 모른다. 그러므로 그의 아버지와 새어머니는 실제로 그가 믿고 있는 것만큼 사이가 나쁘지 않을 가능성도 있다. 그리고 상담이 진행됨에 따라 아버지와 새어머니의 관계에 대해서 그때까지 생각했던 것만큼 나쁘지 않다고 인식하게 될 수도 있다.

● 형제 갈등의 전이

B 씨는 동생이 새어머니의 사랑을 받는 것에 대해 분노한다. 새어머니의 애정을 원하기 때문에 동생과 싸운다. 그래서 그는 형제 갈등과 관련된 문제를 인간관계에서도 만들며 살아간다. 이 부분을 구체적으로 살펴보기로 하자.

형제 갈등과 관련된 문제는 B 씨의 과도한 경쟁심, 지는 것에 두려움을 쉽게 느끼는 것, 그래서 남에게 미움을 받거나 타인과 분쟁을 일으키기 쉽다는 것이다. 또 사소한 일로 자신이 불공평한 취급을 받는다고 느끼거나, 부당하게 평가받고 있다고 느낀다. 그 원인은 '여동생보다 '착한 아이'가 되지 않으면 아버지, 어머니의 사랑을 받을 수 없다'라고 믿었던 과거의 신념을 가정 밖의 현재 인간관계로 전이시키기 때문이다.

그가 믿는 '착한 아이'란 부모의 기대나 요구에 따르는 아이이다. 만약 그가 '부모님은 울지 않는 씩씩한 아이만 사랑한다'라고 느꼈다면 사람들 앞에서 좀처럼 울지 않고 자기 자신이 '강한' 인간임을 보이려고 했을 것이다. 그리고 다른 사람에게 라이벌 의식을 품고 약한 사람을 찾아내서 '저 녀석은 약한 놈이야'라며 경멸하고 공격할 것이다.

마찬가지로 B 씨가 어렸을 때 '우등생이 되지 않으면 아버지, 어머니는 날 사랑하지 않을 것'이라고 느꼈다면 그는 인간관계를 맺을 때 자신이 얼마나 우수한 사람인지를 사람들에게 어필할 것이다. 동시에 '남보다 우수해야 한다'는 압박감과 타인에 대한 경쟁심을 강하게 느낄 것이다. 또 주위의 '우수하지 않은 사람'을 찾아내서 마음속으로 그 사람에 대한 경멸과 공격성을 느낄 수도 있다.

만약 어린 시절 B 씨가 '상냥하고 밝게 행동하지 않으면 아버지, 어머니가 자신을 인정하지 않을 것'이라고 느꼈다면 그는 항상 상냥하고 밝은 사람처럼 행동할 것이다. 동시에 상냥하고 명랑하지 않은 사람에 대해 마음속으로 경멸과 공격성을 느낄 것이다.

이렇게 B 씨의 마음속에는 열등감, 우월감, 분노, 경멸, 불안이 소용돌이치고 있으며 인간관계를 맺을 때 큰 걸림돌이 된다.

● 이성에게 혐오감을 느끼는 음성 전이

이성 부모를 향한 오이디푸스적 애정 욕구와 그에 따른 죄책감이 강한 사람은 이성에게 심한 혐오감을 느낀다. 예를 들어, 여자 중학생이 남자 선생님에 대해 '기분 나쁘다'라고 느끼며 격하게 싫어하는 경우이다. 그 여학생은 선생님이 자신을 성(性)적으로 원하는 것처럼 느낀다. 실제로 교사가 학생을 성적인 시선으로 바라보는 사례도 있으므로 여학생이 그렇게 느끼는 것은 현실을 제대로 인식한 것인지도 모른다. 그러나 아버지에 대한 애정 욕구가 충족되지 않아서 생긴 애정 결핍 때문에 아버지에게 신체적, 정서적으로 밀접하고 강한 애정을 바라는 욕구와 그 욕구에 대한 극심한 죄책감의 갈등을 안고 있을 가능성도 있다.

● 분노라는 감정에 대한 금지

여기에서 상담사의 응답에 대해서 하고 싶은 말이 있다. '새어머니가 B 님보다 여동생만 예뻐해서 상처를 많이 받으셨나요?'라는 응답은 B 씨가 너무 괴로워서 억압하고 있는 슬픔, 외로움, 분노, 질투 등의 감정을 노골적으로 건드린다. 이런 응답은 B 씨에게 위협을 준다. 그래서 '음…. 여동생 편만 드는 건, 기분 좋지는 않죠…'라며 더는 연상이 이어지지 않고 침묵한다. '기분 좋지는 않죠'라는 것도 조심스럽고 방어적인 말이다.

B 씨의 부모가 그를 내버려 둔 채 동생만 사랑한 것에 대해 B 씨가 느낀 슬픔, 외로움, 분노, 질투 등의 감정을 충분히 느끼지 못할 정도로 격렬하다는 사실을 상담사가 공감했더라면 더 좋았을 것이다. 대화문에 나타나듯이 B 씨는 감정을 담지 않고 담담하게만 이야기할 수 있는 상태이기 때문이다. 이런 공감은 상담사가 내담자와 존재로 함께하며 그의 마음을 상상하고 느끼는 것이다. 상담사가 B 씨의 감정을 건드리는 것이 너무 고통스럽다는 사실에 공감하고 있었다면 위의 응답은 '새어머니가 B 씨보다 여동생만 예뻐하셨군요' 정도의 소극적인 표현이 되었을 것이다.

그 뒤로 이어지는 '여동생 편만 들었다…', 'B 씨만 새어머니에게 불합리하게 맞았군요'라는 상담사의 발언은 소극적인 감정 표현이다. '화가 나진 않았나요?', '괴로우셨겠군요'와 같이 감정적으로 강한 어조가 아니다. 'B 님만 새어머니에게 불합리하게 맞았군요'라는 응답은 '새어머니가 B 님보다 여동생만 예뻐해서 상처를 많이 받으셨나요?'라는 응답에 과도한 감정이 담겨서 B 씨의 저항이 증대되었음을 받아들인 것이다. 여기에서는 새어머니와 아버지의 행동에 대해서만 말하고 그의 감정은 언급하지 않았다. 이 응답은 이 순간의 B 씨를 더 잘 이해한 것이다.

응답이 적절했기 때문에 B 씨는 안심하고 감정을 느낄 수 있게 되었으며, 화가 치밀어 오를 것 같은 상태가 된다. 그러자 분노에 대한 금지가 작용했고 '제 안에 악마 같은 부분이 있어서'라는 발언을 한다. 상담 과정이 진전되는 것이다. 분노에 대한 금지는 매우 중요한 것이다. 그것에 대해 자세히 살펴보도록 하겠다.

● 진짜 자신은 악한 존재라는 감각

B 씨: 음…. 여동생 편만 드는 건, 기분 좋지는 않죠…. (침묵)
상담사: 여동생 편만 들었다….
B 씨: 제 안에 악마 같은 부분이 있어서.
상담사: 악마 같은 부분이요?
B 씨: 네…. 동생이 떼를 써서 싸우면 저만 새어머니한테 혼나고 맞았어요.
상담사: B 님만 새어머니에게 불합리하게 맞았군요.
B 씨: 그게 제 악마 같은 부분이랄까 검은 부분이라 해야 하나, 거기에 연결되어 있어요.

'제 안에 악마 같은 부분이 있어서'라는 발언은 매우 중요하다. 이것이 무엇을 의미하는지 알아보자.

그는 자신을 악한 존재라고 느낀다. 우리 문화에서 그것은 대부분 자신의 공격성이나 성과 관련되어 있는데, B 씨의 경우에도 그렇다.

B 씨가 새어머니에 대한 공격성을 강하게 가지고 있다는 사실은 지금까지 살펴본 바와 같다. B 씨는 그것을 악<sup>惡</sup>이라고 느낀다. 그는 새어머니뿐만 아니라 친어머니와 아버지에게도 강한 공격성을 가지고 있을 것으로 추측된다. 그것은 상담이 진행됨에 따라 곧 밝혀진다.

B 씨는 새어머니에게 공격성뿐만 아니라 유아적인 성적 접촉 욕구도 가지고 있다. B 씨는 그것에 대해서도 자신이 악하다고 느낄 것이다.

그는 자신을 악하다고 느껴서 '진짜 내 모습이 남에게 알려지면 미움받을 것이 틀림없다'라고 믿는다. 그러나 그가 그렇게 공격성을 가지게 된 원인은 부모에게 조건 없는 애정을 많이 느끼지 못했기 때문이다. 그는 만성적 애정 결핍을 품고 있어서 사람의 호의를 강렬히 원한다. 사람들에게 사랑받고 싶어서 견딜 수 없는 동시에 '사람들이 나에 대해 알면 싫어할 것'이라는 믿음 때문에 진짜 자기 모습이 남에게 알려지는 것이 두렵다. 그는 대인 공포에 대한 고뇌를 안고 있을 것이 분명하다.

● 우울증에 이르는 감정의 억압

B 씨는 우울증 진단을 받았다. '제 안에 악마 같은 부분이 있어서'라는 발언에서 그가 우울증에 시달리는 원인이 시사된다.

그는 새어머니에 대한 분노와 애정 욕구를 상당히 억압하고 있다. 지금까지 그가 새어머니에 대한 생각을 생생히 감정을 담아 말할 수 없었던 것에서 (지금도 아직 충분하지 않지만) 그 사실을 알 수 있다.

우리는 감정이 괴로울 때 그것을 느끼지 않으려고 감정 에너지를 억누른다. 그러면 감정 에너지는 극단적으로 낮아진다. 기운이 없고 아무것도 할 엄두가 나지 않는 상태가 되는데 그것이 우울이다. 그때 왠지 모를 불쾌한 기분이나 원인을 알 수 없는 조바심과 초조함을 느낀다. 누구에 대해 어떤 것을 느끼는지 명확해지는 것이 괴로워서 이유 없는 짜증, 불안으로밖에 느끼지 못하는 것이다.

B 씨는 새어머니에게 가진 감정에 대한 죄책감이 해결되지 않는 한 그는 그 감정을 이야기할 수 없다. 이야기한다고 해도 감정을 억누른 단편적인 이야기밖에 할 수가 없다. 그러므로 그 죄책감을 거두는 것이 중요하다.

상담사는 '악마 같은 부분이요?'라며 죄책감을 거론한다. 이어지는 대화에서 B 씨는 '네…. 동생이 떼를 써서 싸우면 저만 새어머니한테 혼나고 맞았어요'라며 자신의 분노를 조금 이야기하기 시작했다. 상담사는 그것에 공감하며 'B 님만 새어머니에게 불합리하게 맞았군요'라고 핵심 단어를 따라 했다. 이 대화를 통해 B 씨는 그가 '악마 같은 부분'이라고 말한 분노와 증오에 대해 상담사가 공감한다는 것을 조금은 느꼈을 것이다. 그래서 그는 분노와 증오를 직면하고 이야기할 수 있게 된다. '그게 제 악마 같은 부분이랄까 검은 부분이라 해야 하나, 거기에 연결되어 있어요'라는 발언이 그렇다.

그러나 이 장면에서 B 씨는 악마 같은 부분, 검은 부분이 무엇인지 구체적으로 표현하지 못하고 추상적으로 이야기한다. 내담자가 이처럼 추상적인 이야기밖에 하지 못하는 것은 구체적으로 이야기해서 감정을 느끼는 것이 너무 힘들기 때문이다. 상담사는 그 괴로움에 대해 생각을 더하는 것이 중요하다. 안이하게 '더 구체적으로 이야기해주세요', '예를 들어서 무슨 뜻인가요?'와 같이 요구하지 않는 것이 현명하다.

● 분노에 대한 죄책감을 말하다

상담사는 '제 안에 악마 같은 부분이 있어서', '제 악마 같은 부분이랄까, 검은 부분이라 해야 하나, 거기에 연결되어 있어요'라는 발언이 중요하다는 것을 이해했다. 그래서 '자기 안에 아주 나쁜 감정이 있다고 느낀다'라고 주의 깊게 핵심 단어를 따라 한다. 그러자 B 씨는 분노에 대한 죄책감을 이야기한다.

상담사: 자기 안에 아주 나쁜 감정이 있다고 느끼는군요.
B 씨: 화가 나는 건 좋지 않다고 생각하거든요.
상담사: 화나는 기분이 나쁜 감정이라고 느끼시는군요.
B 씨: 음…. 원한이라든지….
상담사: 원망하는 마음이, 무섭다?
B 씨: 무섭네요.
상담사: 무섭다….
B 씨: 하지만, 확실히 새어머니에게는 원한이 있어요.

상담사의 응답은 적절했다. 이 대화로 인해 B 씨는 분노에 대한 죄책감과 금지가 서서히 누그러졌고 이후 새어머니에 대한 분노와 증오를 더욱 분명하게 느끼고 말하게 된다. '하지만, 확실히 새어머니에게는 원한이 있어요'라고 한 부분이다.

상담사는 'B 님으로서는 원망하는 마음이 무섭기도 하지만, 그와 동시에 사실 새어머니를 원망하고 있는 거군요'라며 그 미움도 받아낸다. 이런 공감적 상호 교환에 따라 상담 과정이 진일보되어 B 씨는 그동안 억압해온 외로움과 분노를 더욱 분명히 느끼며 이야기한다.

사례 2. 오이디푸스 갈등으로 고뇌하는 남성 고등학생

B 씨: 　새어머니는 동생 편만 들고, 애정 따위는 느껴지지 않았다고 해야 하나….

상담사: 　새어머니의 애정은 느껴지지 않았고, 아버지도 보살펴주지 않았다….

B 씨: 　외로웠어요….

상담사: 　외로웠군요….

B 씨: 　너무 불공평하잖아요. 왜 저만 야단맞아야 하나 계속 생각했어요.

상담사: 　불공평하게 꾸중을 듣고 계속 불만을 느껴오셨군요.

B 씨: 　(감정을 담아서) 화도 나고요.

상담사: 　정말 화가 나네요.

B 씨는 그동안 억압해온 외로움과 새어머니를 향한 분노를 느끼고 이야기한다. 이처럼 내담자가 억압된 감정을 자신의 페이스대로 서서히 느끼고 이야기하며, 그 감정이 공감적으로 이해받고 수용될 때 마음이 가벼워진다. 그리고 상담의 의미를 느낀다.

B 씨의 외로움과 분노를 공감적으로 이해하기 위해서 중요하게 알아두어야 할 것은 부모를 향한 유아의 애정 충동은 넓은 의미에서 성적 집착이라는 사실이다. 그것을 이해하고 내담자의 애정 욕구와 고통을 생생히 상상하는 것이 공감으로 이어진다.

이어지는 대화를 살펴보자.

● 분노를 느끼는 것의 괴로움

B 씨: 　저는요, 특이하다는 말을 듣긴 하지만 미야자와 겐지가 존경스러

워요. 자기 일은 뒷전이고 어려운 사람들을 도와준 부분이 대단하다고 생각하거든요.

상담사: 자기 일은 제쳐두고 남을 도운 것이 존경스럽다고 느끼시는군요.

B 씨: 배려심 있고 남을 원망하지 않는 사람이라고 생각해요.
(눈물 흘리며)

상담사: B 님은 남을 원망하는 괴로움을 많이 느끼시나요?

B 씨: 네…. 원망하고 미워하고…. 그런 것들이 괴로워요. (눈물)

상담사: 남을 원망하는 것에 죄책감을 느끼시나요?

B 씨: 저 자신이 작은 인간처럼 여겨져요. 저희 담임선생님 말인데요. (여기서부터 선생님이 B 씨를 바보로 만든 발언을 한 일에 대해 분노를 담아 20분 정도 이야기한다. 그리고 한참을 다 이야기한 후에.)

　　그렇지만요, 선생님도 악의는 없었다고 생각해요. 제가 더 여유 있는 사람이 된다면 원망하지 않으려나…. 저는 너무 제 생각만 하는 것 같아요…. 항상 그걸로 가득 차 있어요.

상담사: 자신의 원한이나 채워지지 않는 외로움, 불안이 너무 커서 견디기 힘든 정도인가요?

B 씨: 부모님도 몰라주고 선생님께도 이런 이야기는 할 수가 없어요. (눈물) 슬퍼요…. 교통사고로 사람이 죽는다든지, 죽임당한 사람도 죽인 사람도 엄청 힘들잖아요. 그런 불행이 이 세상에 가득한 것이 너무 슬퍼요. (눈물)

이 부분에서도 중요한 내용이 몇 가지나 거론된다.

일단 계속 반복되는 이야기이지만 특히나 중요하게 공감을 표현해야 하는 부분은 분노에 대한 B 씨의 죄책감이다. 그는 부모와의 교류에서 '부모님에게 화를 내면 사랑받을 수 없다'라고 느꼈을 것이다. 그래서 화내는 것이 무섭고 그 두려움을 죄책감으로 의식한다. 분노에 대한 죄책감이 강할수록 분노를 느끼지 못하고 상담이 진행되지 않는다. 그러므로 분노에 대한 죄책감을 이야기하고 그것을 상담사가 이해하고 받아주는 과정이 필요하다. B 씨에게 화를 내는 일은 무척 괴로운 일이다. 그러므로 분노를 느끼지 않는 '아름다운 마음의 소유자'의 상징으로 미야자와 겐지宮沢賢治가 선택되었다.

이 대화에서 B 씨는 담임선생님에 대한 분노를 이야기한다. 그가 가장 격렬한 분노를 느끼는 대상은 부모이지만 부모에 대한 분노는 아직 표현하지 못한다. 이 시점에서 느끼고 이야기하기 쉬운 대상은 선생님에 대한 분노이다. 상담사는 그 사실을 이해하고 선생님에 대한 분노에 특별히 공감적으로 응답해야 한다.

● 부모의 정서적인 돌봄을 요구받은 아이

B 씨는 미야자와 겐지가 자기는 뒷전이고 남을 돕는 데 비해 자신은 자기 생각만 한다고 말한다. 그는 그런 자신에게 열등감을 느낀다. 여기에서 엿볼 수 있는 것은 그가 어렸을 때 부모에게 '사람들의 기분을 고려하라'라는 엄격한 훈육을 받았을 것이라는 점이다. 부모가 자녀에게 그런 요구를 하는 것은 사실 '사람의 전반적인 기분에 대해 생각하라'는 것이 아니라 '나(아버지나 어머니)의 욕구를 만족시키라'라고 말하는 것이다. 그런 점에서 B 씨의 부모(아버지, 어머니, 또는 둘 다)는 정서적인 여유가 부족한 사람이다. 어린 B 씨에게 부모의 정서적인 돌봄을 요구했다고도 할 수 있다. 아마도 부모 자신이 만성적인 애정 결핍이었을 것이다. 그런 부모 밑에서 자란 아

이는 부모의 애정을 별로 느끼지 못한다. 자신이 보살핌을 받았다는 느낌은 부족하고 반대로 오히려 부모를 돌봐야 했기 때문이다.

너무 자기 생각만 하는 것 같다는 말은 부모에게 사랑받지 못하고 방치된 것에 대한 슬픔, 외로움, 분노가 마음속에 소용돌이치고 있다는 괴로움의 표현이다. 그는 평소 즐거운 기분이나 평화로운 마음보다 과거의 외로운 기억을 떠올리거나 미래에 대한 불안함을 상상하는 일이 더 많을 것이다. 그 분노, 공포, 불안이 B 씨의 일상 한가운데 놓여있다는 것을 자기 일처럼 상상하는 것이 진정한 공감이다.

B 씨처럼 부모의 애정을 충분히 느끼지 못한 아이는 자신이 사랑받을 수 있을지, 어렸을 때처럼 방치되거나 미움받지 않을지에 대해 항상 신경 쓴다. 그래서 다른 사람의 기분이나 상황을 진심으로 상대방 입장에서 생각하고 이해할 만한 여유가 없다. B 씨가 '너무 제 생각만 하는 것 같아요'라고 한 것은 그런 자기 모습에 대한 통찰이다. 사람을 사랑하는 여유가 부족하다는 고뇌이다.

● 살인적인 증오의 괴로움

상담사: 자신의 원한이나 채워지지 않는 외로움, 불안이 너무 커서 견디기 힘든 정도인가요?

B 씨: 부모님도 몰라주고 선생님께도 이런 이야기는 할 수가 없어요. (눈물) 슬퍼요…. 교통사고로 사람이 죽는다든지, 죽임당한 사람도 죽인 사람도 엄청 힘들잖아요. 그런 불행이 이 세상에 가득한 것이 너무 슬퍼요. (눈물)

B 씨는 부모가 자신의 괴로움을 이해해주지 않는다고 말한다. 뒤이어 부모에 대한 애정 욕구가 선생님에게 전이되어 연상이 일어났다. 그리고 부모님과 선생님 모두에게 충분한 사랑을 받지 못한 것에 대한 슬픔을 이야기한다.

그의 마음에는 슬픔뿐만 아니라 살인적인 증오도 있다. 그것이 대화 마지막의 죽고 죽임당하는 연상을 낳는다. 이 연상은 사는 게 너무 괴로워서 죽음을 생각할 수밖에 없을 만큼 괴롭다는 표현이다. 또 증오가 너무 강렬해서 만약 폭발하면 사람을 죽일 수 있을 정도라는 두려움의 표현이다. 그런 고통을 안고 사는 B 씨의 고뇌를 상상해야 한다.

● 감정의 갈등

B 씨는 ① 공격적인 증오 ② 그 증오에 대한 죄책감 ③ 부모의 애정을 갈구하는 애정 결핍과 외로움, 이런 감정들을 느끼는 것이 너무나도 고통스러워서 스스로 '배려심 있는 사람이 되기'를 원한다. 배려심 있는 사람이 되려는 가장 큰 이유는 미움이나 죄책감을 느끼지 않기 위해서다. 또 타인에게 상냥하게 대함으로써 사랑받고 싶은 동기도 있을 것이다.

그리고 마지막에 '이 세상이 너무 슬퍼요'라고 말한 것은 충분히 사랑받지 못했다는 사실이 느껴지지 않도록 외로움에 시달리는 슬픔을 말한다. 그의 무의식에는 분노와 애정 욕구, 그것들에 대한 죄책감도 있는데, 이러한 감정들을 느끼는 것이 괴로워서 '슬프다'라는 단어로 한 데 묶고 있다. 그의 마음에는 괴로운 감정이 다양하게 존재하므로 일일이 느껴지지 않게 피하는 것이다.

B 씨는 또한 '이런 세상이 슬퍼요'라며 운다. 우는 행동에는 대개 행동화行動化의 이유가 있다. 행동화란 어떤 감정이 너무 고통스러워서 그것을 느끼

지 못하게 할 목적으로 행동하는 것을 말한다. 내담자는 우는 행동으로 감정을 느끼지 못하게 무의식적으로 억누르는 경우가 많다. 상담사는 내담자가 울면 '그의 감정을 잘 건드려서 상담이 잘 되고 있다'라고 생각하기 쉬운데 꼭 그렇다고는 할 수 없다. 우는 내담자는 겉으로 보기보다 감정을 크게 느끼지 못하는 경우가 많다. 우리가 정말 감정을 절실히 느낄 때는 울어서 말이 끊어지지 않고 느낀 바를 똑바로 이야기한다.

B 씨는 울면서 '부모님도 몰라주고 선생님께도 이런 이야기는 할 수가 없어요'라고 말한다. 이것은 부모님과 선생님에 대한 분노, 그리고 분노의 밑바닥에 깔린 애정 욕구가 올라와서 무의식중에 그것을 억누르려고 한 것이다.

또 B 씨는 '슬퍼요⋯. 교통사고로 사람이 죽는다든지, 죽임당한 사람도 죽인 사람도 엄청 힘들잖아요. 그런 불행이 이 세상에 가득한 것이 너무 슬퍼요'라고 말한다. 이것은 그가 애정 욕구와 극심한 외로움, 분노, 그리고 그로 인한 죄책감이 크게 느껴질 것 같아서 그 감정들을 '슬프다'라는 단어로 애매하게 정리해버림과 동시에 우는 행동으로 감정을 그 이상 말하지 않은 것으로 추측할 수 있다.

치료적 경청에서 중요한 것은 B 씨의 이런 고통을 상상하며 그의 방식을 받아들이는 것이다.

사례 3. 부모와의 동일시로 괴로워하는 고등학교 남성 교사

어린아이는 부모가 자신을 조건 없이 사랑해줄지 불안을 느끼면 그들의 사랑을 얻기 위해 부모의 가치관을 그대로 자기 것으로 받아들이려고 한다. 그러면 자기 자신에 대해 잘 알지 못하게 된다. 그런 내담자의 경우를 살펴보며 이해의 폭을 넓혀보기로 하겠다.

■ 내담자

C 씨 (49세, 남성) 고등학교 미술 교사

■ 내담 경위

학생 관련 상담을 하기 위해서 학교 상담실에 찾아왔다. 그런 와중에 다른 선생님들과의 관계가 원만하지 않다는 고민을 이야기한다. 4차 치료 세션에서 발췌한다.

C 씨: 이 상담실에 들어오면 '나는 선생님이니까 잘 이해할 수 있게끔 이야기해야 한다'는 생각이 들어요. 그래서 오늘이 네 번째이지만 진짜 이야기는 하지 못하고 있다는 느낌이 들어요. 학생에 대한 상담을 명목으로 와 있긴 하지만 이 방에는 들어오기가 힘드네요. 고민을 말하기도 힘들고.

상담사: 말하기가 힘들다…. 진짜 이야기는 하지 못하고 있으시군요.

C 씨: 네, 학교 상담실은 들어오기가 힘들죠. 선생님들이 계신 건물이니까요.

상담사: 다른 선생님에게 좋지 않게 보일까 봐 신경이 쓰이시나요?

C 씨: 네에…. 다른 선생님들에게 무슨 얘길 하는지 들리는 것도 아닌데 말이죠….

저는 말을 예술적으로 사용하는 걸 좋아해요. 그래서 취미로 단가短歌[역자주: 짧은 노래라는 뜻으로 일본의 전통 시를 말함]를 해요. 사물을 논리적인 말로 딱 자르는 게 싫어요. 마음이 아프거든요. 하지만 교사라는 직업은 논리적인 말을 사용하지 않으면 안 돼요. 연구 발표도 있고요. 그런 자리에서 제대로 발표를 하면 안심이 돼요.

제가 수업연구위원회 위원인데요. 위원장 선생님께서는 요즘 유행하는 그룹 토의나 그룹 활동이 좋다고 믿으셔서 학교에 그것을 퍼뜨리려고 하세요.

근데 저는 그것도 중요하지만, 그 이전에 기초 학력을 갖추게 하는 것이 꼭 필요하다고 생각해요. 회의에서 이야기하는데 전달이 안 되네요. 지난주 회의에서도 이야기가 하나도 통하질 않아서 갑자기 강한 어조로 말해버렸어요. 이렇게 말하고 보니 그때 저는 제 의견이 받아들여지지 않아서 상처받았다는 생각을 한 것 같아요.

게다가 위원장님은 회의를 독점하고 싶어 하고, 다른 선생님들도 위원장님에게 동조하거든요. 그래서 제가 있을 곳이 없어요….

원래 저는 다른 선생님들과 사물을 보는 방식이 좀 다른 것 같아요. 다른 사람들과 다르다는 건 학생 때부터 왠지 모르게 느끼긴 했지만요. 착실한 선생님들이 저를 보면 '이상한 사람'이라고 생각하지 않을까 하는 생각도 들어요.

그렇지만 다른 선생님들도 교사라는 직업과 책임에 대해 모르는 부분이 있거든요. 그래서 제가 주의를 주면 나중에 뒷말을 들어요. 몇 번이나 그런 일이 있었어요. 교사인데도 주의를 받았다고 뒤에서 욕을 하다니 한심하죠.

주말에 그림을 그리거나, 단가를 부르는 것은 재미있고 즐거운데, 일이 너무 힘들어요. 뭐가 그렇게 힘든 건지….

상담사: 일이 왜 이렇게 힘든가….

C 씨: 네. 저는 예술가들하고는 마음이 잘 맞는데, 아마 학교에서는 저를 이상한 사람이라고 생각할 거예요. 국어, 영어, 수학과 비교하면 미술은 바보 취급을 받으니까요.

상담사: 미술은 논리적인 학문이 아니어서 바보 취급당하고 있다고 느끼시나요?

C 씨: 학교는 논리성이나 정답이 중시되는 곳이니까요. 제 안에는 질투심도 있거든요.

상담사: 질투심도 있군요.

C 씨: 있어요. 솔직히 말해서요. 저도 논리나 정답은 가치가 있다고 생각하거든요. 그 속에서만 살아간다면 편할 것 같아요. 그게 가능한 사람은 우수하다고 평가받잖아요. 학교라는 곳이 논리로 평가받는 세계라서 제가 교사랑 맞지 않는 게 아닐까 하는 생각도 들어요.

상담사: C 님은 자신이 그다지 논리적이지 않기 때문에 선생님들에게 좋은 평가를 받지 못한다고 느껴서 힘드신가요?

C 씨: 맞아요. 제대로 논리나 정답을 구할 수 있는 세계에 연결되고 싶어요.

상담사: 논리적이고 싶은 마음이 강하군요.

C 씨: 네, 어머니는 아버지가 우수outstanding했기 때문에 존경하셨어요.

상담사: 어머님은 아버님이 우수하다는 점 때문에 존경했다….

C 씨: 네, 맞아요…. 저는 일을 대충대충 하질 못해요. 선생님 중에서 대충 할 곳은 대충 편하게 하는 분들이 있는데, 부러워요. 하지만 저는 제대로 해야 할 것 같다는 생각에 힘이 안 빠져요. 완벽주의거든요.

상담사: 어머니는 아버지가 우수했기 때문에 존경하셨고, C 님에게는 '완벽하게 해야 한다'는 불안이 항상 존재하는군요.

C 씨: 맞습니다. '훌륭하지 않으면 안 된다'는 어머니의 가치관이 제 안에 들어와 있는 것 같은 느낌이 들어요.

상담사: 훌륭하지 않으면 어머니가 인정해주지 않을 거란 생각이 있으신가요?

C 씨: 네…. 그렇죠…. 어머니는 논리적이거나 우수하지 않으면 인정하지 않는 분이거든요. 선생님은 제가 무슨 말을 하는지 이해하시겠어요?

상담사: 제가 C 님을 논리적이고 우수하다고 생각하는지 궁금하신 느낌인가요?

C 씨: 선생님이 이해할 수 있게 이야기해야 할 것 같은 느낌이 들어요.

상담사: 이해할 수 있게 이야기하지 않으면 저에게 좋은 평가를 받지 못할 것 같은 생각도 있으신가요?

C 씨: 아…. 그렇네요. 선생님의 의견을 듣고 싶다고 할까? 선생님의 평가를 바라고 있네요. 하지만 그냥 알아줬으면 좋겠다는 생각도 들어요.

상담사: 둘 다 있으시군요. 저에게 좋은 평가를 받고 싶은 마음과 평가하지 않고 그냥 알아줬으면 좋겠다는 마음이요.

C 씨: 네. 선생님 의견을 듣고 싶은 것은 제 의존적인 부분이라고 생각해요.

상담사: 저에게 의존하고 싶은 기분이 드시는군요.

C 씨: 여기에 계속 오는 이유가 저를 알아주시기 때문인 것 같아요…. 선생님과는 깊지만 가깝지는 않은 느낌이 들어서 안심할 수 있는 부분이 있어요.

상담사: 깊지만 가깝지는 않은 느낌이요.

C 씨: 네. 남들과는 다른 느낌이에요.

상담사: 오늘은 시간이 다 되었네요. 다음 주에도 화요일 5시에 괜찮으세요?

C 씨: 네, 잘 부탁드립니다.

■ 해설

먼저 C 씨는 '진짜 이야기는 하지 못하고 있다는 느낌', '이 방에는 들어오기가 힘들다', '고민을 말하기 힘들다'라고 말하며 상담에 대한 거부감을 드러낸다. 이것은 매우 중요한 발언이다.

여기에서 중요한 것은 C 씨가 가진 저항과 그런 저항을 갖게 한 마음의 아픔에 대해 생각을 더해가는 것이다. '어렵게 생각할 필요 없어요. 편하게 들어오시면 되고 고민도 자유롭게 이야기해주세요'라는 식의 응답은 내담자에 대한 공감과 수용이 결여된 것이다. 이런 경우 깊이가 없는 피상적인 상담이 되어 버린다. 또 C 씨의 기분을 자기 일처럼 생생히 상상하지 않고 '말하기 힘드시군요'와 같이 따라 하기만 하는 것도 경청이라고 할 수 없.

 그럼 C의 발언을 어떻게 공감적으로 이해하고 응답해야 상담이 깊이 있게 진전될까? 그에 대해 생각해보기로 하자.

● 구강기적 애정 욕구

C 씨는 '사물을 논리적인 말로 딱 자르는 게 싫고 마음이 아프다', '교사라는 직업은 논리적인 말을 사용해야 한다'라고 말한다. 이 발언에서 우리는 그가 부모에게 '논리적으로 말할 수 있어야 한다'는 무의식적 요구를 받아왔음을 알 수 있다. 그는 부모에게 사랑받기 위해 그 무의식적 요구를 받아들이며 살았다. 그렇게 만들어진 신념은 인간관계 전반에서 '논리적으로 알기 쉽게 이야기하지 못하거나 약점을 보이면 다른 사람들이 좋지 않게 생각할 것'이라는 두려움을 만들었다.

 C 씨가 상담사에게 '진짜 이야기는 하지 못하는' 이유는 부모에게서의 전이가 상담사를 향해 있기 때문이다. C는 '논리적으로 이해하기 쉽게 말하지 못하거나, 약점을 이야기하면 상담사가 나를 업신여기고 그의 애정을 얻지 못할 것'이라고 느낀다.

● 상담사의 애정을 원하다

이후의 상담에서 C 씨의 아버지는 수학 교사이고 어머니는 국어 교사라는 점이 드러난다. 특히 어머니는 무척 엄격한 분이셨다. C 씨는 어머니에게서

'유능하고 논리적인 아이가 되지 않으면 너를 인정하지 않겠다'라는 메시지를 받으며 성장했다.

C 씨는 어린 시절 어머니에게 받지 못한 애정 욕구를 상담사에게 구하고 있으므로 상담사와의 밀접한 관계를 원하는 욕구가 있다. 그것은 유아가 엄마에게 신체적인 접촉을 요구하는 수준의 구강기적 애정 욕구이다. 그러나 부모에 대한 구강기적 애정 욕구는 죄책감이 따라오므로 그 충동은 억압되고 거의 의식할 수 없다.

여기서 중요한 것은 상담사가 다음 사항을 이해하는 것이다. C 씨의 마음에는 어머니와의 밀접한 애정을 구하는 충동이 있고, 그 충동은 상담사를 향해 있어서 상담사에게 밀접한 애정과 관심을 원한다는 것이다. 그는 상담사에게까지 구강기적 충동을 원할 정도로 애정이 결핍되어 있다. C 씨의 이런 고통에 대해 생각을 더해야 한다.

C 씨에게 상담사의 허용과 애정을 잃는 것은 유아가 어머니의 허용과 애정을 잃는 것과 같은 의미이다. 이것은 그에게는 아주 무서운 일이다. 무엇보다 어머니와 상담사의 애정을 구하는 심한 충동을 생생히 느끼는 것이 너무나도 괴롭다. 그로 인해 애정 결핍의 고통이 느껴지고, 애정 충동에 대한 죄책감도 느끼게 되기 때문이다. 그래서 애정 충동의 대부분은 억압되며 의식할 수 없게 된다. 그렇게 억압된 채 감정이 마비된 상태로 생활한다. 감정이 마비된 만큼 삶에 대한 열정이나 기쁨, 충만함도 느낄 수 없다. 때론 억눌린 감정이 폭발해 인간관계를 망가뜨리기도 한다. 심지어 억압된 감정이 신체 증상으로 나타나기도 한다.

● 우수해야 한다는 압박감

C 씨: 네, 학교 상담실은 들어오기가 힘들죠. 선생님들이 계신 건물이니까요.
상담사: 다른 선생님에게 좋지 않게 보일까 봐 신경이 쓰이시나요?
C 씨: 네에…. 다른 선생님들에게 무슨 얘길 하는지 들리는 것도 아닌데 말이죠….

C 씨는 '다른 사람보다 우수해야 한다'는 신념으로 인해 다른 선생님들에게 경쟁의식을 품는다. 그것은 마음의 벽을 만든다. 그는 다른 교사들과 마음을 터놓고 속내를 이야기하거나 깊은 동료 의식과 신뢰감을 가지고 상호 협력하는 것이 어려울 것이다. 그는 외로움을 느끼고 고립되기 쉽다. 또 '우수해야 한다'는 신념 때문에 상담을 받는 일이 자신이 우수하지 않은 인간이라는 증거처럼 느껴진다.

또 위의 발언은 형제자매 사이의 갈등의 아픔을 표현했을 가능성도 있다. 부모의 애정을 얻기 위해 형제들과 경쟁해야 했던 과거의 아픔이다. 그는 '형제들보다 우수하지 않으면 어머니는 나를 인정해주지 않을 것이다(사랑해주지 않을 것이다)'라고 느낀 아픔을 안고 살아왔을 것이다. 이것이 원인이 되어 C 씨는 다른 교사들에 대한 경쟁의식이 쉽게 올라온다. 그래서 동료 교사들과 한 팀이 되어 협력하는 일이 점점 힘들어지고 직장 내에서의 고립감을 초래한다.

● 어머니에 대한 반발심과 어머니의 애정을 바라는 욕구

C 씨: 저는 말을 예술적으로 사용하는 걸 좋아해요. 그래서 취미로 단가를 해요. 사물을 논리적인 말로 딱 자르는 게 싫어요. 마음이 아프거든요. 하지만 교사라는 직업은 논리적인 말을 사용하지 않으면 안 돼요. 연구 발표도 있고요. 그런 자리에서 제대로 발표를 하면 안심이 돼요.

이것은 매우 중요한 발언이다. 지금까지 살펴온 바와 같이 C 씨는 어머니의 애정을 바라는 구강기적 충동과 그것을 둘러싼 갈등에 시달리고 있다.

C 씨의 어머니는 논리적인 것에만 가치를 두고 C 씨의 자연스러운 느낌을 인정하지 않았다. (적어도 C 씨는 그렇게 느꼈다.) 그러므로 '말을 예술적으로 사용하는 걸 좋아해'고, '사물을 논리적인 말로 딱 자르는 게 싫다'라는 발언은 어머니에 대한 반발심의 표현이다. 사물을 논리적인 말로 딱 자르는 게 아프게 느껴진다는 것은 어머니에게 공격성을 발휘하면 어머니의 애정을 잃을까 봐 그렇게는 할 수 없고 무리하게 공격성을 억누르는 괴로움을 나타낸다.

동시에 C 씨는 어머니에게 사랑받는 '논리적인 사람'이 되기 위해 논리적으로 말하기 위해 노력한다. 연구 발표 자리에서 말을 잘했을 때는 '바보 취급받지 않고 무사히 끝났다'라고 느끼며 일시적으로 안심한다. 그때 느끼는 안도감의 원천은 마음속 무의식의 영역에서 억압된 '논리적이고 우수하게 행동함으로써 어머니에게 사랑받고 가치 있는 사람이 될 수 있다'라는 감각일 것이다.

● 양가적 갈등과 열등감

C 씨: 제가 수업연구위원회 위원인데요. 위원장 선생님께서는 요즘 유행하는 그룹 토의나 그룹 활동이 좋다고 믿으셔서 학교에 그것을 퍼뜨리려고 하세요.

근데 저는 그것도 중요하지만, 그 이전에 기초 학력을 갖추게 하는 것이 꼭 필요하다고 생각해요. 회의에서 이야기하는데 전달이 안 되네요. 지난주 회의에서도 이야기가 하나도 통하질 않아서 갑자기 강한 어조로 말해버렸어요. 이렇게 말하고 보니 그때 저는 제 의견이 받아들여지지 않아서 상처받았다는 생각을 한 것 같아요.

게다가 위원장님은 회의를 독점하고 싶어 하고, 다른 선생님들도 위원장님을 동조하거든요. 그래서 제가 있을 곳이 없어요….

원래 저는 다른 선생님들과 사물을 보는 방식이 좀 다른 것 같아요. 다른 사람들과 다르다는 건 학생 때부터 왠지 모르게 느끼긴 했지만요. 착실한 선생님들이 저를 보면 '이상한 사람'이라고 생각하지 않을까 하는 생각도 들어요.

그렇지만 다른 선생님들도 교사라는 직업과 책임에 대해 모르는 부분이 있거든요. 그래서 제가 주의를 주면 나중에 뒷말을 들어요. 몇 번이나 그런 일이 있었어요. 교사인데도 주의를 받았다고 뒤에서 욕을 하다니 한심하죠.

C 씨가 사물을 보는 시각이나 느낌이 다른 사람과 다르다고 생각하는 이유는 어머니가 논리성에만 가치를 두어 자신만의 독특한 예술적 감각이 부정당했(다고 느꼈)기 때문이다. 그래서 자신의 예술적 감각에 대해 열등감

과 부정적인 생각을 가질 수밖에 없다. 그렇지만 그와 동시에 자신의 예술적 감각을 소중히 하고 싶은 마음도 강하다. 그러므로 논리적인 것에 대한 그의 동경심은 양가적이다. 논리성에 대한 동경과 동시에 그에 대한 반발심도 갖는 것이다.

C 씨는 논리적인 사람이 되면 자신의 순수한 감성이 죽어버릴 것 같다는 느낌을 받는다. 그래서 반발심이 생긴다. 이것은 논리성을 연마하는 일에 제동을 건다. C 씨는 논리적인 자기와 예술적 감각이 풍부한 자기 모두에게 만족하지 못하고 갈등과 열등감을 계속 느껴왔다.

● 부모에 대한 분노와 공격성의 투사

위원회 회의에서 선생님들이 C 씨의 의견에 찬성하지 않아서 상처를 받았다는 말은 C 씨가 가진 완벽한 사랑과 이해를 바라는 충동이 충족되지 않았다는 뜻이다. 완벽하게 이해받고 인정받지 못하면 동의가 안 되고 직성이 풀리지 않는다. 그렇지만 현실 생활에서 자기 생각을 100% 인정받는다는 것은 거의 불가능하다. 그럴 때마다 그는 상처받는 경험을 반복한다. 특히 부부 관계, 부모와 자녀 관계, 친한 친구 등 정서적으로 가까운 사람과의 사이에서 그런 일을 반복해왔을 것이다. 정서적으로 친밀한 관계는 마음속에 자리 잡은 감정 충동과 그것들에 얽힌 갈등이 들어오기 쉽기 때문이다. 그리고 그때 자신을 100% 이해해주지 않는 사람에게 분노와 공격성이 분출된다. 원래 그것은 어머니를 향한 것이었다. 그러므로 그 분노와 공격성은 현재의 인간관계에 맞지 않는 과잉 반응이다.

또 위원회에서 위원장이 회의를 독점하기 때문에 자기가 있을 곳이 없다고 느낀 이유는 어머니에게 인정받지 못하고 자신의 존재가 없는 것처럼 느겼던 그 감각이 되살아난 것일지도 모른다. 또는 형제 가운데 누군가는 어머니의 인정을 받았지만 자신은 그렇지 못해서 '내가 있을 곳이 없다'라고 느꼈던 형제 갈등을 둘러싼 아픔이 재현된 것일 수도 있다.

● 억압된 공격성이 드러남

상담사는 C 씨의 이야기를 듣고 '이야기가 순서대로 정렬되어 알아듣기는 쉽지만 생생한 정서가 잘 전달되지 않는다'라고 느낀다. 이것은 '논리적으로 말해야 상담사에게 인정받을 수 있다'라는 전이에 근거한 저항 때문이다. 즉 상담사에게 인정받고 싶은 나머지 '감정을 느끼거나 자신에게 중요한 것'을 말하지 못하고 '감정을 억누르고 논리적으로 알기 쉽게' 말해야만 했다.

또 C 씨는 '착실한 선생님들은 나를 '이상한 사람'이라고 생각하는 거 아닐까' 하는 생각도 든다. 그것은 '어머니는 비논리적인 나에 대해 좋게 생각하지 않는다'라는 인지認知가 '착실한 선생님들'에게로 넓게 전이되어 '착실한 선생님들은 내가 논리적이지 않아서 이상하다고 생각한다'라고 느끼는 것이다. 그렇게 느끼면서 일을 하면 매우 괴로울 것이다.

이야기하는 동안 자신을 '이상한 사람'이라고 간주한 '착실한 선생님들'에 대한 화가 올라왔다. 그것은 원래 논리성에 편중하여 그의 예술적 감각을 '이상하다'고 경시한 어머니에 대한 분노이다.

C 씨는 어머니에 대한 분노를 다른 선생님들에게 향하고 그들을 비판한다. 억압된 공격성이 '교사로서 올바르지 않다'라고 간주하는 동료들을 향해 발산된 것이다. 그러나 동료를 향한 공격성이 얼마나 부적절한지에 대한 통찰은 아직 일어나지 않는다. '나는 옳은 일을 하고 있다'라고 정당화한다.

C 씨는 어릴 적 '부모의 기준에서 '올바른 인간'이 아니면 사랑받을 수 없다'

라고 느꼈으며, 그 아픔이 그의 공격성 밑바닥에 있다. 부모가 그를 '옳지 않다'라고 공격한 것과 마찬가지로, 그는 다른 교사들을 공격한다.

● 열등감의 투사

C 씨: 주말에 그림을 그리거나, 단가를 부르는 것은 재미있고 즐거운데, 일이 너무 힘들어요. 뭐가 그렇게 힘든 건지….

상담사: 일이 왜 이렇게 힘든가….

C 씨: 네. 저는 예술가들하고는 마음이 잘 맞는데, 아마 학교에서는 저를 이상한 사람이라고 생각할 거예요. 국어, 영어, 수학과 비교하면 미술은 바보 취급을 받으니까요.

상담사: 미술은 논리적인 학문이 아니어서 바보 취급을 당하고 있다고 느끼시나요?

C 씨: 학교는 논리성이나 정답이 중시되는 곳이니까요. 제 안에는 질투심도 있거든요.

상담사: 질투심도 있군요.

C 씨: 있어요. 솔직히 말해서요. 저도 논리나 정답은 가치가 있다고 생각하거든요. 그 속에서만 살아간다면 편할 것 같아요. 그게 가능한 사람은 우수하다고 평가받잖아요. 학교라는 곳이 논리로 평가받는 세계라서 제가 교사랑 맞지 않는 게 아닐까 하는 생각도 들어요.

상담사: C 님은 자신이 그다지 논리적이지 않아서 선생님들에게 좋은 평가를 받지 못한다고 느껴서 힘드신가요?

C 씨: 맞아요. 제대로 논리나 정답을 구할 수 있는 세계에 연결되어 있고 싶어요.

상담사: 논리적으로 되고 싶은 마음이 강하군요.

C 씨가 교사라는 직업에 관해 부담스럽게 생각하고 자신과 맞지 않는다고 느끼는 원인에 대해 생각해보려고 한다.

그의 어머니는 논리적이고 우수한 사람이 되지 않으면 성공과 행복을 잡을 수 없다고 믿었을 것이다. 적어도 C 씨의 시선에서 어머니는 그런 신념의 소유자이다. 그에게 일이란 논리성과 우수함의 상징이다. 그는 어머니의 인정과 사랑을 받고 가치 있는 사람이 되려면 예술적 감각은 죽이고 논리성을 발휘하여 성공해야 한다고 믿는다. 그러니까 그에게 있어 일은 자기다움을 죽이고 성공해야만 하는 숨 막히고 부담스러운 것으로 느껴지는 것이다.

또 C 씨의 어머니는 예술적 감각이나 능력의 가치를 인정하지 않고 논리에 가치를 두는 사람이다. 그는 어머니의 애정을 얻기 위해 어머니의 가치관을 그대로 받아들여서 논리적인 과목인 국어, 영어, 수학보다 미술의 가치가 낮다고 느낀다. 그는 그 열등감에 직면하는 것이 너무 괴로워서 자신의 열등감을 알아차리는 대신 그것을 주위에 투사한다. 그 결과 '학교의 동료 선생님들은 내가 미술 교사라는 이유로 나를 깔본다'라고 느낀다. 이것은 피해망상이다.

● 주위의 좋은 평가를 과하게 요구하다

C 씨는 자기 마음속에 계속 품어온 애정 결핍을 경감하기 위해 사람들의 좋은 평가를 지나치게 원한다. 그런 그에게 '주위의 동료 선생님들이 나를 깔보고 있다'라는 피해망상은 엄청난 고통을 불러일으킨다.

C 씨는 미술 교사로서 자기 직업에 대해 다음과 같이 느낀다. '나는 일에

서 성공해서 어머니에게 인정받을 가치가 있어야 한다. 실패는 용서되지 않는다. 일에서 성공하기 위해서는 내 순수한 느낌과 생각을 억누르지 않으면 안 된다. 그래서 이 일이 나와 맞지 않는 것처럼 느껴진다. 또 내가 가진 애정 결핍을 느끼지 않으려면 주위 사람들 모두에게 인정받아야 한다. 그렇지만 주위 사람들이 나를 경멸하는 것처럼 느껴져 견딜 수가 없다. 그래서 항상 직장에서의 인간관계가 힘들다.' C 씨는 위와 같이 느끼고 있으므로 일을 무척 부담스럽게 느끼고, 교사가 처음부터 자신과 맞지 않는 직종인 것 같다고 생각한다. 대인 공포가 강한 사람은 사람들에게 안 좋은 평가를 받을 것이 두려워서 직장을 다니는 것이 큰 부담이 된다.

또 C 씨는 '질투심도 있다'라고 말했다. 애정 결핍이 심한 사람은 쉽게 남을 시기한다. 그는 '학교는 논리적인 사람들만 높은 평가를 받는 곳이고, 나는 예술 과목 교사라서 좋은 평가를 받고 있지 않다'라고 생각한다. 이것은 '나는 아버지만큼 논리적이지 않아서 어머니가 나를 좋게 평가해주지 않는다'라는 인식이 주변으로 전이된 것이다. 상담이 진행되어 C 씨의 마음속 갈등이 해결되면 직장에서 느끼는 부담감은 경감될 것이다. 심지어 미술 교사라는 직업이 자신과 잘 맞는다고 느낄지도 모른다.

● 어머니와의 동일시

다음으로 C 씨는 '제대로 논리나 정답을 구할 수 있는 세계에 연결되고 싶어요'라고 말한다. 어머니의 애정을 바란 나머지 '어머니가 원하는 사람이 되어야겠다'라고 생각하고, 어머니와 강하게 동일시된 것을 엿볼 수 있다. 어머니가 인정하는 가치관에서 벗어나면 사랑받지 못한다고 느껴서 매우 무서운 것이다.

또 그는 어머니에 대한 그런 인지, 감정, 행동을 상담사에게 전이하고 있으며 논리적으로 이야기하려고 한다. 그것을 표현한 것이 '선생님이 이해할 수 있게 이야기해야 할 것 같은 느낌이 들어요'라는 대목이다. 이것은 상담사에게 전이 반응을 솔직하게 표현한 아주 중요한 발언이다. 이러한 발언에는 공감적으로 응답하는 것이 매우 중요하다. '논리적이고 싶은 마음이 강하군요'가 그에 해당하는 응답이다.

● 오이디푸스 갈등의 고통

C 씨: 네, 어머니는 아버지가 우수했기 때문에 존경하셨어요.
상담사: 어머님은 아버님이 우수하다는 점 때문에 존경했다….
C 씨: 네, 맞아요…. 저는 일을 대충대충 하질 못해요. 선생님 중에서 대충 할 곳은 대충 편하게 하는 분들이 있는데, 부러워요. 하지만 저는 제대로 해야 할 것 같다는 생각에 힘이 안 빠져요. 완벽주의거든요.
상담사: 어머니는 아버지가 우수했기 때문에 존경하셨고, C 님에게는 '완벽하게 해야 한다'는 불안이 항상 존재하는군요.
C 씨: 맞습니다. '훌륭해야 한다'는 어머니의 가치관이 제 안에 들어와 있는 것 같은 느낌이 들어요.
상담사: 훌륭하지 않으면 어머니가 인정해주지 않을 거란 생각이 있으신가요?
C 씨: 네…. 그렇죠…. 어머니는 논리적이거나 우수하지 않으면 인정하지 않는 분이거든요.

이 대목에서 매우 중요한 정보를 이야기한다. 바로 오이디푸스 갈등의 고통이다.

C 씨는 어린 시절 다음과 같은 환상을 품었을 것이다. '나는 어머니의 애정이 너무나도 필요하지만 어머니는 충분히 그것을 베풀지 않는다. 그런데도 아버지에게는 내가 끼어들 수 없는 친밀한 사랑을 주고 있다. 그것은 아버지가 논리적이고 우수한 사람이기 때문이다. 나도 아버지처럼 우수하고 논리적인 사람이 되어 어머니에게 사랑받아야겠다. 그리고 아버지와 같은 사람이 되어 아버지의 사랑도 받아야겠다.'

C 씨는 우수하지 않으면 안 된다고 믿기 때문에 근면하고 성실하게 일한다.

● 비현실적인 느낌에 직면하기 시작하다

C 씨는 '힘을 빼도 상관없는 곳에서 힘을 뺄 수 있는 사람이 부럽다'라고 생각하면서도 일에 대해서는 완벽주의라고 말한다. 그는 자신의 근면함이 과하다고 말하기 시작한다. 이것은 상담이 진전되고 있다는 징표이다. 왜냐하면 그는 지금까지 근면함은 좋은 것이라고 믿었고 '성실해야 한다'는 자신의 신념에 강박적 불안이 있는 것은 눈치채지 못했었다. 그런데 여기에서 일에 대한 자신의 근면함이 현실적인 필요보다 지나친 부분이 있다는 사실에 직면했다.

이처럼 내담자는 자신의 행동과 느낌이 마음의 아픔에서 오는 줄 모르고 '이렇게 하는 게 당연하다'라고 생각하는 경우가 많다. 그렇지만 상담을 거듭하다 보면 자신의 행동이나 느낌에 비非현실적인 부분이 있다는 것을 깨닫게 된다. 그리고 '내가 현실에 맞지 않는 행동이나 느낌이 드는 이유가 무엇일까?'하고 문제의 근본적인 원인으로 자연스럽게 연상이 이어지며 통찰이 일어난다.

이대로 상담이 진전되면 C 씨는 어머니의 애정을 원하는 구강기적 충동을 더욱 강하고 생생히 느낄 것이다. 또 '성실하게 일해야 한다'는 신념이 '아버지와 같은 사람이 되어서 어머니에게 사랑받고 싶다'라는 오이디푸스적 충동에서 오는 것임을 더욱 실감하게 될 것이다.

● 완벽주의의 기저에 깔린 애정 욕구, 분노, 불신감

사람이 완벽주의가 되는 이유는 '부모님의 가치관에 따르지 않거나 그들의 기대에 완벽히 부응하지 못하면 사랑받을 수 없다'라고 느낀 유소년기의 경험 때문이다. 그래서 완벽주의인 사람은 부모의 친밀한 애정을 강하게 원하는 애정 결핍을 가지고 있다. 또 애정 결핍의 원인인 부모에 대한 격렬한 분노도 억누르고 있다. 부모와의 관계에 따라 자신에게 완벽을 요구하는 초자아를 만들어야 했기 때문이다.

더 나아가 완벽주의인 사람은 '부모님조차 나를 조건 없이 사랑해주지 않는데 남들이 나를 무조건 수용할 리 없다'라고 생각한다. 타인에 대한 깊은 불신감이 있는 것이다. 그것들을 염두에 두고 내담자의 호소에 공감해야 한다.

C 씨는 상담이 진행될수록 어머니에 대한 애정 욕구와 분노를 느끼고 말할 수 있게 된다. 아버지에 대한 분노도 마찬가지이다. 다른 사람의 불신감도 표현할 것이다. 그러나 그런 상담 과정이 순조롭게 진행되는 것은 아니다. 지금까지 직면할 수 없었던 괴로운 감정과 충동을 느끼는 것은 매우 힘든 일이기 때문이다. 저항이 생긴다. 그 장면을 검토해보자.

● 상담사에게로의 전이 반응

C 씨(A): 선생님은 제가 무슨 말을 하는지 이해하시겠어요?

상담사(B): 제가 C 님을 논리적이고 우수하다고 생각하는지 궁금하신 느낌인가요?

C 씨(C): 선생님이 이해할 수 있게 이야기해야 할 것 같은 느낌이 들어요.

상담사(D): 이해할 수 있게 이야기하지 않으면 저에게 좋은 평가를 받지 못할 것 같은 생각도 있으신가요?

C 씨(E): 아…. 그렇네요. 선생님의 의견을 듣고 싶다고 할까? 선생님의 평가를 바라고 있네요. 하지만 그냥 알아줬으면 좋겠다는 생각도 들어요.

상담사(F): 둘 다 있으시군요. 저에게 좋은 평가를 받고 싶은 마음과 평가하지 않고 그냥 알아줬으면 좋겠다는 마음이요.

C 씨(G): 네. 선생님 의견을 듣고 싶은 것은 제 의존적인 부분이라고 생각해요.

상담사(H): 저에게 의존하고 싶은 기분이 드시는군요.

C 씨(I): 여기에 계속 오는 이유가 저를 알아주시기 때문인 것 같아요…. 선생님과는 깊지만 가깝지는 않은 느낌이 들어서 안심할 수 있는 부분이 있어요.

상담사(J): 깊지만 가깝지는 않은 느낌이요.

C 씨(K): 네. 남들과는 다른 느낌이에요.

상담사(L): 오늘은 시간이 다 되었네요. 다음 주에도 화요일 5시에 괜찮으세요?

C 씨(M): 네, 잘 부탁드립니다.

C 씨의 발언 (A) '선생님은 제가 무슨 말을 하는지 이해하시겠어요?'는 어떤 마음의 움직임을 나타내고 있을까? C 씨는 어머니가 자신을 충분히 사랑해주지 않으면서 훌륭한 아버지만 사랑한다고 느낀다. 그것은 아주 고통스러운 일이며, 심한 애정 결핍과 분노를 만든다. 이런 감정을 직면하는 것은 너무도 괴롭다. 그래서 그 감정을 느끼고 탐구하는 대신 애정 욕구를 상담사에게로 돌린다. '상담사에게 사랑받고 싶은' 마음과 '하지만 나는 훌륭하고 논리적이지 않으니까 상담사도 엄마처럼 나를 사랑하지 않을 것'이라는 두려움이 올라온 것이다. 이것이 '선생님은 제가 무슨 말을 하는지 이해하시겠어요?'라는 질문에 담긴 생각이다.

상담사는 그것을 잘 이해했고 (B) '제가 C 님을 논리적이고 우수하다고 생각하는지 궁금하신 느낌인가요?'라고 대답한다. 여기서부터 (H)까지의 대화로 C 씨의 질문에 담긴 상담사에게 인정받고 싶은 의존적 양성 전이와 인정받지 못하는 것에 대한 공포의 음성 전이가 서서히 드러난다.

(G) '네. 선생님 의견을 듣고 싶은 것은 제 의존적인 부분이라고 생각해요'라는 발언은 상담이 잘 진행되고 있음을 보여준다. C 씨는 상담사가 전이를 충족해주지 않는 것(내담자의 질문에 안일하게 대답해서 마음의 탐구를 방해하는 일을 하지 않는 것)의 의미를 이해하려 하고 있다. 즉 그는 상담사의 애정과 관심을 바라는 욕구에 직면했고 그것을 느꼈다. 그리고 그 생각을 언어화하는 것에 의미를 느끼고 있다.

그것에 대해 좀 더 알아보기로 하겠다.

● 전이 충족에 대해서

C 씨가 '선생님은 제가 무슨 말을 하는지 이해하시겠어요?'라고 질문할 때

상담사가 '네' 또는 '아니오'라고만 대답하고 그 질문이 나타내는 전이 반응을 공감적으로 명확히 하지 않으면 전이만 충족시키고 끝나게 된다. '네. C 님은 아주 논리적으로 알아듣기 쉽게 이야기하고 계세요', 'C 님은 예술적 감각도 뛰어나고 머리도 좋은 분인 것 같은데요'와 같이 좋은 평가를 하는 응답일수록 전이 충족은 뚜렷해진다.

상담사가 내담자의 전이를 충족시키면 내담자는 자신의 반응이 전이라는 것을 이해하지 못한다. 예를 들어, 상담사가 '잘 알겠어요'라고 대답한다면 C 씨는 'C 님이 논리적으로 이야기할 수 있는 우수한 사람이기 때문에 나는 C 님을 인정합니다'라는 의미로 느낄 것이다. C 씨는 '상담사에게 인정받지 못하는' 공포에서 벗어나고 싶어서 상담사가 그렇게 대답하기를 원한다.

분명 상담사가 그렇게 대답하면 그는 안심할 것이다. 증상이 가벼워질 수도 있다. 그렇지만 그것은 일시적인 것에 불과하다. C 씨는 상담사의 허용을 더욱 원하고 의존하게 될 것이다.

상담사가 '아니오. C 님이 무슨 말을 하는지 잘 모르겠어요'라고 대답해도 마찬가지이다. C 씨에게는 'C 님이 논리적으로 말하지 못하니까 나는 당신을 좋게 평가하지 않을 거예요'라는 뜻으로 들릴 것이다. 그러면 그는 상처를 받고 상담사에게 마음을 닫거나 인정받기 위해서 한층 더 의존하게 될 수도 있다.

● 통찰이 깊어지는 과정

상담사는 C 씨의 전이를 충족시키는 것이 아니라 그를 이해하는 데 전념하고 있다. 그런 상담사의 태도가 도움으로 작용하여 C 씨는 '상담사의 의견을 듣고 싶어 하는 것이 자신의 의존적인 부분'이라는 알아차림을 얻는다.

그는 타인에 대해 의존적인 응석 욕구를 품고 그것이 채워지지 않을 때 상처받는 경험을 반복했을 것이다. 상처받는 것이 두려워서 타인과 심리적인 벽을 만들고 친밀한 관계를 맺지 못하는 고독에 시달리고 있을 가능성도 있다. 그렇지만 상담사는 다른 사람들과 달리 그의 전이를 쉽사리 충족시키지 않고 그의 괴로움을 깊이 이해하고 있다. C 씨는 그것을 느낄 수 있었고 상담사와의 관계를 '깊지만 가깝지는 않은 느낌'이며 '남들과는 다른 느낌'이라고 표현한다.

이러한 상담 관계는 내담자에게 귀중한 마음의 버팀목이 된다. 또 상담사가 공감적으로 이해는 하지만 그 이상은 개입하지 않으므로 더욱 자립심을 기를 수 있다.

● 라포rapport와 치료 동맹

내담자와 상담사의 관계성에 대해 보충할 것이 있다.

상담에서 자주 '라포'라는 단어가 사용된다. 이것은 내담자가 '이 상담사라면 나에 관한 이야기를 믿고 할 수 있겠다'라고 생각하는 것을 가리켜 사용된다. 그러나 '라포'라는 개념이 그런 의미라면 그것만으로는 상담사와 내담자의 관계에 불충분하다.

상담에서는 이른바 '라포'에 더해, 내담자가 스스로 마음의 움직임을 음미하고 그것을 말로 표현하는 작업이 필요하다. C 씨는 그 작업을 시작했다. (E) '선생님의 평가를 바라고 있네요'와 (G) '선생님 의견을 듣고 싶은 것은 제 의존적인 부분이라고 생각해요'라는 발언에서 나타난다.

정신분석에는 '작업 동맹working alliance' 또는 '치료 동맹therapeutic alliance'이라고 불리는 개념이 있다. 이것은 내담자가 상담사와의 관계 속에서 자신의 감정과 생각을 바라보고 언어화하려고 노력하는 '동맹' 같은 관계를 뜻한다. C 씨의 마음에는 '라포'와 더불어 그런 움직임도 보인다.

이러한 동맹은 상담사가 내담자의 마음에서 일어나는 움직임을 하나하나 공감하고 지속해서 이해하려는 태도에서 생긴다. 그러면 내담자도 자신의 마음에서 일어나는 일을 공감적, 수용적으로 이해하려는 태도를 서서히 몸에 익히게 된다. 상담사가 내담자를 칭찬, 격려, 위로하거나, 너무 쉽게 올바른 답을 말해주면 상담에서 꼭 필요한 이 과정을 방해하게 된다.

● 끝맺음에 대해

세션 종료 시에 상담사는 '오늘은 시간이 다 되었네요. 다음 주에도 화요일 5시에 괜찮으세요?'라고 말한다.

나는 대학원을 다닐 때 '세션을 끝낼 때는 말한 내용을 정리하라'라고 배웠다. 내가 상담을 받았을 때도 마지막에 '오늘 당신은 어린 시절 부모님과의 관계는 깊지 않았지만 할머니께 많은 사랑을 받아서 상처가 적었다는 내용을 이야기했습니다'라고 그날의 대화를 정리해주는 상담사가 있었다.

그러나 나는 세션을 끝낼 때 C 씨와의 대화에서처럼 '오늘은 시간이 다 되었으니 마치겠습니다'라고만 말하고 내용을 정리하지 않는다. 그 이유를 설명해보겠다.

내담자가 자기 마음을 정서적으로 탐구해가는 과정을 경청하고 도와주는 상담에서는 말하는 것 자체에 의미가 있는 것이 아니라, 말하는 것을 통해 일어나는 내담자의 마음 변화에 의미가 있다. 그리고 대화를 통해 계속해서 변화하는 내담자의 생각에 공감하며 지속해서 다가가는 것이 상담사의 일이다.

예를 들어, 내담자가 '어머니에게 너무 화가 나요'라고 말할 때 상담사가 바로 '화가 많이 나는군요'라고 응답하는 것은 공감적일 수 있다. 그러나 10초 뒤 내담자의 분노가 진정된 뒤 동일한 응답을 하는 것은 난센스이다.

따라서 세션 마지막에 그 날의 내용을 반복하는 것은 내 상담 방법에서는 별 의미가 없다. 상담사가 '오늘은 당신이 엄마에게 화가 난다는 것에 대해 함께 이야기를 나눴어요'와 같이 내담자의 '지금-여기'의 감정을 동반하지 않는 응답은 내담자에게 '말하는 것만 중요하고 그에 따른 감정은 중요하지 않다'라는 인식을 줄 수 있다. 그렇게 되면 내담자에게 감정이 따르지 않은 채 사실을 이야기하도록 재촉하게 된다.

● C 씨의 괴로움에 공감하는 중요한 포인트

마지막으로 C 씨의 고통을 이해하고 공감하기 위해 중요한 것들을 정리해 보려고 한다.

C 씨는 어린아이가 어머니의 친밀한 애정을 갈구하듯 어머니의 사랑을 구하고 있다. 그 구강기적 애정 욕구를 상담사가 이해하고, 강렬한 애정 욕구와 그것이 채워지지 않는 괴로움에 대해 생각을 더하는 것이 중요하다. 깊은 고독감 때문에 '나를 완벽하게 이해해주어야 한다'라는 비#현실적으로 완벽한 애정을 사람들에게 요구하는 것이다.

그러한 구강기적 애정 결핍의 밑바탕에는 아버지와의 동일시를 추구하는 오이디푸스 충동이 있다. C 씨는 '어머니의 사랑을 받으려면 아버지처럼 논리적이고 훌륭한 사람이 되어야 한다'며 논리적이고 훌륭한 것에 집착한다. 그렇지만 동시에 아버지처럼 논리적이고 훌륭해지는 것은 자신의 예술적 감각을 죽이는 일이라고도 생각해서 그것에 제동을 건다.

C 씨는 자신의 예술적인 감성에 대한 열등감 때문에 그 가치를 부정한다.

어머니에 대한 분노도 억압하고 있으며 심지어 어머니를 향한 유아적 애정 충동도 억압한다. 게다가 '아버지처럼 논리적이고 우수해져야 한다'는 생각과 '아버지처럼 되면 내 장점이 죽어버리니까 그렇게는 하고 싶지 않다'라는 생각이 겹쳐져 꼼짝 못 하는 상태의 괴로움도 품고 있다. 그런 괴로움을 최대한 나 자신의 일처럼 상상하면서 듣는 것이 중요하다.

사례 4. 상담사에게 전이 반응을 일으키는 여성 대학생

내담자의 마음에는 '상담사에게 응석부리고 싶다', '상담사의 사랑과 관심을 받고 싶다'라는 양성陽性 전이가 생긴다. 그 전이를 어떻게 이해하고 대응하는 것이 좋을지 검토해보기로 하겠다.

■ 내담자

D 씨 (21세, 여자) 대학교 3학년

■ 내담 경위

D 씨는 '지도 교수와 잘 지내지 못한다', '학교가 재미없다', '어떤 직업을 갖고 싶은지 모르겠다'라는 증상으로 학생 상담실을 찾아왔다. 다섯 번째

세션의 일부를 발췌하여 검토한다.

> (세션을 시작할 때 D 씨는 의자에 앉으며 상담사와 다소 멀어지려는 듯 의자를 뒤로 뺀다.)

D 씨: 오늘 긴장이 돼서 심장이 두근두근했어요. 어떤 기분일까 궁금한 생각에….

상담사: 두근두근하며 오셨군요.

D 씨: 네…. 여러 가지 할 얘기가 있다고 생각했는데 막상 오니까 아무것도 없는 것 같아요.

상담사: 괴로운 마음이 있었는데, 할 말이 떠오르지 않는 건가요?

D 씨: 그렇네요…. (10초간 침묵) 뭔가, 머리랑 몸이 따로 노는 느낌이랄까? 좀 불안했는데 괜찮아졌어요. 또 지난주처럼 맥락 없이 이야기할지도 모르는데, 괜찮을까요?

상담사: 지난주에는 말을 잘 못 했다고 느끼시나요?

D 씨: 음…. 그런 것도 있지만…. 이야기를 조리 있게 하지 않으면 '이해하기 힘든 사람'이라고 생각하시지 않을까 하는 느낌이 조금 들었어요.

상담사: 이해하기 힘들다고 생각할까 봐 조금 불안하셨군요.

D 씨: 네. 역시나 별로예요. '머리가 나쁘다'고 여겨지는 건.

상담사: 머리가 나쁘다고 생각할까 봐 불안하시다….

D 씨: 네…. 근데 이상하네요. 그런 걸 신경 쓰다니….

상담사: 어떻게 여겨질지 필요 이상으로 신경 쓰고 있는 것 같은 느낌이 드시나요?

D 씨: 음…. 그렇게까지 신경 쓰지 않아도 괜찮죠? 조금 진정됐어요.

상담사: 마음의 동요가 좀 잠잠해진 느낌이신가요?

D 씨: 네. 저, 다른 사람에게 엄청 마음을 쓰는 경향이 있어요.

상담사: 사람들이 나쁘게 생각할까 봐 엄청 신경 쓰이시는군요.

D 씨: 맞아요. 신경이 쓰이네요.

상담사: 지금 여기에서도 제가 학생을 나쁘다고 생각할까 봐 불안하셨고요.

D 씨: 음, 하지만 지금은, 선생님께는 그렇게까지 배려하지 않아도 될 것 같은 느낌이 들어요. 저…. 얼마 전에 할머니 제사가 있었는데요…. (이야기를 시작함)

(세션 후반)

D 씨: 오늘 이야기한 할머니 이야기를 다음 주에 또 할지도 모르는데. 선생님, 다음 주까지 기억하고 계실 수 있나요?

상담사: 다음 주가 돼도 D 님을 기억하고 있으면 좋겠다는 마음이세요?

D 씨: 네. 다음 주에 선생님이 잊어버리면 슬플 것 같아요…. 정말 기억해 주시나요?

상담사: 제가 D 님을 기억 못 할지도 모른다고요.

D 씨: 네…. 가슴이 조금 답답해요….

상담사: 제가 D 님을 다음 주까지 기억하고 있을지 의심하는 기분이 들어서 답답해졌군요.

D 씨: … 이런 식으로 돼서….

상담사: 답답하다….

D 씨: 내가 이상한 건가, 하는 생각이 들어요. 이상하구나 싶네요.

상담사: 제가 D 님을 이상하다고 생각하지 않을까 하는 느낌이신가요?

D 씨: 네. 선생님이 저를 이상하다고 생각하시진 않을까…. 게다가 지난번에 여기서 이야기하는 도중에 '왠지 선생님께 감시받는 느낌이 든다'고 했잖아요.

상담사: 네.

D 씨: 그런 느낌이 들었어요.

상담사: 제가 감시하고 이상하게 생각할 것처럼 느껴져서 이야기하기 힘들었던 걸까요?

D 씨: 네. 이런 식으로 이야기하는 게 이상할 수도 있지만요.

■ 해설

● 성적性的 전이 반응

D 씨의 '심장이 두근두근했어요'라는 발언이 나에게는 성적 전이 반응으로 느껴진다. 내담자의 성적 전이 반응에는 유아가 부모에게 밀착감을 요구하는 것과 같은 성질이 있다. 따라서 그 충동이 내담자에게 어떤 느낌일지 상상하며 되도록 그 사람의 입장이 되어 느끼는 것이 공감적인 관계를 키우는 데 중요하다.

D 씨는 상담사와 심리적, 신체적으로 밀접한 관계를 원하는 욕구에 직면할 수 없어서 바로 화제를 바꾼다. '머리랑 몸이 따로 노는 느낌'이라는 그녀의 발언은 상담사를 성적으로 원하는 몸의 욕구와 '원하면 안 된다'고 머릿속으로 금지하는 갈등을 언어화한 것이다.

또 D 씨가 말한 '두근두근'은 상담사에 대한 두려움의 표현이기도 하다. 그녀는 그 두려움에도 직면할 수 없어서 그것을 신체적 증상으로 인지한다. 사람은 감정을 억압할 때 흔히 신체 증상이 나온다.

● 행동화에 대해서

D 씨는 상담사에게서 멀어지려는 듯 의자를 뒤로 빼는데 이것도 두려움을 억압하려는 방책 가운데 하나이자 행동화이다. 행동화란 어떠한 감정이나 충동을 느끼면 불안이 높아지고 괴로워서 그것을 회피하기 위해 감정과 충동을 행동으로 옮기는 것을 말한다. D 씨가 의자를 뒤로 뺀 이유는 상담사에 대한 두려움을 행동화한 것이다. 상담사에 대한 공포를 줄이기 위해 상담사와 멀어졌다.

그럼 D 씨는 무엇을 두려워하는 것일까? 먼저 생각해볼 수 있는 것은 상담사를 향해 성(性)적이고 의존적인 충동이 일어나는 것에 대한 공포이다. '좀 더 기대고 싶다', '성적 친밀감을 포함한 가까운 관계가 되고 싶다'라는 생각이 올라올 것 같아 두려운 것이다. 의존적인 관계가 되면 상처받기 쉽다. D 씨가 기대하는 발언이나 행동을 상담사가 하지 않을 때 '버림받았다'거나 '사랑받지 못한다'고 느끼고 상처받을 것이기 때문이다. D 씨는 연애를 포함한 지금까지의 인간관계에서 상대방이 채워줄 수 없는 지나친 애정 욕구를 바라고 그것이 채워지지 않을 때 상처받는 경험을 반복해왔을 것으로 추측할 수 있다.

또 D 씨가 남성을 원하는 충동에는 어린아이가 아버지와의 심리적, 신체적으로 밀접한 관계를 원하는 측면이 있다. 따라서 성적 충동에 대해 무의식중에 근친상간적 죄책감을 느끼고 있을 것이다. 그래서 상담사에게 접근 욕구를 느끼는 것이 불안하고 의자를 멀리했을 가능성이 있다.

D 씨의 행동화에는 상담사의 거절에 대한 두려움도 있다. 그녀는 상담사에게 '관심받고 싶다', '날 받아줬으면 좋겠다', '사랑해줬으면 좋겠다'라는 양성 전이 반응을 일으키고 있다. 그것은 동시에 '충분한 관심을 가져주지

않으면 어쩌나', '나를 이해해주지 않으면 어쩌나' 하는 두려움을 수반한다. 즉 D 씨는 상담사에 대해 '충분히 이해하고 받아주지 않는 사람일 수도 있다'라고 느낀다. 그것 때문에 상처받는 것이 두려워서 마음의 거리를 유지하려고 의자를 멀리했을지도 모른다.

이 가설은 아마도 맞을 것이다. 그 뒤 D 씨는 상담사에게 바보 취급을 당하지 않을까 하는 불안에 관해 이야기한다.

● 음성 전이

D 씨: 이야기를 조리 있게 하지 않으면 '이해하기 힘든 사람'이라고 생각하시지 않을까 하는 느낌이 조금 들었어요.
상담사: 이해하기 힘들다고 생각할까 봐 조금 불안하셨군요.
D 씨: 네. 역시나 별로예요. '머리가 나쁘다'고 여겨지는 건.
상담사: 머리가 나쁘다고 생각할까 봐 불안하시다….
D 씨: 네…. 근데 이상하네요. 그런 걸 신경 쓰다니….

여기에서 상담사가 자주 범하는 비공감적인 대응에 대해 생각해보자. 예를 들어, 내담자가 '말하기 힘듦'에 대해 언급했을 때 '안심하고 말씀해주세요. 어떤 부분이 고민이세요?' 또는 '지난주에는 말씀을 잘하셨어요. 오늘은 어떤 이야기를 나누고 싶으세요?'와 같이 내담자가 표현하는 힘듦을 무시하고 대화를 진행하는 경우이다.

이렇게 하면 상담 대화가 진전되지 않는다. 그 이유는 다음 세 가지이다.

(1) 내담자가 표현하는 '인간에 대한 불신감'이야말로 내담자에 대해 공감

해야 하는 중심 포인트이기 때문이다.
(2) 인간에 대한 불신감은 처음에 내담자가 상담하게 된 증상과 깊은 연관이 있다. 인간에 대한 불신이야말로 머지않아 상담 주제로 다룰 필요가 있는 포인트이다.
(3) 상담사에 대한 불신감이 해결되는 과정이 진행됨에 따라 내담자는 상담다운 이야기가 아닌 진짜 속마음을 말할 수 있게 된다.

위의 대화에서는 상담사가 예시에서처럼 비공감적인 응답이 아닌 상담사에 대한 공포라는 음성 전이를 공감적으로 명확히 하는 응답을 계속했다.

● 양성 전이

앞서 이야기한 것처럼 음성 전이의 이면에는 양성 전이가 존재한다. D 씨의 경우 상담사에 대한 불신감 뒤에 상담사의 긍정적인 관심과 애정을 바라는 마음이 있다. 이것은 세션 후반부의 발언에서 나타나는데 그것에 대해 살펴보자.

　　(세션 후반)
D 씨: 오늘 이야기한 할머니 이야기를 다음 주에 또 할지도 모르는데. 선생님, 다음 주까지 기억하고 계실 수 있나요?
상담사: 다음 주가 돼도 D 님을 기억하고 있으면 좋겠다는 마음이세요?
D 씨: 네. 다음 주에 선생님이 잊어버리면 슬플 것 같아요…. 정말 기억해 주시나요?
상담사: 제가 D 님을 기억 못 할지도 모른다고요.
D 씨: 네…. 가슴이 조금 답답해요….

상담사: 제가 D 님을 다음 주까지 기억하고 있을지 의심하는 기분이 들어서 답답해졌군요.

D 씨: … 이런 식으로 돼서….

상담사: 답답하다….

D 씨: 내가 이상한 건가, 하는 생각이 들어요. 이상하구나 싶네요.

상담사: 제가 D 님을 이상하다고 생각하지 않을까 하는 느낌이신가요?

D 씨: 네. 선생님이 저를 이상하다고 생각하시진 않을까…. 게다가 지난번에 여기서 이야기하는 도중에 '왠지 선생님께 감시받는 느낌이 든다'라고 했잖아요.

상담사: 네.

D 씨: 그런 느낌이 들었어요.

상담사: 제가 감시하고 이상하게 생각할 것처럼 느껴져서 이야기하기 힘들었던 걸까요?

D 씨: 네. 이런 식으로 이야기하는 게 이상할 수도 있지만요.

'다음 주까지 기억하고 계실 수 있나요?'라는 D 씨의 발언은 상담사의 기억력을 테스트하기 위한 질문이 당연히 아니다. 그 질문에서 그녀가 간접적으로 표현하는 것은 '상담사가 나를 계속 생각해주었으면 좋겠다'라는 과잉 애정 욕구이다. 그런 과잉 욕구가 없으면 내담자는 소중한 상담 시간에 이런 질문을 하지 않는다. 시간이 한정되어 있으므로 내담자는 자기 이야기를 하고 싶어 하며 그 외의 일에 시간 쓰는 것을 아깝다고 느끼기 때문이다.

상담사는 애정을 구하는 D 씨의 마음을 상상할 수 있었다. 그래서 질문에 의해 표현된 본심을 '다음 주가 돼도 D 님을 기억하고 있으면 좋겠다는 마음이세요?'라고 공감적인 느낌으로 언어화한다. 그 개입으로 인해 D 씨는

'선생님이 잊어버리면 슬플 것 같아요'라고 상담사에 대한 애정 욕구를 느끼고 언어화할 수 있었다.

● 분노의 억압

D 씨가 슬픈 이유는 상담사가 자신에게 관심을 갖지 않을지도 모른다고 생각했기 때문이다. 거기에 더해 그녀에게 다음과 같은 방어 과정이 생겼을 것이다. 상담사가 충분한 관심을 주지 않으면 화가 날 것 같은데 그 감정을 느끼는 것이 두려워서 화를 느끼지 않기 위해 슬픔을 느끼는 마음의 움직임이다.

D 씨에게는 '사람들이 나에게 별로 관심이 없다'라는 대인 불신감이 있다. 그러므로 '이 상담사도 역시나 나에게 관심을 쏟지 않을 것'이라는 생각이 떠올랐을 것이다. 그리고 외로움과 더불어 상담사에 대한 분노를 느낄 것 같아서 그 마음을 억누르려다 가슴이 답답해졌다. D 씨가 분노를 무서워하는 이유는 화를 표현했다가 벌 받은 경험 때문일 수도 있다. 예를 들어, 부모에게 화를 냈다가 오히려 공격당하거나 자기 말을 들어 주지 않은 경우이다. 또는 그녀의 분노에 부모가 몹시 불안해하며 안절부절하는 모습이 어린 그녀에게는 더욱 불안했을지도 모른다.

이런 일이 마음의 발달 단계 이후에 일어났다면 분노라는 감정에 대해 현실적인 판단과 대처를 할 수 있다. 예를 들어 '화가 나지만, 이 사람에게 분노를 표현하면 공격당할 테니 지금은 가만히 있자', '저 사람에게는 분노를 말로 표현하면 알아들으니까 대화를 해봐야겠다'와 같은 경우이다. 그에 비해 발달 단계 초기에 분노를 표현함으로써 벌 받은 경험이 있고, 그에 따른 마음의 고통이 심했다면 분노 자체에 대해 두려움과 죄책감을 느끼게 된다. 그래서 화가 날 것 같으면 분노에 대한 현실적인 대처를 할 여유를 갖지 못하고 그것이 느껴지지 않게 억압해 버린다. D 씨도 그럴 것이다.

● 성애화된 애정 욕구

D 씨는 '다음 주까지 기억하고 계실 수 있나요?'라는 발언으로 '나에게 지속적인 관심을 가져줬으면 좋겠다'라는 욕구를 간접적으로 표현한다. 이것은 유아가 부모에게 갖는 욕구이다. 그것이 상담사에게 향하는 것은 유아기의 애정 욕구가 충족되지 않은 나머지 지금까지도 애정 결핍을 마음에 품고 있기 때문이다. 부모를 향해 품었던 유아적 애정 충동이 상담사에게 전이되어 상담사의 사랑과 관심을 집요하게 요구한다.

즉 D 씨는 애정 결핍의 고통을 줄이기 위하여 상담사에게 유아적으로 성애화性愛化, erotization된 애정 욕구를 충족시켜 달라고 요구하는 것이다.

● 음성 전이를 다시 이야기하다

D 씨가 '선생님에게 감시당하고 있다'라고 느낀 이유는 부모가 받아주지 않을 것 같은 감정, 충동, 생각 등을 품고 죄책감을 느낀 경험(부모에게 감시당한다고 느낀 경험)을 지금 상담사에게서 다시 체험하고 있는 것이다. 심지어 그렇게 말하는 바로 그 순간에도 받아들이기 힘든 감정, 충동, 생각을 느끼고 있을 가능성이 크며 그것은 성애화된 애정 욕구이다.

D 씨는 '선생님이 저를 이상하다고 생각하시진 않을까…'라고 말한다. 이 발언은 무엇을 나타내고 있을까? D 씨는 성애화된 애정 욕구에 대해 그녀 자신이 느끼는 죄책감을 상담사에게 투사했다. 그리고 '상담사는 (부모와 마찬가지로) 성적 충동이 나쁘다는 가치관을 가지고 있으므로 성적 애정

을 원하는 나를 부정적으로 생각할 것'이라고 느낀다. 그런 음성 전이 반응은 '상담사가 좋아할 만한 내용을 말하지 않으면 거부당할 것'이라는 불안을 수반한다. 이것은 상담에서 큰 저항이 된다. 내담자가 점점 속내를 이야기할 수 있게 되려면 자신의 불안을 말하고 느끼며, 그것을 상담사에게 공감받고 수용되는 과정이 필요하다.

그러므로 '선생님이 저를 이상하다고 생각하시진 않을까…. 게다가 지난번에 여기서 이야기하는 도중에 "왠지 선생님께 감시받는 느낌이 든다."라고 했잖아요', '그런 느낌이 들었어요'라는 상담사에 대한 불신 표현에 대해 공감적으로 응답하는 것이 특히나 중요하다. 그 응답이 '제가 감시를 하고 이상하게 생각할 것처럼 느껴져서 이야기하기 힘들었던 걸까요?'라는 발언이다.

D 씨의 음성 전이에서 중요한 공감 포인트는 두 가지이다. 첫 번째는 상담사의 이해와 수용을 강하게 원하는 성(性)적인 욕구이다. 두 번째는 상담사가 이해하고 수용해주지 않을지도 모른다는 공포이다. 이 두 가지 생각을 되도록 자기 일처럼 상상하며 응답해야 한다. 상담사의 공감이 내담자에게 전달될수록 내담자는 더욱 안심하고 속내를 이야기할 수 있으며 내면을 탐구하게 된다. 그 과정을 통해 변화가 생긴다.

● 애정 욕구에 대한 공감적인 응답의 사례

D 씨처럼 애정 결핍이 강한 사람들은 연애나 부부 관계에서 많은 문제가 생긴다. 상대방이 지나친 자신의 애정 욕구를 채워주길 원하는데 대등한 관계의 대상에게 그것이 충족되지 않으므로 상대방을 심하게 공격한다. 내담자가 이런 사건이나 감정을 말할 때는 특히 공감적이고 수용적인 응답을 해야 한다.

마지막으로 그런 사례를 다섯 가지 소개한다.

[사례1: 19세, 여성]

내담자: 저는 외로움을 많이 타는 사람이라… 아무리 물을 마셔도 갈증이 해소되지 않는 느낌이에요.

상담사: 너무 외롭고 마음의 갈증이 풀리지 않아 고통스럽군요.

내담자: 그런데 어머니한테 이야기하면 '응석부린다'고 하시네요.

상담사: 어머니는 마음은 알아주지 않고 비난만 하시는군요.

내담자: 맞아요!

[사례2: 41세, 남성]

내담자: 아내에게 화가 많이 나서 욱하는 마음에 이것저것 물건을 집어 던졌어요.

상담사: 너무 화가 나서 영문을 모를 정도였군요.

내담자: 아내도 엄청 화를 내고 소리를 질러서 결국 싸움이 됐어요.

상담사: 부인도 받아주지 않고 화를 내니까 더욱 화가 났군요.

내담자: 네, 정말 그랬어요…. 그래서 아내가 결국 친정으로 가버렸어요.

[사례3: 27세, 여성]

내담자: 제가 남자들에게 변덕스럽게 대해서 친구들에게도 너무 지나치다는 소릴 들어요.

상담사: 이성에게 무척이나 관심을 받고 싶군요.

내담자: 남자 한 명으로는 채워지지가 않아서.

상담사: 여러 남자를 원할 수밖에 없을 정도로 외로우시군요.

내담자: 하지만 사실은 평생 사랑할 수 있는 사람이 있었으면 좋겠어요.

[사례4: 30대, 남성]

내담자: 외로운 마음이 계속 들어서, 심리학을 공부하기도 하고 심리학 세미나에 나가기도 하거든요.
(공감이 전달되기 어려운 응답)

상담사: 외로움을 달래기 위해 심리학을 배우고 계시는군요.
(더 공감적인 응답)

상담사1: 계속 외로워서 괴로우신 거군요.

상담사2: 심리학을 배우고 계신 건 계속 외로워서 힘들기 때문이군요.

[사례5 : 30대, 여성]

내담자: 솔직히 매우 외로워요. 성관계를 하면 그때만큼은 마음이 채워지는 느낌이 들어요. 하지만 이내 다시 공허해져요.
(공감이 전달되기 어려운 응답)

상담사: 외로우니까 성관계를 하는 거군요.
(더 공감적인 응답)

상담사: 헛된 행위라는 걸 알면서도 성관계를 안 하고는 견디지 못할 정도로 매우 외롭고 힘드시군요.

사례 5. 아이에 대한 억압된 분노로 고민하는 남자 초등학생의 어머니

부모가 억압된 분노를 아이에게 표출한다. 그렇지만 그 사실을 인정하지 않고 자주 불안을 느낀다. 이러한 마음의 움직임에 대해 어떻게 공감하고 이해할지 살펴보기로 하자.

■ 내담자

E 씨 (35세, 여성) 초등학교 6학년 남자 어린이의 어머니

■ 내담 경위

아이가 아침에 일어나지 못하고 지각하는 일이 계속된다. 걱정된 E 씨는 아이에게 고민이 있는지 묻지만 아무 말도 하지 않는다. 그래서 심신의학

psychosomatic medicine 진찰을 받았는데 '특별한 문제는 없다'라고 한다. 그러나 E 씨는 '아들이 마음의 문을 닫고 자기 생각을 말해주지 않는' 것 때문에 걱정이 잦아들지 않아서 학교 상담실을 찾았다. 그 첫 회기 면접의 중간 부분 대화를 발췌한다.

(몹시 걱정스러운 듯이)

E 씨: 제 아들이 자기 생각이나 마음에 대해 말을 안 해요. 그래서 남편이 짜증을 내요.

상담사: 그렇습니까?

E 씨: 남편이 화가 나면 히스테릭하거든요. 제가 '무턱대고 말하라고 해도 안 되니까 이야기할 때까지 참고 기다려야 한다'고 해도 아이한테 심하게 말해요. 그래서 제가 아이 말을 들으려고 하면 '아빠한테 다 이야기했다'라고 하고, 막상 아빠랑 둘이 있을 땐 침묵하고 말을 안 해요.

상담사: 남편은 참을성 있게 아드님의 이야기를 들으려고 하지 않고 아드님도 자기 속내를 이야기하지 않아서 이러지도 저러지도 못하고 있는 느낌이신가요?

E 씨: 아이가 저에게도 이야기를 안 하니 어떻게 하면 좋을지….

상담사: 잘 모르겠다는 느낌이시군요.

E 씨: 어찌할 방법이 없네요. 다른 사람한테 이야기하면 '남편은 본인이 짜증 난 것을 알아주길 바라고 말을 심하게 하는 것 아니냐?'고 해요. 확실히 제가 남편 이야기를 잘 들어주지도 않는다고 생각해요.

상담사: 남편의 이야기를 잘 듣지 않는다고 생각하시는군요.

E 씨: 네…. 하지만 해법을 찾을 수가 없어요…. 아이가 왜 말을 안 하는

지 이유를 알 수가 없으니….

상담사: 아드님의 마음을 알 수가 없군요.

E 씨: 아이가 작년에 가끔 학교에 가지 않으려고 한 적이 있었어요. 하지만 올해 새로운 반으로 바뀐 뒤부터는 쉬지 않고 갈 수 있게 됐거든요.

　집안일을 하다가 아이 문제를 계속 생각하고 있는 저 자신을 깨달았어요. 작년에 아이가 학교에 안 가려고 했을 때 많이 힘들었는데… 하고요. 아이가 학교에 가기를 거부하거나 범죄를 저지르거나… 그런 일이 생기면 제 존재가 없어질 것처럼 느껴지거든요. 정말 끔찍하고 무서워요.

상담사: 아이가 문제아가 되면 E 님의 존재가 부정당할 것 같아서 굉장히 무서우시군요.

E 씨: 남편은 아이에게 사립 중학교 입학시험을 보게 할 생각이에요. 저는 너무 공부, 공부 하면서 밀어붙이는 게 과연 잘하는 건가 싶은데…. 하지만 남편이 직장에 다니니까 사회에 대해서는 더 잘 알 테고…. 역시나 학벌은 중요하다고 남편이 이야기하니까요.

　입시 준비를 하려면 학교 수업이 끝난 뒤에도 공부해야 하는데 아이가 학교에서 돌아오면 친구 집에 자주 놀러 가요. 거기까지 가려면 차가 많이 다니는 도로도 건너야 하고 불량배가 우글거릴 것 같은 장소도 지나가야 해서 걱정이에요. 아이한테는 아무 말도 안 했지만요.

　게다가 이렇게 말하면 뭐하지만…. 그 친구네 가정이 교육을 열심히 하지 않는다고 할까? 공부에는 소홀한 가정 같아요.

■ 해설

● 공감의 차이가 상담 과정을 방해한 사례

E 씨는 '제가 아이 말을 들으려고 하면 "아빠한테 다 이야기했다."라고 하고 막상 아빠랑 둘이 있을 땐 침묵하고 말을 안 해요'라는 발언에서 무엇을 전하고 있을까? 그녀는 침묵하고 말을 안 하는 아들에 대한 감정을 표현하는데, 그것은 어떤 감정일까? 이것을 내담자의 입장에서 명확히 해주는 응답이 적절한 응답이다.

상담사는 '남편은 참을성 있게 아드님의 이야기를 들으려고 하지 않고 아드님도 자기 속내를 이야기하지 않아서 이러지도 저러지도 못하고 있는 느낌이신가요?'라고 응답한다. 이것은 '남편이 아드님에게 히스테릭하게 화를 내고, 아들은 자기 마음을 이야기하지 않아서 곤란하시군요'라는 의미이다.

그렇지만 상담사가 이해한 것은 E 씨가 이야기하고 싶었던 것과 차이가 있다. 그래서 대화가 깊어지지 않았다. E 씨는 이후에 '남편이 짜증 나 있는데도 나는 남편 이야기를 잘 들어주지 않는다'는 식으로 이야기한다. 이 말은 언뜻 보면 성찰과 통찰처럼 보일지도 모른다. 그렇지만 그것은 '남편의 이야기를 잘 들어줘야 한다'는 '옳은 일', '당위'에 대해 이야기한 것일 뿐 대화를 하면서 느낀 것은 아니다. 그러므로 E 씨의 느낌과 행동에는 변화가 없다. 이어지는 발언도 역시 깊어지지 않고 '해법을 찾을 수가 없어요'라며 대화가 멈춰 버린다.

'제가 아이 말을 들으려고 하면 "아빠한테 다 이야기했다."라고 하고 막상 아빠랑 둘이 있을 땐 침묵하고 말을 안 해요'라는 말에서 상담사가 알아주길 바란 것은 아이가 그녀를 믿고 마음을 열지 않는 것에 대한 분노이다. E

씨의 분노에 공감하며 그 분노를 명확히 하는 응답은 '아이의 이야기를 들으려고 하는데도 아이가 말하지 않는군요'와 같은 응답이다. 이렇게 했다면 다음과 같이 대화가 깊어졌을 것이다.

상담사: 아이의 이야기를 들으려고 하는데도 아이가 말을 하지 않는군요.
내담자: 네. 저는 신경 써서 말을 거는데 왜 말을 안 할까요? (초조해하는 모습) 아이 마음도 모르는 건 아니지만….
상담사: 아이가 말을 안 해줘서 속상하시군요.
내담자: 조금이라도 이야기해주면 손을 쓸 수 있을 것 같거든요. 저도 남편도 할 수 있는 부분은 해줄 생각이에요. 그 아이는 어렸을 때부터 그랬어요. 자기 생각을 이야기하지 않으니 이쪽에서 신경을 써야 해요. (아이에 대한 분노를 한층 더 깊이 이야기한다.)

또 그 뒤로 이어진 대화의 응답에서도 기계적이고 공감이 부족한 느낌이 든다.

E 씨: 네…. 하지만 해법을 찾을 수가 없어요…. 아이가 왜 말을 안 하는지 이유를 알 수가 없으니….
상담사: 아드님의 마음을 알 수가 없군요.

여기에서 E 씨가 호소하고 있는 것은 다음 세 가지 중 하나일 것이다.
(1) 입을 다물고 있는 아들에 대한 분노
(2) 아들이 마음을 열지 않는 것에 대한 슬픔과 상처
(3) 아들이 왜 마음의 문을 닫은 것인지 아이 입장에서 이해하고 싶은 마음

위 세 가지 가능성 중 (1)의 분노와 (2)의 슬픔은 상담 초기에 많은 내담자가 느끼는 감정이다. 상담이 진전됨에 따라 마음에 여유가 생기면 E 씨는 (3)과 같이 아이의 기분을 아이 입장에서 이해하려고 하기 시작할 것이다. 그러나 E 씨에게는 아직 그럴 여유가 없다. 그러므로 (1)이나 (2)의 단계에서 이해하고 응답하는 것이 적절하다.

어쨌든 상담사가 당시의 그녀가 무엇을 호소하고 있었는지 그녀의 말과 표정, 목소리 등을 통해 느낀 것을 간결하게 반복해주면 더욱 공감적이다. 예를 들자면 아래와 같은 표현이다.

'아들이 말을 하지 않아서 짜증이 나는군요.'
'아이가 마음을 열지 않는 게 너무 신경 쓰인다는 거군요.'
'아이가 마음을 열지 않아서 외로운 느낌이신가요?'

● 자녀에 대한 분노의 표출과 경감

E 씨의 마음에 아들에 대한 분노가 있는 것은 분명하다. 그러나 부모가 자식에 대한 분노를 인정하는 것은 괴로운 일이다. 아이에게 화를 내면 부모로서 애정이 부족한 것처럼 느껴져서 죄책감이 들기 때문이다. 그래서 E 씨는 아들에 대한 분노를 느끼지 못하고 말할 수도 없었다.

내담자에 따라 '이런 아이가 싫다', '이런 아이는 필요 없다'라는 분노를 느끼고 말하는 것이 너무 괴로워서 매우 추상적이고 알아듣기 힘들게 이야기하는 경우가 있다. 경청 전문가는 내담자가 알아듣기 힘든 이야기를 할 수밖에 없는 갈등의 괴로움에 대해 생각을 더하고, 수용적이며 이해하는 태도를 유지해야 한다.

그런데 전문가들 가운데 이야기를 이해하기 힘들다고 '구체적으로 어떤 것입니까?'라고 세세하게 묻는 사람이 있다. 그런 행동은 내담자의 고충에 대한 공감과 수용이 부족한 것이다. 내담자는 사소한 사실만 이야기하고 상담에 오지 않게 될 것이다.

대화로 다시 돌아가 보자. E 씨는 아들에 대한 분노를 느끼는 것이 너무 괴로운 나머지 그것을 억압한다. 그러나 분노를 억압한다고 해서 자상하고 사랑이 넘치는 부모가 되는 것은 아니다. 반대로 그것은 교묘하고 알기 힘든 비뚤어진 형태로 표출되어 아이를 향한 공격성으로 나타난다. 예를 들어, 아이가 '걱정된다'라는 이유로 친구들과 놀지 못하게 하며 즐거움을 금지하고 필요 이상으로 심하게 꾸짖는 행위 등이다. 그리고 부모는 그것을 '아이를 위해서'라는 이유로 정당화하며 자기 자신을 이해시킨다.

부모가 자녀에 대한 분노를 표현하기 시작하면 아이가 마음을 열지 않아서 느꼈던 외로움이나 육아 실패에 대한 불안과 초조함과 같이 깊은 마음속 생각을 말하게 된다. 예를 들어, E 씨의 분노 밑바닥에 깔려 있는 것은 아이에게 사랑받고 신뢰받지 못한 슬픔과 외로움일 것이다.

분노를 억누르기만 한 지금까지의 방식으로는 일그러진 형태로 분노가 표출되므로 아이의 마음을 계속 상하게 할 것이다. 그보다는 분노의 기저에 존재하는 아이와 연결되고 싶지만 그러지 못해서 생긴 슬픔과 외로움을 확실히 느끼는 편이 아이에게 온화해질 수 있다. 상담을 통해 부모의 마음에 변화가 생긴다. E 씨는 자기 마음속 깊은 생각을 이야기하고 느끼게 되면서 아이에 대한 분노가 줄어든다. 그러자 마음에 여유가 생겨서 '왜 저 아이는 나에게 말을 안 하는 걸까?' 하고 진정으로 자녀의 입장에서 생각하게 된다.

상담사가 아이에 대한 E 씨의 분노를 헤아리지 못한 이유는 상담사 자신이 분노를 억압하고 있기 때문일 수도 있다. 상담사 자신도 '분노를 억압하지 않으면 사람을 공격해서 미움을 받을지도 모른다'라는 두려움을 느끼는 것이다. 상담사가 내담자와 같은 미해결 갈등을 겪고 있으면 그것은 조력 활동에 방해가 되며 자기와 비슷한 갈등을 가진 내담자를 만나게 된다.

● '좋은 어머니'이기 위한 고뇌

E 씨: 아이가 작년에 가끔 학교에 가지 않으려고 한 적이 있었어요. 하지만 올해 새로운 반으로 바뀐 뒤부터는 쉬지 않고 갈 수 있게 됐거든요.

　　집안일을 하다가 아이 문제를 계속 생각하고 있는 저 자신을 깨달았어요. 작년에 아이가 학교에 안 가려고 했을 때 많이 힘들었는데… 하고요. 아이가 학교에 가기를 거부하거나 범죄를 저지르거나… 그런 일이 생기면 제 존재가 없어질 것처럼 느껴지거든요. 정말 끔찍하고 무서워요.

상담사: 아이가 문제아가 되면 E 님의 존재가 부정당할 것 같아서 굉장히 무서우시군요.

E 씨: 남편은 아이에게 사립 중학교 입학시험을 보게 할 생각이에요. 저는 너무 공부, 공부 하면서 밀어붙이는 게 과연 잘하는 건가 싶은데…. 하지만 남편이 직장에 다니니까 사회에 대해서는 더 잘 알 테고…. 역시나 학벌은 중요하다고 남편이 이야기하니까요.

　　입시 준비를 하려면 수업이 끝난 뒤에도 공부해야 하는데 아이가 학교에서 돌아오면 친구 집에 자주 놀러 가요. 거기까지 가려면 차가 많이 다니는 도로도 건너야 하고 불량배가 우글거릴 것 같은 장소도 지나가야 해서 걱정이에요. 아이한테는 아무 말도 안 했지만요.

게다가 이렇게 말하면 뭐하지만…. 그 친구네 가정이 교육을 열심히 하지 않는다고 할까? 공부에는 소홀한 가정 같아요.

'아이가 학교에 가기를 거부하거나 범죄를 저지르거나…. 그런 일이 생기면 제 존재가 없어질 것처럼… (중략) …무서워요'라고 한 부분은 그녀가 근본적인 공포에 직면하고 그것을 이야기한 중요한 발언이다.

E 씨는 왜 아이가 학교에 가기를 거부하거나 범죄를 저지르면 자기 존재가 없어질 것처럼 느끼고 무서운 것일까? 그것은 자녀를 잘 키워 좋은 엄마라고 인정받지 못하면 자신의 존재 가치를 느낄 수 없기 때문이다. 그래서 남편은 아이의 기분을 무시하고 억지로 공부하게 하는 반면, 자신은 아이의 뜻을 존중하는 좋은 엄마라고 믿는다. '저는 너무 공부, 공부 하면서 밀어붙이는 게 과연 잘하는 건가 싶은데…'라고 말한 부분이다. 그리고 학벌주의라는 가치관은 남편만 가지고 있다고 생각한다.

그러나 그러한 E 씨의 인지는 '자신을 학벌에 연연하지 않는 좋은 엄마라고 믿고 싶은' 강한 욕구에서 나오는 것으로 현실을 올바르게 인식한 것은 아니다. 어쩌면 남편은 그녀가 생각하는 만큼 확고한 학벌주의자가 아닐지도 모른다. 아이의 지망 학교 선택이나 수험에 있어서 의외로 너그러운 자세를 보일 수도 있다.

● 올곧은 도덕적 신념이 자기 자신에게 거짓말을 하게 하다

E 씨는 사실 아이에게 '성적이 우수한 수준 높은 학교에 들어갔으면 좋겠다'라고 바라고 있으므로 방과 후에 공부도 안 하고 놀러 다니는 것에 화가 난다. 게다가 공부를 못하는 친구와 그의 부모를 경멸한다.

E 씨는 '화내거나 학벌로 사람을 판단하여 경멸하지 않는, 올바른 인간이어야 한다'는 신념이 매우 강하다. 그러므로 자신이 아이에게 높은 성적과 좋은 학벌을 요구한다는 것과 방과 후에 공부하지 않고 놀러 가버리는 아이에게 화가 났다는 사실을 인정할 수 없다. 친구와 그의 부모를 경멸하고 있다는 사실도 인정하지 못한다.

자녀를 향한 분노와 아이 친구에 대한 경멸감은 '이유 모를 불안'으로 느껴진다. '분노와 경멸감을 느껴서는 안 된다'고 믿기 때문에 자신이 느끼는 감정이 분노와 경멸이라는 사실을 부정하는 것이다. 그런 억눌린 감정이 불안을 불러일으키므로 E 씨는 강한 불안에 시달린다.

다시 정리하면, 아이가 방과 후에 공부는 하지 않고 친구 집에 놀러 가기 때문에 분노가 올라온다. 아이의 친구와 그의 부모에게는 '같잖은 인간'이라는 경멸감을 느낀다. 그러나 분노와 경멸을 느끼는 것이 두렵고 불안하므로 '마음속에서 알 수 없는 불안이 솟구친다'라고 느낀다. 그녀는 이 영문을 알 수 없는 불안에 대한 이유를 알려고 한다. 그래서 '아이가 차가 많이 다니는 도로를 건너야 하고 불량배가 우글거릴 것 같은 장소를 지나기 때문에 불안감을 느낀다'라고 합리화한다. 사실 그녀는 아이가 친구 집에 놀러 가는 것을 금지하고 공부를 시키고 싶은데 그것을 인정할 수가 없다. 그래서 앞으로 '친구 집에 가는 길이 위험하니까'라는 그럴듯한 이유로 노는 것을 금할지도 모른다.

E 씨는 아이에게 높은 성적과 좋은 학벌을 요구하고 있으며 공부하지 않는 것에 화가 나 있다는 사실을 인정하지 않는다. 그러므로 아이는 모순적인 메시지로 인해 혼란스럽다. 만약 E 씨가 자신의 가치관을 아이에게 일방적으로 강요한다면 아이는 반항하고 불평할 것이다. 그러나 그녀가 아이의 기분을 존중하는 엄마인 것처럼 행동하므로 아이는 반항조차 하지 못하고

속마음도 말하지 못한다. '아들이 마음의 문을 닫고 무슨 생각을 하는지 말하지 않는' 문제는 그렇게 생겨난 것이다.

E 씨의 상담 내용에는 아들에게 넓은 의미의 성적 애정을 요구하게 하는 외로움, 공허함의 고통이 드러나 있다. 다음 장에서도 계속 E 씨의 사례를 살펴보기로 하겠다.

사례 6. 아들을 성性적으로 원하는 생각에 시달리는 남자 초등학생의 어머니

자녀를 향한 부모의 애정 욕구는 대체로 넓은 의미에서 성적인 색채를 띤다. 그 욕구를 공감적으로 이해할 수 있도록 내담자 마음의 움직임에 대해 살펴보기로 한다.

■ 내담자

E 씨 (35세, 여성) 초등학교 6학년 남자 어린이의 어머니

■ 내담 경위

내담자는 앞의 사례와 동일한 E 씨이다. 여기서는 그녀의 다섯 번째 세션 일부를 발췌한다.

E 씨:	전…. 남편 기분이 조금만 안 좋아도 엄청 불안해요. 그럴 때 아이에게 신경이 쏠려서 아이가 제대로 학교에 다니고 있는지 궁금해져요.
상담사:	남편의 기분이 안 좋으면 걱정이 되고 그럴 때 아이가 걱정되는군요.
E 씨:	맞아요. 작년에 아이가 결석하는 경우가 늘어나서 선생님이 괜찮은지 전화를 하셨어요. 잠깐 이야기를 나누고 전화를 끊었는데 너무 무섭고….
상담사:	너무 무서웠다….
E 씨:	아이가 학교를 자주 결석해서 선생님께 죄송했어요.
상담사:	죄책감을 느꼈군요.
E 씨:	맞아요. 아이가 어렸을 때 우리 부부가 잘 지내는 모습을 보여주지 못해서 신경질적인 아이가 되고 작년에 학교도 자주 빠지게 된 것 아닌가 하는 생각이 들어요. (눈물)
상담사:	아이에게 상처를 준 게 아닐까 하는 죄책감이 들어서 괴로우시군요.
E 씨:	게다가 저도 모르게 짜증이 나서 화를 내기도 하거든요. (눈물)
	(침묵)
E 씨:	선생님은 자녀가 있으세요?
상담사:	제가 E 님을 이해할 수 있을지 모르겠다는 느낌이 드시나요?
E 씨:	솔직히 아이 키우기가 너무 힘들어요.
상담사:	너무 힘들군요.
E 씨:	육아를 해본 적이 없으면 그 고달픔을 어떻게 알 수 있을까 싶어요.
상담사:	제가 E 님의 고달픔을 알 수 있을지 어떨지….
E 씨:	하지만 선생님은 알아주고 있다는 느낌이 들어요. 부부 관계가 안 좋아지면 아이에게 기대하거나 짜증을 내버리니까…. 남편에게는 감사한 마음으로 대해야지 하고 생각해요.

상담사: 아이에게 기대하거나 짜증을 내버린다는 거군요.

E 씨: 너무 기대하는 부분이 있죠…. 자꾸 엄격하게 말한다던지…. (눈물) 아이가 부모를 신뢰하지 못한다는 건 좋지 않은 거니까 신뢰받는 엄마가 되고 싶은데 말이죠….

상담사: 아들에게 신뢰받고 싶군요.

E 씨: 절 신뢰했으면 좋겠어요. 하지만 내년에 중학생이 되니까 자립도 중요하겠죠….

상담사: 아이를 자립시켜야 한다고 느끼시는군요.

E 씨: 이제 초등학생이 아니니까요. 하지만 아직 어려서 자립을 할 수 있을지….

상담사: 아이의 자립에 대해 생각하면 불안한 마음이 올라오시나요?

E 씨: 뭐랄까…. 불안함도 있어요…. 솔직히 기댈 수 없게 될까 봐 불안하달까…. 물론 자립도 중요하지만 남편이 아이에게 너무 엄격해요. 좀 더 다정하게 대하지 않으면 아이가 부담을 느낄 것 같아요.

■ 해설

● 극심한 애정 결핍에 의한 전이 반응

E 씨는 남편의 기분이 좋지 않으면 굉장히 불안해진다고 호소한다. 그녀가 강렬한 불안감을 느끼는 이유는 남편에게 버림받으면 살 수 없다고 느끼며 극심한 애정 결핍에 시달리고 있기 때문이다. 유아는 부모에게 버림받으면 생존할 수 없다. 부모에게 버림받는 것은 말 그대로 죽음의 공포 체험이다. 그래서 유아기에 애정이 결여된 관계를 체험하면 마음속에 깊은 상처로 남

는다. 그런 공포는 향후 인간관계에서 재연된다. 연인, 배우자, 친구, 선생님이나 존경하는 사람 등에게 미움을 받거나 버림받았다고 생각될 때 심한 공포에 휩싸이는 것이다.

E 씨는 유년기부터 만성적 애정 결핍의 고통을 겪으며 살고 있으며, 남편의 애정을 잃는 공포를 느낄 때 그 고통이 떠오른다. ('남편 기분이 조금만 안 좋아도 엄청 불안해요') 그리고 그럴 때 아이에게 신경이 쏠린다고 했는데 그것은 남편에게 바란 애정을 아이에게 구한다는 표현이다. 애정 결핍과 공허함을 아이에게서 채우려는 것이다.

여기에서 중요한 공감 포인트는 아이에게 애정을 구하게 하는 E 씨의 강렬한 애정 결핍에 따른 고통이다.

다음으로 E 씨는 학교 선생님에게 전화를 받고 나서 '너무 무서웠다'라고 말한다. 왜 그토록 무서웠던 것일까?

그녀가 느낀 것은, 선생님에게 '아이를 학교에 보내지 않는 나쁜 엄마'라고 여겨질 것에 대한 공포이다. 이것은 '아이가 학교를 자주 결석해서 선생님께 죄송했어요'라는 발언에서 나타난다. 아이가 학교에 가지 못해서 힘든 것은 아이 자신과 부모이다. 선생님에게 죄책감을 느낄 필요는 없다. 그런데 E 씨가 선생님께 죄송하다고 생각하는 것은 '선생님이 나를 나쁜 엄마라고 생각하면 어쩌나'라고 하는 공포의 왜곡된 표현이다.

선생님이 자신을 안 좋게 생각하는 것이 '너무 무섭다'라고 대답한 것은 선생님에게 성(性)적인 호감을 느꼈기 때문일 가능성도 있다. 유아적인 애정 결핍이 강한 사람은 타인에 대해 쉽게 의존적인 전이 반응을 일으킨다.

그런 전이 반응이 향하는 대상은 반드시 이성이라고만 할 수는 없다. 동성에게 성적인 애정 욕구를 느끼는 일도 드물지 않다.

● 아이에 대한 성적인 애정 욕구

이어서 E 씨는 아이의 자립을 언급한다. 그녀의 연상은 선생님과의 전화 통화로 공포를 느낀 일에서 아들의 자립으로 이어진다. 이런 움직임은 아들의 자립을 막아 온 것이 그녀 자신인 것을 희미하게 깨닫게 되었다는 것을 나타낸다. 그렇지만 그것에 직면하는 것은 너무나도 괴로운 일이다. 그래서 E 씨는 이후에 '자립은 중요하다'라는 그럴듯한 일반론을 이야기한다. 이것은 '상담사가 나를 좋은 엄마라고 생각했으면 좋겠다'라는 양성 전이의 행동화(전이 저항)이다.

　구강기에 어머니의 따뜻하고 안정된 사랑을 충분히 느끼지 못했거나, 오이디푸스 콤플렉스가 해결되지 않은 채로 부모가 된 사람들은 자기 아이에게 성적 애착을 느끼기 쉽다. 그러한 성적 애착이 강할수록 아이에게 미움받는 것이 두렵고 자식에게서 떨어지지 못한다. 한편 아이에게 성적 애착을 느끼는 것이 두려워서 그것을 억압하므로 아이에게 애정을 느끼지 못하거나 공격적인 사람도 있다. 그 공격성은 아이에게 애착을 느끼지 않게 하기 위한 반동 형성으로 생기는 것이다.

● 은둔형 외톨이의 이성 부모를 향한 성적 욕구

은둔형 외톨이는 아이와 이성 부모 사이에 서로를 향한 성적 충동이 자주 일어난다. 또 그에 대한 죄책감과 혐오감에 따른 갈등이 동반된다. 예를 들어, 은둔형 외톨이인 남성 가운데 성인이 되어서도 어머니에게 어리광을 부리고 신체적 접촉을 원하는 사람이 있다.

　또 어머니가 자신의 소유물을 만지면 심하게 화를 내는 아이도 있다. 이는 어머니가 자기 물건을 만지는 것이 자신의 성기나 몸을 만지는 것처럼 느껴지기 때문이다. 아이는 혐오감을 느껴 심하게 화를 낸다. 그렇게 느끼는 이유는 어머니와의 밀착된 신체적 접촉을 포함한 애정 욕구와 함께 죄책감이 따르기 때문이다. 이런 남성은 어머니에게 지나친 공격성을 보이는데, 그 이면에는 어머니의 애정을 바라는 유아적인 충동이 존재한다.

동시에 은둔형 외톨이가 동성 부모에게 강하게 반발하는 예도 흔히 볼 수 있다. 그 반발심은 동성 부모를 이성 부모의 애정을 둘러싼 경쟁자라고 느끼는 오이디푸스적 적대감에서 비롯된다.

이러한 이성 부모에 대한 성적 애정 욕구와 그에 따른 죄책감과 혐오감, 동성 부모에 대한 경쟁 의식은 무의식 영역에서 억압되어 있으며 자기 스스로는 깨닫지 못한다.

● 아이에게 상처를 주었다는 죄책감

E 씨는 부부 관계가 좋지 않아서 아이가 학교에 가지 않게 되었다고 말한다. 이런 연상의 흐름은 무엇을 나타낼까?

E 씨는 남편의 애정을 충분히 느끼지 못한 나머지 아이에게 의지한다. 남편에 대한 애정 욕구는 처음부터 과도했으며 남편이 채울 수 있는 것이 아니었다. 그리고 남편에 대한 분노를 아이에게 푼다. 그러한 자신의 마음이 어렴풋이 느껴져서 '내가 아이에게 상처를 줬다'라는 죄책감이 생긴다. 상담사는 그 죄책감에 공감하고 '아이에게 상처를 준 게 아닐까 하는 죄책감이 들어서 괴로우시군요'라는 응답을 통해 공감을 전한다. 그러자 E 씨는 더 정직하게 '나도 모르게 짜증을 낸다', '부부 관계가 안 좋아지면 아이에게 기대하거나 짜증을 내버린다'라고 이야기할 수 있게 된다.

● 상담사를 향한 음성 전이 저항과 양성 전이 저항

E 씨: 게다가 저도 모르게 짜증이 나서 화를 내기도 하거든요. (눈물)
        (침묵)
E 씨: 선생님은 자녀가 있으세요?
상담사: 제가 E 님을 이해할 수 있을지 모르겠다는 느낌이 드시나요?
E 씨: 솔직히 아이 키우기가 너무 힘들어요.
상담사: 너무 힘들군요.
E 씨: 육아를 해본 적이 없으면 그 고달픔을 어떻게 알 수 있을까 싶어요.
상담사: 제가 E 님의 고달픔을 알 수 있을지 어떨지….
E 씨: 하지만 선생님은 알아주고 있다는 느낌이 들어요.

　E 씨는 '선생님은 자녀가 있으세요?'라고 질문한다. 이것은 상담사의 가족 구성원을 조사하려고 묻는 것이 아니다. 위의 대화에서 '게다가 저도 모르게 짜증이 나서 화를 내기도 하거든요'라며 아이에게 분노를 느끼고 표현한 중요 발언에 대해 상담사는 아무런 말도 하지 않았다. 그래서 상담사의 수용과 공감을 느끼지 못했고, 연상이 이어지지 않았으므로 어쩔 수 없이 질문한 것이다.
　만약 E 씨가 아들에게 화낸 일을 상담사가 마치 자기 일처럼 상상하고 느끼면서 '아이에게 표현하지 않고는 못 견딜 정도로 무척 짜증이 나셨군요'와 같은 응답을 했다면 E 씨는 '선생님은 자녀가 있으세요?'라고 질문하지 않고 자신의 화를 더욱 솔직하게 표현했을 것이다.
　이 대화에서 E 씨는 아이를 향한 분노에 대해 큰 죄책감을 느끼고 있으므로 그것을 상담사에게 투사하고 '아이에게 화를 내면 상담사가 나를 나쁜 엄마라고 생각하지 않을까?' 하고 불안해진다. 상담사는 그 사실을 이해했다. 그래서 E 씨의 불안을 생각하며 '제가 E 님을 이해할 수 있을지 모르겠다는 느낌이 드시나요?'라고 묻는다. 그러자 그런 상담사의 공감이 E 씨에게 전달되었고 '솔직히 아이 키우기가 너무 힘들어요'라며 고충을 이야기한다. 그 뒤에도 상담사의 공감적이고 수용적인 응답이 계속되자 '하지만 선생님은 알아주고 있다는 느낌이 들어요'라고 말한다.

E 씨는 아이를 걱정하고, 아이를 위한 생각을 한다고 느끼게끔 하는 발언을 반복한다. 이것은 자신에 대해 아이를 사랑하는 좋은 엄마라고 생각하기를 원하는 양성 전이 반응에 의한 것이다. 동시에 '나는 아이를 사랑한다'라고 믿기 때문에 아이에 대한 분노를 억압하려 한다는 것도 보여준다.

● 전이 저항을 다루는 방법과 타이밍

'남편에게는 감사한 마음으로 대해야지 하고 생각해요'라는 E 씨의 발언도 상담사가 자신에 대해 좋은 평가를 해주길 바라는 양성 전이표현이다. 사례 1에서 나는 '전이 저항이 계속되면 적절한 시기에 그것을 공감적으로 명확히 하고 서로 대화할 필요가 있다'라고 말한 바 있다. 이것은 E의 대화에서도 동일하게 적용된다. 그녀의 양성 전이는 저항으로 작용한다. 즉 상담사에게 호감을 얻고 싶은 욕구 때문에 상담사가 좋게 생각할 만한 발언만 하고 진짜 속마음은 말하지 못한다. 전이 저항이 계속되면 정말 하고 싶은 이야기를 하지 못하고 상담은 진전되지 않는다.

E 씨의 전이 저항을 공감적으로 명확히 할 적절한 시점은 그녀가 '상담사의 마음에 들려고 하다 보니 진짜 속내는 말하지 못하고 있다'라는 것을 어렴풋이 느낄 때이다. 그것을 가늠하여 다음과 같이 응답할 수 있다.

'제가 좋게 받아들일 만한 이야기를 해야 할 것 같은 기분이 드시나요?'
'제가 마음에 들어 하지 않는다고 생각하면 대화하기 힘든 느낌이 드시나요?'
'저에게 이해받지 못할까 봐 불안한 기분이신가요?'

내담자의 저항을 명확히 할 때 특별히 중요한 것은 내담자의 저항의 근원인 상담사의 애정, 승인, 호의를 바라는 집착적인 양성 전이와 그 밑바닥에 깔린 애정 결핍의 괴로움에 대해 생각을 더해가는 것이다. 본질은 기술이 아니라 공감적 이해에 있다.

그러나 이 장면에서는 상담사가 개입하지 않았다. E 씨가 두려움 때문에 상담사의 승인과 애정을 바라는 마음을 아직 의식하지 못하고 있다고 판단했기 때문이다. 상담사에 대한 애정 욕구와 분노는 내담자가 의식하기 힘든 경우가 많다.

예를 들어, 상담사가 '당신은 내가 당신을 좋아하기를 원하는군요' 또는 '저에게 불만을 느끼시나요?'라고 응답했다고 가정해보자. 이런 개입에 상담사의 애정, 수용, 승인을 얼마나 강렬하게 원하는지 이야기하거나 상담사에 대한 불만을 표현할 수 있으려면 상당한 신뢰가 필요하다. 상담사는 E 씨가 상담사에게 가진 신뢰감이 이 시점에서는 아직 충분하지 않다고 판단했고, 저항을 명확히 하는 개입은 하지 않은 것이다.

● 분노의 억압

'남편에게는 감사한 마음으로 대해야지 하고 생각해요'라는 발언은 남편에 대한 분노를 억압하는 방어 표현이다. '감사'라는 도덕적이고 훌륭한 가르침으로 분노를 부정하려는 것이다. 여기에서 그녀가 가진 분노에 대한 공포와 죄책감이 엿보인다.

또 이 발언은 아이에 대한 분노를 방어하는 것이기도 하다. 아이에게 분노를 느끼는 것이 무서운 것이다. 그녀는 남편에게서 애정 욕구가 충족되지 않아 화가 나면 그 분노를 아이에게 쏟아낸다. 그래서 아이에게 화내지 않기 위해 남편에게 분노가 아닌 감사한 마음을 가지려고 노력한다.

'부부 관계가 안 좋아지면 아이에게 기대하거나 짜증을 내버리니까'라는 발언은 아이를 향한 공격성이 비현실적이라는 것에 대한 통찰을 나타낸다. 그러한 통찰이 깊어지기 시작하는 것은 매우 중요한 변화이다. 그래서 상담사는 중요한 핵심 단어를 따라 한다.

상담사: 아이에게 기대하거나 짜증을 내버린다는 거군요.
E 씨: 너무 기대하는 부분이 있죠…. 자꾸 엄격하게 말한다던지…. (눈물) 아이가 부모를 신뢰하지 못한다는 건 좋지 않은 거니까 신뢰받는 엄마가 되고 싶은데 말이죠….
상담사: 아들에게 신뢰받고 싶군요.

E 씨는 '아이가 부모를 신뢰하지 못한다는 건 좋지 않은 거니까 신뢰받는 엄마가 되고 싶다'라고 말했다. 여기서 그녀의 본심은 '나는 아이의 애정을 원한다'라는 것이다. 그녀는 아이에게 과도한 애정을 바라고 그것이 채워지지 않을 때 아이를 공격한다. 그래서 아이는 어머니를 피하고 그로 인해 어머니는 외로워졌다. 그러나 E 씨는 아이의 애정을 바라는 욕구에 대한 죄책감 때문에 자신의 욕구를 깨닫지 못한다. 그 죄책감은 아이에 대한 애정 욕구 안에 넓은 의미의 성적 욕구가 포함되어 있기 때문일 것이다. 그것은 유아가 부모와 몸과 마음 모두 밀착되길 원하는 것과 같은 성질이다.

그래서 E 씨는 아들에 대한 욕구를 알아차리는 것을 피하려고 '아이가 부모를 신뢰하지 못한다는 건 좋지 않은 거니까'라고 말한다. 이것은 '내가 아들의 신뢰를 원하는 것은 어디까지나 아들을 위한 것'이라고 합리화하는 것이다. 그러나 사실 속으로는 아이에게 '엄마가 너무 좋아요!'라는 말을 들으며 사랑받고 싶을 것이다. E 씨처럼 강한 애정 결핍 때문에 아이의 애정을 원하는 부모는 아이의 기분이나 필요를 아이 입장에서 이해하는 여유를 갖기 힘들다. 그러므로 아이의 기분을 상하게 하기 쉬우며 부모와 자녀 관계에 어려움이 생긴다.

상담사는 이 장면에서 아이에게 강한 애정 욕구를 가질 수밖에 없는 E 씨의 괴로움에 집중하며 '아들에게 신뢰받고 싶군요'라고 공감을 전한다. 그러자 E 씨는 아들의 자립(즉 아이에게 엄마가 필요하지 않게 되어 아이의 애정을 얻지 못하게 되는 것)에 대한 불안을 말하기 시작한다.

상담사: 아들에게 신뢰받고 싶군요.

E 씨: 절 신뢰했으면 좋겠어요. 하지만 내년에 중학생이 되니까 자립도 중요하겠죠….

상담사: 아이를 자립시켜야 한다고 느끼시는군요.

E 씨: 이제 초등학생이 아니니까요. 하지만 아직 어려서 자립을 할 수 있을지….

상담사: 아이의 자립에 대해 생각하면 불안한 마음이 올라오시나요?

E 씨: 뭐랄까…. 불안함도 있어요…. 솔직히 기댈 수 없게 되는 불안함이랄까…. 물론 자립도 중요하지만 남편은 아이에게 너무 엄격해요. 좀 더 다정하게 대하지 않으면 아이가 부담을 느낄 것 같아요.

'(아들이) 절 신뢰했으면 좋겠어요. 하지만 내년에 중학생이 되니까 자립도 중요하겠죠'라는 발언에서 아들이 자신을 신뢰하길 바라는 생각이 아이의 자립을 막고 있다는 사실을 어렴풋이 깨닫고 있음을 알 수 있다. 그리고 '하지만 아직 어려서 자립을 할 수 있을지'라는 발언에서 '사실은 아직 아이가 자립하기를 원치 않는다'라는 본심이 드러난다. 이어서 상담사가 '아이의 자립에 대해 생각하면 불안한 마음이 올라오시나요?'라고 응답한 것은 E 씨의 고독과 불안에 대한 상담사의 공감을 전한 것이다. 그녀에게 상담사의 공감이 느껴졌고, 아들의 자립이 불안하다고 말할 수 있었다.

더욱 중요한 발언이 뒤에서 이어진다. '솔직히 기댈 수 없게 되는 불안함이랄까…'가 그렇다. E 씨는 지금까지 '아이를 위해서'라고 이야기했는데 여기에서 처음으로 아들이 자립하면 그녀 자신의 애정 욕구가 충족되지 못한다는 본심에 직면한 것이다. 이것은 '자녀를 자립시키는 것이 부모로서 올바른 방식이다'라는 E 씨의 초자아에 반하는 생각이다. 그녀는 진짜로 느끼는 불안에 한 걸음 더 나아갔다.

그러자 남편에 대한 화가 올라온다. 남편이 아들을 자립시키려고 하는 것에 대한 분노이다. '좀 더 다정하게 대하지 않으면 아이가 부담을 느낄 것 같아요'라는 발언이 그 분노를 나타낸다. 어쩌면 남편은 E 씨가 아들에게 매달려 자립을 방해하고 있다고 이미 느끼고 있을지도 모른다. 그 일로 남편은 위기감을 품고 아들의 자립을 재촉할 가능성이 있다. 또 이 발언은 남편에 대한 불만도 나타낸다. E 씨가 강하게 느끼는 것은 '남편이 나에게 좀 더 다정하게 대하고 애정을 쏟아주길' 바라는 욕구이다. 남편이 애정을 쏟아준다면 만성적인 애정 결핍의 고통이 없어질 것이라는 환상을 품고 있다.

E 씨와 같이 만성적인 애정 결핍으로 고통받는 사람은 그 고통을 피하느라 타인의 기분과 상황을 배려할 여유를 충분히 갖지 못한다. 그래서 모든

인간관계에서 많은 어려움을 겪는다.

이 대화에서 특별히 중요한 공감 포인트는 아래의 세 가지이다.

(1) 그녀의 만성적인 애정 결핍에 대해 생각을 더하고 되도록 그녀의 입장이 되어 상상할 것
(2) 그녀는 애정 결핍으로 고통받지 않기 위해 아들의 애정을 요구한다. 그 욕구에 유아가 부모의 친밀한 애정을 바라는, 넓은 의미의 성적 집착이 있다는 것을 이해하고 그것이 얼마나 강렬하면서도 고통스러울지 상상할 것
(3) 그녀는 그 집착적인 애정 욕구에 대해 강한 죄책감을 느끼고 있으므로 그 애정 욕구를 의식하는 것에 상당한 고통이 따른다는 것을 이해할 것. 동시에 그 죄책감의 고통을 상상할 것

상담사가 E 씨의 마음에 생각을 더해가며 충분히 공감하고 경청하자 그녀의 마음에 서서히 변화가 생긴다. 애정 결핍으로 인한 고통이 누그러짐과 동시에 남편에 대한 지나친 기대가 줄어들고, 아들의 자립을 좀 더 순수하게 지지할 수 있게 되었다.

사례 7. 연애를 계속하지 않으면
괴로운 여성 회사원

오이디푸스적 애정 욕구가 충족되지 않으면 연애에 어떤 어려움을 가져오는지, 그리고 상담에서 어떻게 저항이 되는지에 대해 생각해보자.

■ 내담자

F 씨(28세, 여성) 회사원

■ 내담 경위

F 씨는 신체와 언어 폭력을 행사하는 남편과 2년 전에 이혼했다. 이혼 뒤 극심한 불안과 외로움 때문에 심신의학 진찰을 받은 뒤 항우울제를 투약 중이다. 최근 애인과 헤어진 우울감 때문에 내담했다. 복장과 화장이 약간 화

려한 인상의 여성이다.

그녀는 첫 회기 상담에서 주로 남편에게 당한 폭력에 관해 이야기했다.

F 씨: 남편은 폭력이 너무 심했어요. 얼굴을 맞아서 부어오르고, 배를 걷어차이기도 했어요. (눈물) 심하게 욕을 하고…. '나가!', '너 따위 아무짝에도 쓸모가 없어!'라고요. 바닥에 눌려서, 양다리로 깔고 앉아 목을 조른 적도 있어요…. (눈물) 살인을 당하는 줄 알았어요. 더는 참을 수가 없어서 남편이 회사에 간 사이에 집을 뛰쳐나와서 보호시설로 도망쳤어요.

(보호시설을 나온 뒤 지금까지 어떻게 살아왔는지 이야기한다)

F 씨는 상담이 진행됨에 따라 다음과 같은 괴로움을 이야기한다. 자기 자신을 싫어하는 것, 직장에서 갑자기 화가 치밀어 올라 참을 수가 없는 것, 너무 외로운 나머지 여러 남성과 성관계를 가진 뒤 강한 공허감에 시달리는 것. 그녀는 '남자는 결국 육체적인 관계만 원해요'라며 낙담하고 분노를 느낀다.

그녀는 더 나아가 자신의 성장 과정에 관해서도 이야기한다. 그리고 세 번째 세션에서 담담한 어조로 다음 내용을 이야기한다.

F 씨: 제가 한 살 때 어머니는 암으로 돌아가셨대요. 저는 기억이 안 나지만 아버지와 친척에게서 들었어요. 그리고 저도 암에 걸린 적이 있어요. 열아홉 살 때 스킬스 위암 scirrhous stomach cancer에 걸렸어요. 회사 건강검진으로 초기에 발견해서 수술을 받았고, 위의 3분의 1을 잘라냈어요.

어머니가 돌아가신 뒤 제가 세 살 때쯤 아버지가 재혼하시고 새어머니가 집에 오셨어요. 새어머니는 저보다 여섯 살 위인 의붓오빠를 데려왔어요. 오빠는 굉장히 귀엽게 생기고 운동신경도 좋고 공부도 잘했어요. 새어머니는 오빠를 예뻐했고 저한테는 확실히 차갑게 대했어요. 아버지는 일이 바빠서 육아에는 신경 쓰지 못해 저를 새어머니에게서 지켜주지 않으셨어요.

제가 네 살 정도로 기억하는데, 오빠가 소아백혈병에 걸렸어요. 부모님은 병실에서 자면서 생활하셨고, 저는 거의 돌봐주지 못하게 됐죠. 당연한 거지만…. 그래서 근처에 살던 외할머니께서 저를 돌봐주셨어요. 오빠의 병간호는 상당히 힘드셨던 것 같아요. 아무래도 그랬겠죠. 오빠는 결국 세상을 떠났어요…. 백혈병이라는 걸 알고 몇 개월 되지 않아서요.

(세션 중반에서 발췌)

F 씨: 새어머니는 연애에 상당히 엄격한 분이셔서 저는 고등학생 때까지 남자랑 이야기도 잘 못 했어요. 대학생 때부터 평범하게 연애를 한 것 같아요. 남들은 제가 남자 사귀는 게 익숙한 줄 알지만 사실 남자랑 이야기를 잘 못 해요.

어렸을 때 집에 아버지랑 저랑 둘만 있는데 아버지가 '무릎 위에 앉으라'고 한 적이 있어요. 아빠가 외롭겠다고 생각해서 무릎 위에 앉았더니 제 가슴이랑 아랫배를 만졌어요. 저는 좋으면서도 싫은 척을 했거든요. 지금 생각하면 굉장히 이상한 일 같아요.

(세션의 종료 시각이 다가오고 마지막으로 이렇게 이야기한다.)

F 씨: 선생님, 저 바뀔 수 있을까요?
상담사: 바뀔 수 있을지 불안하신가요?
F 씨: 네. 변해야 하나 해서요. 게다가 부담스럽기도 하고.

상담사: 음, 어떤 의미이신가요?

F 씨: 제 이런 슬픈 인생에 대해 말하는 게 선생님께는 부담이 될 테니 털어놓기가 어려워요. (눈물) 선생님 마음에 부담을 줄까 봐 두려워요.

상담사: F 님의 슬픔을 이야기하면 저에게 부담을 줄 것 같아 두렵군요.

F 씨: 네. 슬프네요. (눈물)

상담사: 이야기하는 것이 무척 슬프시군요.

F 씨: 선생님도 부담이 되시겠지만…. 저도 슬퍼요. (눈물)

상담사: 지금 굉장히 괴로우시군요.

F 씨: 하지만 필요하단 느낌이 들어요. 이야기해서 힘들었던 과거를 끝낼 필요가 있다는 느낌이 듭니다.

상담사: 지난 과거의 일이 아니라 지금도 고통을 느끼시나요?

F 씨: 음…. 마음속 깊은 곳에 고통 같은 게 도사리고 있어요.

상담사: 네. 이야기 도중이지만 이제 마칠 시간이네요. 다음 주 수요일 1시에 다시 이야기 나누고 싶은데 괜찮으세요?

F 씨: 네. 잘 부탁드립니다.

■ 해설

F 씨의 마음에는 다양한 괴로운 감정이 있을 것으로 추측할 수 있다. 그것들이 어떤 감정인지, 그리고 그 감정이 어떻게 생겼는지 생각해보자.

먼저 친어머니와 새어머니에게 따뜻한 보호와 애정을 받지 못한 외로움과 슬픔이 있을 것이다. 여러 남성과의 육체관계는 매우 공허한 것인데도 너무 외로운 나머지 그것을 놓지 못하고 있다.

다음으로 새어머니가 자신보다 오빠를 더 사랑한 것에 대한 외로움과 슬픔이 있을 것이다. '새어머니는 오빠를 예뻐했고 저한테는 확실히 차갑게 대했어요'라고 말한 부분을 통해 새어머니에게 극심한 분노를, 오빠에게는 질투를 느꼈을 것으로 추측할 수 있다.

● 성에 대한 죄책감

그녀는 '새어머니는 연애에 상당히 엄격한 분'이라고 말한다. 이것은 새어머니가 그녀의 성적 충동을 받아들여 주지 않았음을 보여준다. 이를 통해 F 씨는 성에 대한 강한 죄책감을 느끼게 되었을 것이다. 또 '고등학생 때까지는 남자랑 이야기도 잘 못 했어요'라는 말에서 알 수 있듯이 이성에 대해 불안감을 느낀다.

그녀가 가진 성에 대한 죄책감에 대해서 좀 더 자세히 생각해보자. F 씨의 주된 괴로움 중 하나는 아버지를 성적으로 원하는 충동과 그것에서 비롯되는 죄책감의 갈등이다. 그녀는 어린 시절에 아버지가 자신의 몸을 성적으로 만진 경험에 대해서 '저는 좋으면서도 싫은 척을 했거든요'라고 말했다. '좋으면서도'라는 말에서 그녀 안에 내재된 아버지를 성적으로 원하는 욕구가 드러난다.

● 남성에 대한 불신

그녀는 성관계 뒤 공허함에 시달린다. 게다가 '남자는 결국 육체적인 관계만 원해요'라며 낙담과 분노를 느낀다. 그녀가 그렇게 생각하는 주된 원인은 다음 세 가지이다.

첫째, 그녀처럼 구강기적 애정 결핍에 기인한 부모에 대한 성적 애정 욕구가 강한 사람은 성관계 상대에게 성숙한 성인들의 관계가 아닌 유아적 성충동을 충족해주길 원한다. 또 이성에 대한 욕구에는 근친상간적인 성질이 있어서 성충동에 대해 죄책감을 느낀다. 그러므로 F 씨는 성관계 뒤에 강한 죄책감에 시달리고, 성관계를 해도 그 욕구가 채워지지 않는다.

둘째, 그녀는 어린 시절 아버지에게 성적 관심을 받은 경험에서 남자에게 애정을 얻으려면 성적인 매력을 어필할 필요가 있다는 것을 배웠다. 그와 동시에 그녀는 성충동이 지나치게 자극받았으므로 남성과의 관계가 모두 성적인 것으로 보이며, 성관계 이외의 측면에서는 남성의 애정을 느낄 수 없다. 그러므로 '남자는 육체적인 관계만을 원한다'라고 불만을 느끼면서도 성적인 매력을 어필함으로써 남성을 매료시킨다. 그녀의 복장은 노출이 다소 많고 화려하며 화장도 진하다. 더군다나 그녀는 (본서에서는 생략했지만) 남성과는 파티나 인터넷 만남 사이트에서 만나는 경우가 많다고 말했다. 즉 그녀는 성적인 만남을 원하는 많은 남성에게는 기회이며, 자신의 성적 매력에 의해 남성들과 만난다. 그러나 성충동에 대한 죄책감과 금지가 강해서 자신이 성적인 매력을 능동적으로 어필한다는 사실을 인정하지 않는다.

셋째, 남성에 대한 불신이다. 그녀는 성관계뿐만 아니라 마음도 충족되는 연애를 원하지만 동시에 남성에 대한 불신감도 있다. 즉 '남자가 진짜 나를 알게 되면 나를 싫어할 것이다'라는 깊은 신념을 가지고 있다. 그래서 여성과 정서적으로 친밀해질 수 있는 건강한 남성에게는 무의식중에 공포를 느낀다. 그러나 그녀와 마찬가지로 사람에 대한 불신이 강한 남성이라면 친밀해질 일이 없으므로 불안감이 적다.

위와 같은 세 가지 이유로 F 씨는 정서적인 친밀감을 형성할 수 있는 남자와는 연애 관계가 맺어지기 힘들다. 그래서 그녀의 연애와 결혼은 매우 불만족스러워진다.

● 아버지에 대한 분노

그녀의 마음속 깊은 곳에는 아버지에 대한 분노도 상당히 존재한다. 극심한 오이디푸스 갈등의 고통을 만드는 양육을 당한 것에 대한 분노이다. 그것에 대해 자세히 살펴보기로 하겠다.

아버지는 F 씨를 새어머니에게서 지켜주지 않았다. 어린 시절 F 씨는 '아버지는 내가 필요로 하는 애정을 나에게는 쏟지 않고, 특별하고 친밀한 관계가 된 새어머니에게만 준다'라고 생각했을 것이다. 그래서 아버지와 새어머니를 향한 강렬한 적대심이 있다.

또 그녀는 '나 자신이 싫다'는 감각에도 시달린다. 그것은 방어에서 생겨난 감각으로 두 가지 원인이 있다.

첫째, 앞에서도 거론한 아버지를 성적으로 원하는 근친상간적 욕구이다. 그 욕구 때문에 그녀는 '나는 더럽고 나쁜 인간'이라고 느낀다. 자신의 존재 자체를 부정할 수밖에 없는 그녀의 괴로움을 상상할 수 있겠는가?

둘째, 자신을 충분히 사랑해주지 않은 아버지와 새어머니에 대한 분노를 억압하고 '나는 나쁜 아이'라는 신념을 발달시킨 것이다. '내가 나쁘다'라고 해석하면 아버지와 새어머니에 대한 분노를 느끼지 않아도 된다. 그와 동시에 '좋은 아이가 되면 언젠가 사랑받을 수 있다'라는 희망을 유지할 수 있다. 그렇지만 아버지와 새어머니가 그녀를 사랑할 수 없는 사람들이라면 그녀는 영원히 애정을 얻지 못한다. 그것은 너무 절망적이고 두려우며 도저히 받아들일 수 없는 일이다. 그에 비하면 자신을 나쁜 아이라고 느끼는 괴로움이 좀 더 나은 것이다.

● '내가 죽었어야 했다'라는 신념

이 책에는 실려 있지 않지만, 이후의 상담에서 그녀의 마음속에 '죽었어야 하는 사람은 사실 오빠가 아닌 공부도, 운동도 못 하고 인기도 없는 나였다'라는 신념을 가지고 있음이 밝혀졌다. 그 신념은 어떻게 생겨난 것일까?

F 씨의 아버지와 새어머니에게 아들의 죽음은 너무나도 고통스러운 일이었을 것이다. 아들이 죽은 슬픔이 무척이나 커서 그들이 F 씨에게 충분한 애정을 쏟지 못했을 것으로 상상할 수 있다. 어린 F 씨는 아버지와 새어머니에게 그것에 대한 불만을 토로할 수 없었다. 부모님에게 부담을 주고 싶지 않고, 애정을 바랐다가 얻지 못하면 더욱 고통스럽기 때문이다. 그래서 아버지와 새어머니에 대한 분노를 억압해야만 했다. 그리고 '사실은 우수한 오빠가 아닌 내가 죽었어야 했다'라는 신념이 생겼다. 어린 F 씨는 '나는 열등하므로 죽었어야 했다'라고 믿는 편이 자신을 충분히 사랑해주지 않는 부모를 미워하는 일보다 견디기 쉬웠을 것이다.

그녀가 자기 자신을 미워하고 괴로워하는 원인으로 아버지와 새어머니를 향한 분노의 억압과 더불어 아버지를 향한 성적 충동에 대한 죄책감도 있다. F 씨는 무의식적으로 '아버지를 성적으로 원하는 나는 추악하다'라고 느낀다.

또 F 씨에게는 그녀를 남겨 두고 암으로 돌아가신 친어머니에 대한 분노도 있을 것이다. 아이를 잃은 부모가 상실의 슬픔 때문에 분노를 느끼는 경우는 자주 있다. 그것은 극히 자연스러운 반응이지만 죽은 아이에 대해 화를 내는 것은 어불성설이다. 죽은 아이에 대한 애정을 부정하는 것처럼 느껴져서 부모는 그 분노를 억압한다. 이것은 몸과 마음의 부조화나 부부 갈등의 원인이 된다. 마찬가지로 F 씨에게도 친어머니에 대한 분노가 있을 것이다.

● 우울 증상의 원인

F 씨는 부모에 대한 미움과 아버지에 대한 성적 충동을 느끼지 않으려고 우울 증상을 만들어냈을 가능성이 있다. 우울 감정에 휩싸이는 세계는 잿빛으로 느껴지고 말로 표현할 수 없이 답답하다. 그것은 감정을 생생하게 느끼지 않기 위해 감정 에너지를 무의식중에 억압해서 생겨난다. 만약 F 씨가 감정을 생생하게 느낀다면 아버지, 친어머니, 새어머니에 대한 강렬한 미움, 그에 대한 죄책감, 애정 결핍, 아버지에 대한 성적 충동, 그에 대한 죄책감 등 모든 것을 생생히 느낄 것이다. 그것은 현재의 F 씨로써는 감당할 수 없는 일이다. 우울한 기분의 괴로움에는 '이유를 알 수 없는' 불안, 짜증, 초조, 죄책감이 있는데, 자신이 무엇을 느끼는지 알게 되면 견딜 수 없게 되기 때문이다.

또한 '내가 죽었어야 했다'라는 신념은 열아홉 살에 스킬스 위암에 걸리는 형태로 현상화現象化되었다. 그러나 암을 통해서도 마음속 깊은 곳에 있는 '나는 죽었어야 했다'라는 신념이 해결되지 않았다. 그녀의 신념은 '남편의 폭력에 죽임을 당할 것 같은' 형태로 다시 현상화된다.[14] 그녀는 남편에게 폭력을 당하면서도 깊은 외로움 때문에 남편을 떠나기 힘들었을 것이다.

● 변화에 대한 불안

F 씨: 선생님, 저 바뀔 수 있을까요?
상담사: 바뀔 수 있을지 불안하신가요?
F 씨: 네. 변해야 하나 해서요. 게다가 부담스럽기도 하고.

---

14) 이것은 폭력을 당하는 사람 모두가 '나는 죽었어야 한다'고 믿고 있다는 주장은 아니다.

'저 바뀔 수 있을까요?'라는 F 씨의 질문은 무엇을 표현하고 있을까? 두 가지 가능성을 생각할 수 있다.

(1) 오늘의 치료 세션에서 별다른 의미를 찾지 못해서 더는 상담을 거듭해도 변화가 생길 것 같지 않다는 불만. 이런 경우는 '오늘 대화를 나누었는데 기분 변화를 느끼지 못해서 이 대화를 지속하는 것에 별로 의미가 없을 것 같다는 마음도 있으신가요?'와 같은 응답이 적절하다.
(2) '상담사의 기대에 부응해서 좋은 방향으로 변화되는 좋은 고객이 되지 않으면 인정받지 못한다'라는 불안감. 이런 경우에는 '변해야 한다는 느낌이 드시나요?'와 같은 응답이 좋다.

상담사는 그 가운데서 어떤 것인지 알지 못해서 '바뀔 수 있을지 불안하신가요?'라고 말했다. 그러자 F 씨는 '네. 변해야 하나 해서요. 게다가 부담스럽기도 하고'라고 대답한다. 변화하기를 요구받고 있으며, 변하지 않으면 '좋은 고객'이라고 인정받지 못하는 것 아닌가 하는 불안을 표현한 것이다.

그러나 그녀는 그것에 대해 더 자세하게 말하지 않고 '게다가 부담스럽기도 하고'라며 화제를 바꾼다. 현시점에서 그녀가 상담사의 애정을 바라는 의존 욕구에 직면하는 것은 너무 힘든 일이다. 애정을 요구하면 그것을 얻지 못해서 상처받을 수도 있기 때문이다. 여기에 그녀가 부모에게 애정을 구하지 못하는 전이 패턴이 반복되고 있다. 또 상담사에 대한 애정 욕구에 성적인 욕구가 포함되어 있으며 그것에 대한 죄책감이 올라왔을 수도 있다.

● 상담사를 향한 대인 불신감과 성적인 양성 전이

상담사는 F 씨의 '부담스럽기도 하고'라는 말의 의미를 이해하지 못하고 '어떤 의미이신가요?'라고 묻는다. 그 부분부터 살펴보자.

상담사: 음, 어떤 의미이신가요?
F 씨: 제 이런 슬픈 인생에 대해 말하는 게 선생님께서는 부담이 될 테니 털어놓기가 어려워요. (눈물) 선생님 마음에 부담을 줄까 봐 두려워요.
상담사: F 님의 슬픔을 이야기하면 저에게 부담을 줄 것 같아 두렵군요.
F 씨: 네. 슬프네요. (눈물)
상담사: 이야기하는 것이 무척 슬프시군요.
F 씨: 선생님도 부담되시겠지만…. 저도 슬퍼요. (눈물)
상담사: 지금 굉장히 괴로우시군요.

F 씨는 자신의 슬픈 인생에 관해 이야기하는 것이 상담사에게 부담이 되고 자신도 슬프다고 이야기한다. 상담사에게 부담이 된다는 것은 사실은 상담사의 호의를 잃어버리는 것에 대한 공포를 말한다. 그것에 대해 살펴보기로 하자.

그녀는 강렬한 애정 결핍을 다른 사람에게서 충족 받기 위해 지나친 애정을 요구한다. 그러나 그녀가 요구하는 수준이 비#현실적으로 높아서 상대방은 그에 응하지 못한다. 그러면 F 씨는 화가 난다. 그렇지만 화를 내는 자신을 허용할 수 없으므로 분노를 억압하고 그것을 다른 사람에게 투사한다. 그래서 '다른 사람이 나에게 화를 내고 있다'라고 인식한다. 그것이 대인 공포가 생기는 메커니즘이다. 이런 인식이 상담사를 향해 있어서 '상담사도 나에게 화를 내지 않을까' 하며 겁을 내는 것이다.

F 씨는 '남들도 나와 같은 갈등을 가지고 있다'라고 믿는다. 즉 상담사가 자신에게 분노를 느끼면서도 화를 억압하고 있다고 인식하는 것이다. 그러므로 '상담사가 내 이야기를 듣는 것은 분노와 그것을 억누르는 갈등을 감당하는 것'이라고 느낀다. 그런 마음의 움직임에서 '선생님께는 부담이 될 테니 털어놓기가 어려워요. 선생님 마음에 부담을 줄까 봐 두려워요'라는 발언이 나온다. 그녀의 본심은 '내 기분을 솔직하게 말하면 선생님이 부담을 느껴 화를 낼 것 같다. 그것이 두렵다'일 것이다.

F 씨는 남성 상담사를 원했다. 그녀가 상담사에 대해 불신감을 느낀다는 것은 상담사의 애정을 강하게 바란다는 반증이다. 또 남성에게 쉽게 성적으로 접근하고 싶은 욕구를 느끼므로 그녀에게 상담하러 가는 것은 남자와 만나고 싶은 욕구를 충족시킨다는 의미도 있을 것이다.

● 무엇에 대해 어떻게 느끼는지 명확히 하지 못하는 괴로움

F 씨는 '슬프다'는 말을 반복해서 사용한다. 이것은 상당히 방어적인 자세이다. 대화에서 '슬프다'라고 말할 때 그녀가 느낀 것은 슬픔뿐만 아니라 여러 가지 수용하기 힘든 감정과 욕구일 것이다. 그러나 그것을 직면하기보다 '슬프다'는 말로 뭉뚱그리고 애매하게 이야기한다. 그녀가 받아들이기 어려운 감정과 욕구란 격렬한 애정 결핍, 상담사를 향한 성적인 애정 욕구와 그에 따르는 죄책감, 아버지와 친어머니, 새어머니에 대한 증오와 그에 따르는 죄책감, 자기 혐오 등이다. F 씨는 그런 감정과 욕구보다 슬픔을 받아들이기가 더 쉽다. 미워하고 있거나, 상담사를 성적으로 원하는 자아상은 너

무 추하므로 받아들이기 힘들지만, '슬퍼하고 있는' 자아상이라면 받아들이기 쉬울 것이다. '슬프다'는 단어로 그녀의 모든 감정을 뭉뚱그림으로써 자신의 다양한 감정을 명확하게 느끼는 것을 피하고 애매하게 만든다.

상담사는 그녀의 괴로움을 높은 수준으로 느끼고 수용하며 그것을 전하고 있다. 그러므로 F 씨의 마음에 '힘들어도 자신의 감정을 제대로 살피고, 갈등의 근원을 탐구해서 고통을 해결하고 싶다'라는 자기 치유력이 솟아났다. 그것을 나타내는 것이 대화의 끝부분에 '이야기해서 힘들었던 과거를 끝낼 필요가 있다는 느낌이 듭니다', '마음속 깊은 곳에 고통 같은 게 도사리고 있어요'라는 발언이다.

상담사의 충분한 공감과 수용이 이후에도 지속한다면 이 상담은 조금씩 진전되고 그녀의 오이디푸스적 갈등, 부모에 대한 분노, 남성 불신, 대인 불신, 우울증 등에 조금씩 변화가 일어날 것이다.

사례 8. '좋은 내담자'를 연기하려는 여성 회사원

'나를 이해하고 싶다', '성장하고 싶다', '교육분석을 받고 싶다'라는 이유로 상담을 원하는 고객이 있다. 이것은 방어의 표현이다. 이런 내담자는 무엇을 어떻게 방어하고 있는지, 그리고 그런 사람에게 어떻게 공감할 것인지에 대해서 생각해보기로 하자.

■ 내담자

G 씨 (40대, 여성) 회사원

■ 내담 경위

G 씨는 '상담사가 되기 위해 교육분석을 받고 싶다'라며 찾아왔다. 첫 번째

세션의 첫 부분을 발췌한다.

상담사: 안녕하세요? 처음 뵙겠습니다.

G 씨: 처음 뵙겠습니다. 저는 G라고 합니다. 잘 부탁드립니다.

상담사: 네, 잘 부탁드립니다. 무슨 일로 상담을 받아야겠다고 생각하셨나요?

G 씨: 네. 저…. 저 자신을 이해하고 싶어서 왔어요.

상담사: 음…, 네.

G 씨: 언젠가는 상담사가 되고 싶거든요. 교육분석이라고 하나요? 과거의 일은 제 안에서 해결했다고 생각하고요. 죄책감과 자기 혐오에 대해 정리하고 싶어요.

상담사: 죄책감이나 자기 혐오감이 있다고 느끼시는군요.

G 씨: 네, 맞아요. 어렸을 때부터 심리학에 흥미가 있어서 그쪽 분야의 책을 자주 읽었어요. 섭식 장애나 부모 자녀 관계라던가.

상담사: 심리학을 잘 배우고 계시네요.

G 씨: 네…. 선생님, 그런데 책을 출간한 적은 있으신가요?

상담사: 아니요.

G 씨: 아, 죄송합니다. 저는 심리학 관련 책을 읽고 많은 깨달음이 있었어요. 예를 들어서 자주 짜증 나는 일이 있었는데 그게 사실은 부러움을 느껴서 그랬던 거구나, 라고요.

상담사: 사실은 부러움을 느끼셨던 거군요.

G 씨: 다른 사람들과 스스럼없이 말하는 사람이 부러워요. 저는 작은 무역회사에서 사무직으로 일하는데요. 새로 들어온 젊은 여자나 아르바이트로 온 여학생들 가운데 금방 마음을 터놓고 이야기하는

사람이 있거든요. 그런 사람을 보고 있으면 짜증이 나요. 일하는 중에 웃고 까불고…. 존댓말도 제대로 쓰지 않고요.

상담사: 젊은 여성을 보고 있으면 짜증이 나는군요.

G 씨: 하지만 사실 부러웠던 거구나 싶어요.

상담사: 부러웠던 거였다고 느끼시는군요.

G 씨: 그런 생각을 하는 저 자신에게 자기 혐오를 느껴요. 그러면 짜증이 나니까 과식을 해버리고요.

상담사: 자기 혐오와 짜증으로 너무나 괴로워서 먹지 않고는 견딜 수 없는 기분이 드시는군요.

G 씨: 자기 혐오는 이것 말고도 또 있어요. 제가 회사에서는 일단 부하 직원이 있는 위치거든요. 그래서 사실은 제 의견을 말하고 팀을 이끌어 나가야 하는데 그러지 못하니까 자기 혐오에 빠져요.

상담사: 자기 의견을 말하고 이끌어야 한다고 생각하지만 그렇게 하지 못하는 자신을 책망하는군요.

G 씨: 사람들의 시선이 신경 쓰이는 것 같아요.

상담사: 나에 대해 나쁘게 생각하는 건 아닐까 하고 불안해지는 걸까요?

G 씨: 부하 직원들이 저한테 겉으로는 잘하지만 사실 속으로는 짜증 나있진 않나 싶고요. 업무에서 실수하면 상사에게 혼날 것 같아 조마조마해요. 그게 지나친 생각이라는 건 알고 있지만요.

상담사: 부하 직원도 상사도 G 님에게 화를 내면 어쩌나 하고 조마조마하신가요?

G 씨: 뭔가 조마조마하네요.

상담사: 무섭군요.

G 씨: 무서워요…. 저…. 이건 다른 이야기인데요. 저는 오래전에 이혼했

고 지금은 사귀는 사람이 있는데요. 그 사람과 사이가 원만하지 않아요. 저는 어리광 부리는 걸 잘 못하거든요. 무뚝뚝하고…. 쉽게 기분 상하는 행동을 한다고 해야 하나….

여동생이 있는데 저와는 정반대로 어리광을 굉장히 잘 부려요. 부모님도 어렸을 때부터 여동생이 조르면 물건을 사주셨는데 저는 떼를 쓰지 않는 아이였어요. 그런 동생이 부러웠구나 하고 요즘 깨달았어요.

상담사: 동생이 어리광을 잘 부리고 부모님이 잘 해준 게 사실은 부러웠던 거군요.

G 씨: 어렸을 때 저는 정의의 편이라는 느낌이었어요. 나쁜 짓을 한 아이를 선생님에게 이르거나 학급회의에서 그 아이를 나무라곤 했죠. 그래서 초등학교 5, 6학년 때 괴롭힘도 당하고 따돌림도 당했어요. 그러니까 중학교에 들어가서는 눈에 띄지 않게 엄청 얌전해지더라고요.

■ 해설

● '나를 이해하고 싶다'라고 말하는 내담자의 본심

가끔 G 씨처럼 '자신을 이해하고 싶다'라며 찾아오는 사람이 있다. 그러나 이 말은 방어가 작용한 것으로 진짜 그 목적을 위해 상담에 오는 사람은 없다. '저 자신을 이해하고 싶어요'라고 말하는 내담자도 사실은 마음의 어떤 괴로움에서 편안해지길 바라는 것이다. 더 높은 수준에서의 진짜 목적은 증상과는 상관없이 자기 자신이 공감적으로 이해받고, 있는 그대로 받아들여지기 위함이다. 바꾸어 말하자면 사람은 조건 없는 사랑을 찾아 상담에 온다.

내담자가 '나 자신을 이해하고 싶어서 상담하러 왔다'라고 말하는 것은 '고통에 직면하는 것이 무섭다', '마음에 괴로움이 있다고 인정하는 것조차 두렵다'라는 저항의 표현이다. 상담이 단순히 '자신을 이해한다'라는 지적 수준을 뛰어넘어 더욱 깊어지면 마음속의 애정 결핍, 분노, 열등감, 죄책감 같은 고통스러운 감정을 건드릴 것 같아서 두려운 것이다.

또 '저 자신을 이해하고 싶어서 상담을 받아요'라는 말에는 '상담사에게 심리적으로 비정상적인 사람, 약한 사람으로 취급당하고 싶지 않다'라는 전이 저항도 작용하고 있다. 거기서는 상담을 받는 사람들에 대한 편견도 엿볼 수 있다.

덧붙여 여기에서 '전이 저항'이라 함은 G 씨가 상담사에게 사랑받고 싶은 마음(양성 전이) 때문에 자기 문제의 근원에 직면하여 해결하지 않고 상담사가 좋아할 말을 하는 마음의 움직임을 가리킨다.

● '교육분석'이라고 말하는 저항

전이 저항은 '교육분석', '죄책감이나 자기 혐오에 대해 정리하고 싶다'라는 G 씨의 발언에서도 나타난다. 교육분석이란, 상담사가 되려는 사람이나 현역 상담사가 훈련의 일환으로 상담받는 것을 가리킨다. '교육분석'이라고 말하는 이유는 아까와 마찬가지로 '나는 본격적으로 상담할 만큼 마음의 문제는 없다'라고 생각하고 싶은 것과 '상담사가 자신을 건강한 사람이라고 생각해주길 원하는' 마음이 담겨 있다.

상담사는 G 씨의 그런 마음을 이해해야 한다. 예를 들어, 거기서 '나는 교육분석은 해본 적이 없어서 곤란하다'라는 식으로 생각하는 것은 공감이 어

굿난 것이다. 나는 '일반 상담'과 '교육분석'에는 아무런 차이가 없다고 생각한다.[15]

● 과거 마음의 아픔을 피하려는 저항

'과거의 일은 제 안에서 해결을 했다고 생각하고요'라는 말에도 G 씨의 저항이 나타나 있다. 만약 정말 과거의 응어리가 해결되었다면 그것을 언급조차 하지 않았을 것이고, 죄책감과 자기 혐오감도 갖지 않았을 것이다. G 씨가 '과거의 일은 해결했다'라고 말하는 것은 과거와 관련된 힘든 감정이 있지만 그것에 직면하는 것이 두렵다는 하소연이다. 게다가 이 말은 상담사에 대한 음성 전이의 싹일지도 모른다. 내담자는 자주 '상담사가 내 과거를 파헤치려고 한다'거나 '힘든 감정에 무리하게 맞서게 한다'라고 느낀다.

또 내담자가 상담사에게 짜증을 내거나 반항할 때는 흔히 '상담사가 나를 비판하는 기분이 든다'라거나 '상담사가 나에게 화내고 있다'라고 느낀다. 그리고 상처받거나 버림받는 공포를 느끼지 않기 위한 방어로서 상담사에게 화를 낸다. 그러한 감정에 생각을 기울이는 것이 공감에서 매우 중요하다.

'죄책감이나 자기 혐오에 대해 정리하고 싶다'라는 발언도 저항의 표현이다. 그렇게 말하면 상담사가 '이 사람은 자신의 마음을 마주하려는 사람'이라고 좋게 평가할 것이라고 느끼기 때문이다. 만약 저항이 없다면 이런 말을 하지 않고 이미 죄책감이나 자기 혐오에 대해서 감정을 실어 이야기를 시작했을 것이다.

---

[15] 융 학파의 심리치료사 등과 같이 통상적인 상담 심리요법과 교육분석이 내용이나 진행 방식에서 다르다고 생각하는 사람들도 있다. 그렇지만 그런 전문가라도 '교육분석을 위한 상담'이라고 말하는 내담자가 방어하는 불안을 이해하고 공감해야 한다.

● 죄책감의 괴로움에 공감하다

상담에서 먼저 중요한 것은 증상의 괴로움에 공감하는 것이다. G 씨는 죄책감과 자기 혐오의 괴로움을 이야기하고 있다. 이 시점에서는 일단 그 괴로움에 공감하는 것이 중요하다. 상담사는 '죄책감이나 자기 혐오감이 있다고 느끼시는군요'라며 공감적인 모습으로 응답했다. 이것은 적절한 응답이었지만 '죄책감이나 혐오감 때문에 괴로우신가요?'라고 응답하는 것이 괴로움이 언급되는 만큼 더욱 공감적이었을 것이다. 단, 그 방식이 G 씨의 괴로움을 지나치게 단도직입적으로 파고들지 않는다는 것을 전제해야 한다. 그 판단은 G 씨와 함께 있으면서 느낀 상담사의 감각에 따른다.

이어서 그녀는 '네, 맞아요. 어렸을 때부터 심리학에 흥미가 있어서 그쪽 분야의 책을 자주 읽었어요. 섭식 장애나, 부모 자녀 관계라던가'라고 말했다. 그것은 '젊었을 때부터 마음의 고통으로 인해 괴로웠다'라는 표현이다. 그녀의 고통은 섭식 장애 또는 부모와의 관계와 관련되었을 것으로 추측할 수 있다. 이것은 방어적이던 G 씨가 괴로움에 대해 언급하기 시작한 중요한 발언이다. 그녀에게 그것이 가능하게 된 이유는 상담사가 '죄책감이나 자기 혐오감이 있다고 느끼시는군요'라고 한 응답에서 공감이 느껴졌기 때문이다.

● 평가를 전하는 비非공감적 응답

고객이 고통을 이야기하는 발언에는 특히나 공감적으로 응답하는 것이 중요하다. 그러나 상담사는 여기에서 '심리학을 잘 배우고 계시네요'라고 응답했다. 이것은 다음의 두 가지 이유로 서툰 응답이다.

첫째, '어렸을 때부터 심리학에 흥미가 있어서'라는 발언이 '오랫동안 마음의 고통을 느껴왔다'라는 호소라는 사실을 이해하지 못했다는 것이다. 이 부분에서 그녀는 상담을 받는 진짜 이유인 괴로움에 대해 말하고 있다. 그러므로 여기에서 표현된 괴로움에 공감해야 한다. 그렇지만 이 발언만으로는 그 고통이 얼마나 큰지 알 수 없다. 그것에 대해 편하게 이야기할 수 있도록 하는 응답을 했다면 좋았을 것이다.

예를 들어, '섭식 장애나 부모와의 관계 등 마음에 관해 관심을 두고 계시군요'라는 응답을 생각할 수 있다. 이때 '이 사람은 분명 오랫동안 고통받고 있었을 것'이라고 생각하면서 표정과 목소리 톤을 통해 공감이 전달되도록 응답해야 한다. 그런 것 없이 단순히 객관적 사실을 반복하는 비공감적인 응답으로는 상담이 진전되지 않는다. 또는 '그녀가 어렸을 때부터 느껴온 고통에 관해 이야기하고 싶어 한다'고 느꼈다면 좀 더 직설적으로 '어렸을 때부터 섭식 장애나 부모님과 관계된 어려움이 있으셨나요?'라고 응답하는 것도 좋다.

이처럼 공감적으로 응답한다면 G 씨는 자신의 고통을 더 솔직하게 말할 수 있을 것이다.

'심리학을 잘 배우고 계시네요'라는 상담사의 응답이 서툰 두 번째 이유는, 그것이 평가하는 어감을 띠고 있기 때문이다. '심리학 책을 자주 읽는다'라는 발언의 밑바탕에는 그렇게 이야기하면 상담사에게 좋게 받아들여질 것이라는 생각이 있었을 것이다. 즉 그녀는 부모에게 '열심히 공부하면 너를 받아주겠다'라는 무의식적 요구를 받으며 자랐을 가능성이 크다. 그래서 '심리학을 잘 배우고 계시네요'라는 상담사의 말이 G 씨에게는 '이 상담사도 나를 조건 없이 받아주지 않고 공부를 잘해야만 받아줄 것'이라는 무의식적 요구로 전달된 것이다. 이 서툰 응답 때문에 저항이 증가했다. G 씨의 다음 질문에서 그것이 나타난다.

● 전이와 저항의 표현으로서의 질문과 음성 전이

저항이 나타난 질문은 '책을 출간한 적은 있으신가요?'이다. G 씨는 저항이 높아지자 자기 이야기를 할 수 없게 되어서 상담사에게 질문했다. 이때 상담사가 그 질문 속에 담긴 것이 무엇인지를 명확히 하는 응답을 했다면 좋았겠지만 '아니요'라고만 대답한다. 어쩌면 상담사에게 '내가 책을 낸 적이 없어서 낮은 평가를 받진 않을까' 하는 역전이 불안이 생겨서 잘 대처하지 못했을 수도 있다.

그렇다면 '책을 출간한 적은 있으신가요?'라는 질문은 어떤 의미일까? 이 질문에서는 공부, 독서, 성적 등에 가치를 두는 부모의 가치관이 G 씨에게 그대로 내재화되었음을 엿볼 수 있다. 부모의 가치관에 맞는 '착한 아이'가 되어 사랑받고 싶었기 때문이다. G 씨는 그 가치관대로 상담사가 '책을 출간한 훌륭한 상담사'이기를 바라는 생각이 들었다. 책을 쓴 상담사는 존경하고, 그렇지 않은 상담사는 멸시하는 것이다. G 씨는 '아니요'라는 상담사의 대답에 '아, 죄송합니다'라고 사과한다. '실례를 범했다'라고 생각했기 때문이다. 그 질문이 실례라고 생각한 이유는 상담사가 책을 쓰지 않은 것에 경멸감이 들었기 때문이다. 이런 G 씨의 생각을 공감적으로 명확히 하는 응답으로는 '제가 책을 낸 상담사였으면 좋겠다는 생각이 조금 드셨나요?'가 적절하다.

그러나 이 대화에서 상담사는 '아니요'라고만 대답했다. 그래서 '이 상담사가 책을 쓴 훌륭한 상담사인지 알고 싶다'라는 G 씨의 생각이 대화 속에서 명확해지지 않았다. 그 생각은 사실 '훌륭하고 존경스러운 상담사에게 상담을 받고 싶다'라는 바람이다. 게다가 이런 바람의 밑바닥에는 '훌륭하고 존경스러운 상담사에게 의지하고 어리광을 부리고 싶은' 의존적 애정 욕구가 있다. 그렇지만 상담사는 이에 대해 공감하지 않고 '아니요'라고만 대답했다. 그래서 G 씨의 마음에는 '이 사람은 존경할 수 없는 상담사이며, 의지하고 응석 부리고 싶은 내 욕구를 채울 수 없을 것'이라는 음성 전이가 생겼다. 이런 음성 전이 반응은 이후에도 중요한 저항으로 계속 작용했을 것이다. 즉 G 씨는 '이 상담사는 존경할 수 없고 신뢰할 수 없다'라는 생각을 계속 마음속에 품은 채로 이야기했을 것이다

그러나 그녀는 그런 음성 전이를 말하지 못하고 화제를 바꾼다. 아직 상담사에 대한 신뢰감이 부족하기 때문이다. 상담사에게 갖는 음성 전이는 언젠가는 표출된다. 그때 그것을 수용적이고 공감적으로 다루며 대화해야 한다. 음성 전이를 다룰 수 없는 상황이 지속한다면 상담은 중단된다.

● 증상을 말하기 시작하다

G 씨: 다른 사람들과 스스럼없이 말하는 사람이 부러워요. 저는 작은 무역회사에서 사무직으로 일하고 있는데요. 새로 들어온 젊은 여자나 아르바이트로 온 여학생들 가운데 금방 마음을 터놓고 이야기하는 사람이 있거든요. 그런 사람을 보고 있으면 짜증이 나요. 일하는 중에 웃고 까불고…. 존댓말도 제대로 쓰지 않고요.
상담사: 젊은 여성을 보고 있으면 짜증이 나는군요.
G 씨: 하지만 사실 부러웠던 거구나 싶어요.
상담사: 부러웠던 거였다고 느끼시는군요.
G 씨: 그런 생각을 하는 저 자신에게 자기 혐오를 느껴요. 그러면 짜증이 나니까 과식을 해버리고요.
상담사: 자기 혐오와 짜증으로 너무나 괴로워서 먹지 않고는 견딜 수 없는

기분이 드시는군요.

G 씨는 드디어 증상에 대해 말하기 시작한다. 상담사의 공감과 수용적인 태도가 어느 정도 그녀에게 전해지고 있음을 알 수 있다. 증상은 '자기 혐오', '짜증', '과식'이다. G 씨는 '상담사가 자신을 연약한 사람이라고 생각하고 멸시할까 봐 두려운' 전이가 매우 강했다. 그래서 자신의 고통을 말할 수 없었다. 그녀는 부모에게 '강해져야만 한다', '유능하지 않으면 인정받지 못한다'는 무의식적 요구를 들으며 자랐을 것이다. 여기서 말하는 '증상'이라는 것은 상담 접수 시에 내담자가 기술한 것으로 한정하지 않는다. 내담자가 힘들다고 느끼는 전반적인 것을 가리킨다. 예를 들어, G 씨의 경우는 상담 접수 시 증상 란에 '교육분석', '자신을 이해하는 것', '마음을 정리하는 것'으로 썼을 것이다. 그러나 여기에서의 증상은 그런 것이 아니다. 그녀가 진짜 힘들어하는 것은 '자기 혐오', '짜증', '과식'이다.

반복해서 언급하지만, 상담에서 가장 중요한 것은 증상의 괴로움에 공감하는 것이다. 여기까지의 대화에서는 아래의 응답이 G 씨의 괴로움에 대한 공감을 표하고 있다.

'젊은 여성을 보고 있으면 짜증이 나는군요.'
'부러웠던 거였다고 느끼시는군요.'
'자기 혐오와 짜증으로 너무나 괴로워서 먹지 않고는 견딜 수 없는 기분이 드시는군요.'

● 공격성과 억압

G 씨는 다른 사람과 스스럼없이 말하지 못하고 사람을 경계하며 두려워하는 괴로움을 표현한다. '다른 사람들과 스스럼없이 말하는 사람이 부러워요'라고 한 부분이다. 이것은 자신의 대인 공포를 이야기한 매우 중요한 발언이다. 그녀가 '부럽다'라고 한 것은 싹싹하고 스스럼없이 대화하는 젊은 여성 직원에 대한 질투와 공격성의 표현이다. 그렇지만 질투와 공격성을 느끼는 것을 자기 자신에게 허용할 수 없으므로 그것을 억압하고 '부럽다'라고만 느낀다.

G 씨가 사람들과 스스럼없이 이야기하는 사람에게 공격성을 느끼는 이유는 부모에게 '내 마음에 들지 않게 말하는 것을 허용하지'라는 무의식적 요구를 받았기 때문이다. 거리낌 없이 대화할 수가 없다. 그녀는 공격성에 대한 죄책감을 느끼고 있어서 자신에게 혐오감을 느낀다. 즉 죄책감과 자기 혐오는 공격성을 억압하기 위한 방어로 생긴다.

또 G 씨는 음식물을 몸에 채워 넣는 것으로도 공격성을 억제한다. 상담이 시작된 지 얼마 되지 않은 이 시점에서는 죄책감과 자기 혐오의 괴로움에 공감하는 것이 특히나 중요하다. 상담사는 G 씨의 괴로움에 공감하면서 '자기 혐오와 짜증으로 너무나 괴로워서 먹지 않고는 견딜 수 없는 기분이 드시는군요'라고 응답했다. 적절한 응답이다.

'자기 혐오와 짜증으로 너무 많이 먹어버리는군요'라는 응답도 있을 수 있다. 그러나 이것은 너무 많이 먹는다는 행동에 중점을 두는 표현으로 공감을 전하는 면에서는 못 미친다. 상담사가 말한 것 같이 '먹지 않고는 견딜 수 없는 기분이 든다'라고 감정에 초점을 두는 응답이 더욱 좋다.

● 성性에 대한 동경과 죄책감

G 씨가 남들과 스스럼없이 이야기하는 '젊은 여자'와 '여학생'에게 화가 나는 이유는 성에 대한 동경과 죄책감의 갈등 때문이다. 사실은 자신도 다른 젊은 여자들처럼 성을 즐기고 남자들의 주목을 받고 싶은데 그런 충동을 자신에게 허용하지 못한다.

● 분노

G 씨: 자기 혐오는 이것 말고도 또 있어요. 제가 회사에서는 일단 부하 직원이 있는 위치거든요. 그래서 사실은 제 의견을 말하고 팀을 이끌어 나가야 하는데 그러지 못하니까 자기 혐오에 빠져요.
상담사: 자기 의견을 말하고 이끌어야 한다고 생각하지만 그렇게 하지 못하는 자신을 책망하는군요.
G 씨: 사람들의 시선이 신경 쓰이는 것 같아요.
상담사: 나에 대해 나쁘게 생각하는 건 아닐까 하고 불안해지는 걸까요?
G 씨: 부하 직원들이 저한테 겉으로는 잘하지만 사실 속으로는 짜증 나 있진 않나 싶고요. 업무에서 실수하면 상사에게 혼날 것 같아 조마조마해요. 그게 지나친 생각이라는 건 알고 있지만요.
상담사: 부하 직원도 상사도 G 님에게 화를 내면 어쩌나 하고 조마조마하신가요?
G 씨: 뭔가 조마조마하네요.
상담사: 무섭군요.
G 씨: 무서워요….

이 부분부터 G 씨가 더욱 자기 증상의 고통을 이야기하며 상담이 진전된다. 이때 증상의 괴로움에 공감하며 응답하는 것이 특히 중요한데 위의 대화 부분에서 공감적 응답은 다음 네 가지이다.

'자기 의견을 말하고 이끌어야 한다고 생각하지만 그렇게 하지 못하는 자신을 책망하는군요.'
'나에 대해 나쁘게 생각하는 건 아닐까 하고 불안해지는 걸까요?'
'부하 직원도 상사도 G 님에게 화를 내면 어쩌나 하고 조마조마하신가요?'
'무섭군요.'

여기서 G 씨가 표현하는 중요한 것 가운데 하나는 그녀에 대해 좋게 평가하지 않는 회사 사람들에 대한 분노이다. '회사 사람들은 내가 의견을 내면 부정적으로 반응할 것'으로 느낀다. 그것에 대해 분노를 느끼지만 그녀는 분노나 공격성에 대한 죄책감이 매우 강해서 자신을 '나쁜 사람'이라고 해석하며 타인에 대한 공격성이 느껴지지 않게 하고 있다. 억압된 공격성은 대인 공포의 원인이 된다. 그래서 그녀는 '사람들의 시선이 신경 쓰이는 것 같아요'라며 대인 공포의 고통을 연상했다. 그녀가 진짜로 느끼는 것은 자기 혐오나 '조마조마'한 대인 공포가 아닌 주변 사람에 대한 분노이다.

● 억압된 공격성을 연인에게 돌리다

G 씨는 더욱 중요한 것에 관해 이야기해나간다.

G 씨: 저는 오래전에 이혼했고 지금은 사귀는 사람이 있는데요. 그 사람

과 사이가 원만하지 않아요. 저는 어리광 부리는 걸 잘 못 하거든요. 무뚝뚝하고…. 쉽게 기분 상하는 행동을 한다고 해야 하나….

여동생이 있는데 저와는 정반대로 어리광을 굉장히 잘 부려요. 부모님도 어렸을 때부터 여동생이 조르면 물건을 사주셨는데 저는 떼를 쓰지 않는 아이였어요. 그런 동생이 부러웠구나 하고 요즘 깨달았어요.

상담사: 동생이 어리광을 잘 부리고 부모님이 잘 해준 게 사실은 부러웠던 거군요.

G 씨: 어렸을 때 저는 정의의 편이라는 느낌이었어요. 나쁜 짓을 한 아이를 선생님에게 이르거나 학급회의에서 그 아이를 나무라곤 했죠. 그래서 초등학교 5~6학년 때 괴롭힘도 당하고 따돌림도 당했어요. 그러니까 중학교에 들어가서는 눈에 띄지 않게 엄청 얌전해지더라고요.

G 씨는 직장 문제에 관해 이야기하다가 화제를 연인과의 일로 전환한다. 이런 경우는 대체로 나중에 말하는 문제가 더 심각하고 중요하다. 즉 직장보다는 연인과의 사이가 더 힘들고 괴로운 문제인 것이다. 그렇지만 성에 대한 죄책감 때문에 상담사의 조건 없는 수용과 공감을 충분히 느낄 때까지 연인에 관한 이야기는 할 수 없었을 것이다. 그렇다면 앞으로 다룰 연인에 대한 주제는 G 씨에게 상당히 중요하고 섬세하며 상처 입기 쉬운 이야기이다. 상담사는 그것을 염두에 두고 정중하고 공감적으로 경청해야 한다.

G 씨는 연인과 사이가 좋지 않은 것에 관해서 그녀 자신이 '무뚝뚝하다', '쉽게 기분 상하는 행동을 한다'라고 말한다. 이것은 그녀가 평소에 억압하고 있는 공격성을 연인에게 지나치게 표현하고 있음을 시사한다.

여기에서는 G 씨에 대해 다음과 같은 추측을 할 수 있다. 그녀는 부모에게 '공부를 열심히 하지 않는 아이는 수용할 수 없다', '존댓말을 바르게 사용하는 예의 바르고 똑 부러진 아이만 받아들이겠다'라는 메시지를 강요당했을 것이다. 조건 없는 사랑을 충분히 받지 못한 채 자란 것이다. 사랑받고 싶었지만 상처를 받았으므로 '어리광을 부리면 상처받는다'라고 배웠을 것이다. '저는 어리광 부리는 걸 잘 못 하거든요'라는 발언은 그런 트라우마를 표현하고 있다.

G 씨는 조건 없는 사랑을 많이 받지 못했다고 느껴서 강한 애정 결핍을 안고 살아간다. 이것은 매우 괴로운 일이다. 그리고 현재의 연인이 이런 애정 결핍을 채워주길 바란다. 그러나 과도한 유아적 애정 욕구는 연인이 채워주지 못하는 경우가 많다. 그때 (그녀를 조건 없이 사랑해주지 않은) 부모에 대한 공격성은 연인에게로 향하여 연인을 공격한다. G 씨가 이혼한 이유도 전남편을 향한 동일한 애정 욕구와 공격성이 원인이었을 가능성이 크다.

● 공격성의 발휘, 그리고 그에 따른 죄책감

공격성에 대한 큰 죄책감 때문에 G 씨는 '무뚝뚝한 것'과 '쉽게 기분을 상하게 하는 것'에 대해 좀 더 깊이 이야기할 수 없다. 그래서 바로 여동생의 이야기로 화제를 전환한다. 이때 상담사가 부주의하게 '남자친구와는 왜 사이가 나빠졌나요?', '남자친구에 대해 자세히 이야기해주세요' 등과 같은 질문을 하지 않는 것이 좋다. 비공감적이고 공격적인 자세를 취하면 G 씨가 겁에 질려 상담이 중단될 가능성이 크기 때문이다.

G 씨는 여동생에 대해서 '어리광을 굉장히 잘 부려요. 그런 동생이 부러웠구나'라고 말한다. 여동생을 향한 부러움은 공격성을 동반하고 있다. 그

러나 공격성을 드러내고 이야기하면 상담사가 좋지 않게 생각하고 비난을 받을 것 같은 전이 저항이 작용해서 그것을 이야기하지 못한다.

동생에 대한 공격성은 직접 이야기할 수 없지만, 초등학교 때 '정의의 편'에서 한 공격적인 행동에 관해서는 이야기할 수 있다. 표면적으로는 여동생의 이야기에서 초등학교 시절의 무관한 화제로 전환된 것처럼 보인다. 그렇지만 그녀의 연상에서는 동일한 공격성에 대해 일관되게 말하고 있다.

초등학교 시절에 G 씨가 '나쁜 짓을 한 아이'를 선생님께 이르고 학급회의에서 나무란 것은 그녀 자신이 부모에게 '나쁜 아이'라고 심하게 공격당한 것에 대한 분노가 밑바탕이 된다. 아마 G 씨는 여동생에 대해서도 심한 공격성을 가지고 있을 것이다. 연인에 대해서도 마찬가지이고, 이혼한 전 남편에게도 공격성은 향해 있다.

G 씨는 초등학교 때 따돌림을 당했다고 말한다. 그녀의 지나친 공격성이 반 친구들과의 관계를 망쳤을 가능성이 있다. 그녀와 동일한 마음의 상처가 있는 아이일수록 강하게 반응하여 그녀를 싫어하고 공격했을 것이다. 따돌림은 누구에게나 괴로운 일이지만 애정 결핍이 심한 G 씨에게 따돌림당하는 일은 특히 괴로웠을 것이다. 상담이 진행될수록 그 고통을 서서히 말하게 될 것이다.

마지막으로 이 대화의 특징을 살펴보자. 이 치료 세션에서는 짧은 시간에 아주 중요한 사항들이 많이 거론되었다. 예를 들어, G 씨가 처음에 이야기한 직장 내 젊은 여성들에게 느끼는 감정과 관련해서 더욱 많은 시간을 할애하더라도 전혀 이상하지 않다. 그녀가 여러 가지 중요한 주제에 관해 이야기한 이유는 특정 주제에 대해서만 차분하게 이야기하면 그것에 얽힌 감정이 솟구칠 것 같고, 그것을 견디지 못할 것 같기 때문이다. 공격성과 그에 따른 죄책감, 성에 대한 동경과 죄책감 등 그 어느 것에도 직면할 수 없다.

그리고 G 씨는 과거에 공감적이고 수용적인 상담(또는 그와 유사한 도움)을 받았을 가능성이 있다. 그 경험을 통해 '상담사에게 솔직하게 이야기하면 이해하고 받아들여 준다'라고 느껴서 중요한 내용을 충분히 이야기했을 가능성도 있다.

다음 사례에서는 과거의 상담 경험이 현재의 상담 과정에 어떤 영향을 미치는지에 대해 살펴보기로 하겠다.

사례 9. 이전 상담사와의 전이 반응을
현 상담사에게 나타내는 여성 공무원

고객이 이전에 상담이나 그와 비슷한 도움을 받은 적이 있다면 이전 상담사에 대한 인지나 감정, 태도가 현재의 상담사에게로 전이된다. 이런 전이 반응을 어떻게 이해하고 대응하는 것이 도움이 될지 생각해보기로 하자.

■ 내담자

H 씨(40대, 여성) 공무원

■ 내담 경위

H 씨는 '직장 내에서의 인간관계가 싫고 하루하루가 즐겁지 않다'라며 상담사를 찾아왔다. 두 번째 세션 중간 부분 대화를 발췌한다.

H 씨: 저는 예전에도 상담을 받은 적이 있어요.

상담사: 아, 그러시군요.

H 씨: 여러 가지 힘든 일이 있었거든요…. 상담을 시작하고 중단하기를 반복했어요.

상담사: 그렇군요.

H 씨: 속마음을 말할 수 있을 만한 상담사가 없었다고 해야 하나. 제 기분을 몰라주는 것 같아서요….

상담사: 지금까지 상담에서 아무도 H 님의 힘듦을 이해해주지 못했군요.

H 씨: 감정을 이야기할 수가 없었어요.

상담사: 감정을 털어놓을 마음은 생기지 않았군요.

H 씨: 어제부터 두통이랑 어깨 결림이 심하네요. 긴장성이긴 한데….

상담사: 오늘 대화할 생각을 하니 긴장이 되고, 두통과 어깨 결림이 심해서 이곳에 오는 게 힘드셨나요?

H 씨: 전에는 지인에게 소개받은 남자 상담사분께 상담을 받았어요. 그런데 도중에 친절을 넘어서 너무 허물없이 대하는 거예요.

상담사: 허물없이?

H 씨: 저한테 전화번호를 주면서 '언제든지 전화해도 된다'고 했어요. 그러면서 밤에 제 휴대전화로 전화를 하기도 하고…. 처음에는 이상하다는 생각도 했는데 그래도 전문가니까….

상담사: 그러셨군요.

H 씨: (혐오스러운 표정으로) 저한테 심리적으로 매달리는 느낌이 들었어요.

상담사: 매달리는 느낌….

H 씨: 저한테 '당신은 상담사가 적성에 맞으니까 내가 상담을 가르쳐주

겠다'라고 했어요. 하지만 그 상담사에게 배운다는 건 상상할 수 없어요.

상담사: 그 상담사에게 배운다는 건 상상할 수 없군요.

H 씨: 네에….

상담사: 적합하지 않은 느낌이신가요?

H 씨: 싫다고 생각했어요. 게다가 상담하는 동안 제가 힘들었던 이야기를 하면 제 손을 잡기도 했거든요.

상담사: 몸도 만졌나요?

H 씨: 네. 손을 잡아도 저는 그 상태로 이야기를 계속했는데…. 친구한테 말했더니 '그거 이상하다'고 하더라고요. 역시 이상한 거구나… 싶었어요. (화가 치밀어 오르는 모습)

상담사: 역시 이건 이상한 거구나… 싶었군요.

H 씨: 그러니까요! 화가 났어요.

상담사: 화가 났다….

H 씨: 근데 엄청 무서운 면도 있었어요.

상담사: 엄청 무서운 면?

H 씨: 상담할 때 제가 싫어하는 동료에 관해서 이야기했거든요. 그랬더니 그 상담사가 '동료를 탓할 게 아니라 당신이 변해야 한다'라고 하더라고요. 또 다른 이야기를 할 때는 '당신이 너무 지나치게 생각하는 거'라고 하고요.

상담사: 혼나는 것 같았나요?

H 씨: 너무 무서워서….

상담사: 너무 무서웠군요.

H 씨: 네…. 그런 말을 들으니 움츠러들어서…. 그런데 복수를 한다 한

들, 달리 도리가 없잖아요.

상담사: 신뢰를 배반당해서 복수하고 싶고 화나는 마음도 있으신가요?

H 씨: 네, 있어요. 힘들어서 도움을 받으려고 상담을 하러 간 건데 상담사의 욕구를 채우는 데 제가 이용당했다는 생각이 들거든요. (화가 치밀어 오른다.)

상담사: 이용당해서 화가 나셨군요.

H 씨: 전문 상담사인데 너무하다고 생각해요.

상담사: 상처받았고 화가 난다….

H 씨: 네. (이야기가 계속된다.)

■ 해설

● 이전 상담사로부터의 전이 반응

내담자가 이전에 상담이나 그것과 유사한 도움을 받은 적이 있는 경우 이전 상담사가 수용적이고 공감적이었던 경우에는 새로운 상담사를 쉽게 신뢰한다. 그러나 반대로 내담자가 이전 상담사를 비공감적이라고 느꼈거나, 더 나아가 상처를 받고 배신당했다고 느꼈을 때 그 생각이 현재 상담사에게로 향한다. '이 상담사에게 마음을 열었다가 또 상처받지는 않을까' 하고 불안해하는 것이다. 그래서 현재 상담사를 신뢰하기가 힘들다.

　이런 경우, 이전 상담사에 대한 분노, 상처, 혐오감 등에 대해 충분히 이야기하고, 그런 감정을 공감적으로 이해받고 수용되는 과정이 필요하다. 그것이 충분하게 이루어지지 않으면 이전 상담사로부터의 음성 전이로 인해 상담에 방해될 수 있다. 그렇지만 내담자에게 '이전 상담사에 대한 마음이 어떤지 말해주세요', '이전 상담사에 대해 어떤 기분인가요?'라고 질문해서 이야기하게 하는 것은 별 의미가 없다. 어디까지나 고객이 자발적으로 말하고 싶어져서 말하는 과정을 통해야만 변화가 생긴다. 그러기 위해서는 상담사가 내담자의 분노, 상처, 혐오감 및 그 감정들에 대한 죄책감을 공감적으로 이해하고 신중하게 말로 되풀이해야 한다.

● 증상의 괴로움에 대한 공감

H 씨와의 대화에서 먼저 중요한 것은 이전 상담사에 대한 불신감과 증상의 고통을 이해하는 것이다. 그녀의 증상은 '어제부터 두통이랑 어깨 결림이 심하네요. 긴장성이긴 한데…'라는 부분이다. 이전 상담사에 대한 불신감이 현재 상담사로 전이되어 현 상담사가 너무 무섭고 긴장한 나머지 두통과 어깨 결림이 심해졌을 가능성이 있다. 이런 신체적 고통과 그 안에 숨겨진 현재 상담사에 대한 두려움의 고통에 특히 공감적으로 응답해야 한다.

이 대화에서는 H 씨가 이전 상담사에 대한 분노와 혐오감을 충분히 이야기했고, 그것을 현재 상담사가 이해하고 받아들이는 과정이 어느 정도 진행되었다. 그러자 이전 상담사와의 사이에서 일어난 괴로웠던 체험을 이야기하고 싶어졌다.

그러나 상담사의 응답이 그다지 정확하지 않은 부분이 있다. 아래의 대화 부분이다.

H 씨: (혐오스러운 표정으로) 저한테 심리적으로 매달리는 느낌이 들었어요.
상담사: 매달리는 느낌….

H 씨: 저한테 '당신은 상담사가 적성에 맞으니까 내가 상담을 가르쳐주겠다'라고 했어요. 하지만 그 상담사에게 배운다는 건 상상할 수 없어요.

상담사: 그 상담사에게 배운다는 건 상상할 수 없군요.

H 씨: 네에….

상담사: 적합하지 않은 느낌이신가요?

H 씨: 싫다고 생각했어요. 게다가 상담을 하는 동안 제가 힘들었던 이야기를 하면 제 손을 잡기도 했거든요.

'(혐오스러운 표정으로) 저한테 심리적으로 매달리는 느낌이 들었어요'라는 말에 상담사는 '매달리는 느낌…'이라고 응답했다. H 씨는 표정으로 혐오감을 뚜렷이 표현하고 있다. 이런 경우는 그 감정을 직접 언급하는 것이 공감대가 더욱 잘 전달되고 본심을 한층 더 이야기할 수 있게 된다. 예를 들어, '매달려서 정말 싫었군요' 등의 응답이다.

그래도 상담사가 그녀의 혐오감을 이해하고 있으며, '매달리는 느낌…'이라는 응답이 완전히 초점에서 벗어난 것은 아니어서 대화가 진전된다. 이전 상담사와의 사이에 무슨 일이 있었는지 더욱 구체적으로 이야기한 것이다. '"당신은 상담사가 적성에 맞으니까 내가 상담을 가르쳐 주겠다."라고 했어요. 하지만 그 상담사에게 배운다는 건 상상할 수 없어요'라는 대목이다.

그 발언에 대해 상담사가 '그 상담사에게 배운다는 건 상상할 수 없군요' 또는 '적합하지 않은 느낌이신가요?'라고 응답한 것은 그다지 적절하지 않았다. 여기서 중요한 것은 H 씨가 느낀 혐오감과 분노인데 그것이 명확하게 언어화되지 못했기 때문이다. '그 상담사가 접근하는 것이 굉장히 싫었군요', '다가오려고 해서 엄청난 혐오감을 느끼셨군요'라고 응답했다면 공감을 더욱 잘 전달할 수 있었을 것이다.

● 상담사의 역전이에 대하여

여기에서 유의할 사항이 있다. 내담자가 다른 상담사의 부적절한 행동에 관해 이야기할 때 상담사에게 역전이가 생기기 쉽다는 것이다.

경청이란 고객의 경험을 되도록 당사자의 입장이 되어 상상하고 이해하고, 그 이해를 말로 되풀이하는 행위이다. 그런데 역전이가 일어나면 그것을 소홀히 하고 싶어지거나 그 일을 할 수 없는 마음 상태가 된다. 예를 들어, 이전 상담사의 부적절한 행동에 대해 들으면 그 상담사에 대한 비판적인 생각이 우러나오는 경우이다. 그때 '비판적인 생각을 억제해야지'라고 생각하는 것은 자기 자신을 자유롭지 않게 만들기 때문에 최적의 자세가 아니다. 상담사가 자신의 분노에 사로잡혀 내담자의 기분에 공감할 수 없게 되면 조력 활동에 방해가 되고 만다.

● 내담자와 같은 편이 되어 화내는 것은 공감이 아니다

'나쁜 상담사네요!'라며 같은 편이 되어 화를 내는 것은 공감이 아니다. 상담사가 분노에 사로잡힐 때는 아마도 그 상담사 자신도 과거에 중요한 대상에게 상처를 받았거나 불합리한 착취를 당했다고 느낀 사건이 있고, 그 마음의 아픔이 남아 있는 경우이다. 상담사의 마음에 아픔이 남아 있으면 내담자는 '안심하고 자기 생각을 말하거나 음미'하기 어려워진다.

예를 들어 생각해보자. 아이에게 선생님에 대한 불만을 들으면 '선생님이 나쁘다'라며 학교에 호통을 치고 따지는 부모가 있다. 그러나 아이들은 선

생님에 대한 불만과 동시에 좋아하는 마음도 가지고 있으며 선생님의 애정을 원하기도 한다. 그래서 선생님에 대한 불만을 이야기했다고 부모가 학교에 따지고 호통치는 것도 (아이가 그것을 원하는 것이 아닌 한) 아이에게는 곤란한 일이다. 그런 부모에게는 아이가 선생님에 대한 불만을 두 번 다시 이야기할 수 없게 된다.

부모가 아이의 발언에 그렇게 과민 반응하는 이유로는 다음 세 가지를 생각할 수 있다.

(1) 부모 자신이 중요한 존재에게서 상처받은 분노가 마음속에 존재하며, 그 분노가 솟아올랐다.
(2) 부모 자신이 아이의 마음을 다치게 해왔다는 사실을 어렴풋이 깨닫게 되어서 그것을 부인하기 위해 '선생님이 나빠서 우리 아이에게 문제가 생겼다'라고 선생님에게 원인을 전가하려는 무의식적 동기가 있다.
(3) 자녀가 '부모님이 나를 위해 이렇게 애써주고 있다'라고 감사해 하고 좋아해주길 바란다.

상담에서도 마찬가지이다. 부적절한 행동을 한 이전 상담사에 대해 현재 상담사가 함께 화를 낼 때는 상담사 자신의 과거 아픔이 자극받는 것이다. 또한 내담자에게 '이전 상담사와 달리 이 상담사는 좋은 사람'이라고 평가받고 싶은 마음이 작용하고 있을 가능성도 있다. 그렇지만 내담자 입장에서는 누군가에 대한 분노를 이야기하는데 상담사가 같이 화를 내면 그 이후에는 사람에 대한 분노나 푸념을 안심하고 말할 수 없게 된다.

내담자의 이야기로 상담사가 침울해지거나, 슬퍼하거나, 동요하는 때도 동일하다. 내담자는 그런 상담사에게 안심하고 자기 마음을 이야기할 수 없다. 상담사는 내담자의 감정을 마치 자기 일처럼 상상할 필요가 있지만, 그러면서도 마음은 안정된 상태로 있는 것이 중요하다.

● 감정적으로 되는 것은 해결되지 않은 마음의 아픔 때문이다

이야기를 다시 상담사가 내담자와 같이 화내는 상황으로 되돌려보자. 내담자가 이전 상담사에게 화가 나는 것은 현실에 맞는 적절한 반응이다. 분노는 공격자에게서 자신을 지키기 위한 필수 감정이기 때문이다. 이전 상담사가 내담자의 성적 영역에 부당하게 침입하려 했다면 그것을 막고 나 자신을 지키기 위해 분노가 필요했을 것이다.

그렇지만 우리가 감정적으로 되는 것은 미해결 문제나 마음의 아픔과 관련 있는 경우가 많다. 내담자의 분노에 반응하여 상담사가 화를 내면, 내담자의 분노 속에 있는 과거의 상처에서 비롯된 전이 반응 부분을 명확히 할 수 없다. 화내는 상담사는 내담자의 분노와 상처받은 감정 속에 담긴 과잉 반응을 알아차리지 못하고, '당신의 분노는 현실적이고 당연한 반응이며, 당신은 형편없는 상담사에게 당한 불쌍하고 무력한 희생자입니다'라는 메시지를 무의식적으로 전달하기 때문이다.

이전 상담사가 내담자를 성적으로 원했다면 그것은 명백히 전문가로서 부적절한 행동이다. 그것을 전제에 깔고 이야기하건대, 내담자가 자기도 모르게 상담사의 애정을 구하기 위해 유혹적인 행동을 했을 가능성도 있음을 현 상담사는 유념할 필요가 있다. 그리고 만약 내담자가 그렇게 행동했다면 아마 그 내담자는 다른 이성에게도 똑같이 행동할 것이다. 또 그런 행동으로 마음에 고통을 당하는 등의 문제가 발생할 가능성이 있다. 그렇다면 그 일은 언젠가 상담에서 탐구되어야 한다.

단, 그 사실을 상담으로 직면하는 데에는 시간이 걸린다. 왜냐하면 내담자 자신이 유혹적인 언행을 한다는 사실에 직면하는 것은, 그런 행동에 대한 죄책감과 성적 충족을 요구하는 만성적 애정 결핍에 직면하게 되는 것이기 때문이다. 그렇지만 내담자에게 깊은 수준에서의 치유와 변형이 일어나기 위해서는 그녀가 죄책감과 만성적 애정 결핍에 직면하고 그것을 생생하게 느끼는 과정이 필요하다.

또 이전 상담사에 대한 내담자의 분노는 부모와 같이 중요한 대상에게 가진 분노가 원인일 수도 있다. 부모에게 배신을 당했거나 이용당하고, 성적인 요구를 당했다고 느끼는 등 심하게 상처 입은 경험에서 오는 분노이다.

내담자가 화를 낼 때 상담사가 똑같이 화를 내는 것으로는 내담자의 마음속에 존재하는 아픔과 분노를 공감적으로 밝혀 나갈 수 없다. 내담자를 단순히 불쌍한 희생자로 여기고 이전 상담사를 규탄하는 것만으로 내담자에게 최선의 도움을 제공하고 있다고는 할 수 없다.

● 내담자의 말하기 어려움에 대해

상담사, 부모, 교사 등 영향력 있는 사람에게 받은 성적 접근이나 성적 학대에 대해서 유념해야 할 것이 있다. 성적인 내용은 우리의 사회적 문화 속에서 말하기 힘든 부분이어서 내담자는 실제 일어난 일보다 소극적으로 말하는 경우가 많다는 것이다.

H 씨의 경우도 마찬가지이다. 이전 상담사는 H 씨가 말한 것보다 더욱 지속해서 그녀에게 성적 행위를 끼쳤을 가능성이 있다. H 씨 또한 이전 상담사에 대해서 그녀가 말한 것보다 더 많이 성적으로 허용하며 유혹하는 행동을 했을 가능성도 있다. 그러므로 H 씨는 강한 수치심과 죄책감으로 은근

히 고통받고 있는 것이다.

이것은 어린 시절 성인에게 성적 학대를 받은 적이 있는 내담자에게도 동일하게 적용된다. 이런 내담자는 상담사에게 말한 것보다 훨씬 더 심한 학대 행위를 당하고 자신이 표현하는 것보다 훨씬 깊은 아픔과 고통에 시달리고 있을 수 있다. 상담사는 그런 가능성을 염두에 두는 것이 좋다. 그렇지 않으면 내담자의 고통을 가볍게 여기게 되고, 공감의 부족이 내담자에게도 전해지고 만다. 그러면 내담자는 진짜 무슨 일이 있었는지, 그리고 그 일로 인해 사실은 얼마나 힘들었는지 이야기하기가 어려워진다.

또 성적 학대가 사람의 마음에 깊은 상처와 불안을 가져오는 원인으로 다음과 같은 사항을 주의 깊게 살펴볼 필요가 있다. 성적 학대를 당한 사람은 그런 성적 행위에 대해 괴로움과 동시에 그것을 좋아하는 마음도 있다. 그래서 학대를 당한 사람은 대체로 큰 죄책감과 자기 혐오에 시달리며, 학대를 받은 마음의 고통이 한층 더 깊어진다. 예를 들어, 어린 나이에 아버지에게 성적 행위를 당한 여자아이는 고통과 동시에 아버지와 특별하고 친밀한 관계를 갖는 것에 대한 기쁨을 느꼈을 수도 있다. 또 성적인 행위로 인한 육체적인 쾌감을 느꼈을지도 모른다. 그런 가능성에 대해 생각을 더해가는 것이 그 아이가 가진 깊은 죄책감과 자기 혐오에 공감하기 위해 중요한 것이다. 학교 선생님, 상담사, 친척, 이웃 등에게 성적 행위를 당한 내담자에게도 동일하게 이야기할 수 있다.

에필로그
상담은 행복이 아닌 성장을 위한 것

어느 날 명상을 하는데 이런 생각이 떠올랐다.

'상담은 내담자의 행복보다는 성장에 더 방점을 둔다.'

나는 내담자가 행복해지기를 바란다. 그러나 사실은, 영성spiritual 측면에서 바라보면 상담사의 노력은 내담자의 행복을 위한 것이 아니라 성장을 돕기 위한 것이다. 물론 한 개인으로서 성장하면 행복과 안락감이 늘어나겠지만, 그것은 성장의 부산물일 뿐이며, 그 자체를 목표로 하는 것과는 분명 다를 것으로 생각한다.

정답은 하나가 아니다.

심리치료, 상담에는 많은 학파가 있다. 누구든지 '내 방식이야말로 옳다', '내 방식은 남들보다 우수하다'라고 생각하기 쉽다. 나도 배움의 현장에서 그런 의도의 발언을 많이 해왔다. 또 사람들이 '우리 방식이 옳다(우수하다)'라고 하는 것을 들은 적도 많다. '당신은 우리에게 벗어나 다른 곳으로 가려고 하지만, 우리가 더욱 뛰어나므로 그쪽으로 가는 것은 당신에게 손해다'라는 식의 말을 들은 적도 있다.

이것은 상담에만 국한되는 것이 아니라, 건강법, 종교, 교육, 자기 계발, 영성 훈련 등 많은 분야에서 비슷한 일이 일어나고 있다. 그렇지만 사실 모든 학파, 종파, 방법은 그것이 필요해서 존재한다고 생각한다. 나는 이 책을 통해 사람들이 마음의 고통에서 해방되고 성장하기 위한 지원 방법으로 수용과 공감을 주로 하는 상담 대화에 관해 독자들에게 전하였다. 이 방법은 어떤 사람들, 그리고 어느 시기에는 도움이 되는 방법이겠지만 결코 이것만이 옳다거나 가장 좋다는 것은 아니다.

물론 지원 능력이 뛰어난 상담사와 낮은 상담사가 있으며, 어떤 측면에 대해서 좀 더 유효한 지원 방법과 그렇지 않은 방법은 존재한다. 그러므로 내담자를 위해 할 수 있는 지원 방법으로 나는 이 책에서 전달한 방법에 관하여 한층 더 높은 능력 향상을 위해 계속 노력할 것이다.

이와 동시에, 지금의 내 생각과 방식이 반드시 모든 사람에게 최선은 아니라는 것을 늘 유념하며 연구를 지속해 가고 싶다. 그것은 이 세상에 조화와 평화가 늘어나길 바라는 한 개인으로서 독선에 의한 다툼을 마음속에 두지 않는다는 것이다.

마지막으로

당신은 분명 나와 마찬가지로 마음의 영역에서 사람들에게 공헌하고 싶다는 소망이 있을 것이다. 그것이 사람의 성장을 위한 것이든 행복을 위한 것이든, 또한 어떤 방법이든 우리는 각자의 자리에서 저마다 역할로 노력함으로써 세상에 공헌한다. 나는 거기서 내가 태어나고 존재하는 의미 가운데 하나를 찾고 싶다.

나는 세상을 향한 공헌을 바라고 노력하는 동지로서 당신과 함께 걸어가고 싶다. 당신과 개인적으로 만날 수는 없을지 모른다. 그렇더라도 함께 성장하며 세상에 공헌해가고 싶다.

오늘도 모든 내담자와 세계를 위해 기도하며.

감사의 말

내 미션인 '세계를 조화와 행복이 넘치는 장소로 만든다'의 일환으로 이 책이 세상에 나올 수 있었다. 세이신서방誠信書房 편집부의 나카자와 미호中澤美穗 덕분이다.

내 성장을 많은 분이 도와주고 있다.

내 강연, 세미나, 대학 수업에 와주신 분들. 나를 상담해주신 상담사분들. 일지 이승헌一指李承憲 박사님. 와카츠키 유우키로若月佑揮朗 선생님. 존 디마티니 박사John Demartini와 퍼실리테이터 여러분. 아버지와 어머니. 오자키 지에코尾崎千惠子 및 료스케良輔와 도모야友哉. 아마사あまさ. 오쿠니 요시히로大国義弘. 이 책을 읽어주시는 독자 여러분. 그리고 후나오카 사부로舩岡三郎 선생님. 나에게 상담을 받아주신 내담자 여러분. 깊이 감사드린다.

고미야 노보루古宮 昇

색인

ㄱ

가치의 조건conditions of worth　20
강박 관념　78, 79
거울 뉴런mirror neuron　43-8, 50, 53
경계성 성격 장애Borderline Personality Disorder　111, 115, 116
경청　12, 18, 24, 29, 32, 37, 39, 77, 112, 155, 160, 216, 220, 233, 240, 257, 280, 329, 339
공감　11-3, 17, 18, 24, 26, 27, 30-42, 45-9, 52-5, 59, 70, 74, 76, 81, 84, 110, 117, 122, 123, 131, 134-9, 141, 142, 145-7, 150, 152, 158, 172, 173, 174, 176, 177, 178, 180, 181, 183, 188, 191, 192, 196, 197, 200, 202, 203, 204, 206, 217, 223, 226, 228, 229, 231, 240, 252, 257, 258, 271, 273, 275, 278, 279, 281, 292, 293, 297, 298, 299, 313, 315, 319, 320, 321, 322, 325, 326, 329, 337, 338, 339, 343, 346
공감적 수용성empathic receptiveness　37
과학적 내성scientific introspection　41
교육분석　315, 316, 319, 320, 325
구강기　59, 60-2, 64, 68, 70, 176, 240, 241, 243, 291
그린슨Ralph Greenson　31, 32, 37, 38, 39, 103

ㄴ

나카지마 유이치中島勇一　98
남근기　59, 63, 71, 72, 176

ㄷ

대인 공포　74, 92, 94, 141, 147-50, 174-83, 192, 193, 225, 249, 326, 328
대인 불신　141, 269
도이 다케오土居健郎　23
디마티니 메소드Demartini Method　112

ㄹ

라포rapport　11, 256, 257
랄프 아돌프스Ralph Adolphs　45
로왈드Hans Loewald　33, 41
리비도Libido　23, 75

ㅂ

반동 형성reaction formation　80, 81, 291
방어 기제　81, 135, 136, 149
방어defence　20, 36, 37, 81, 88, 89, 179, 180, 185, 188, 189, 197, 223, 269, 296, 307, 312, 315, 318, 320, 321, 326
복잡성 비탄complicated grief　112
생산적 공감generative empathy　35, 36

ㅅ

성충동　64, 77, 79, 80, 81, 179, 306
성기기　59, 64, 65, 66
성性 심리 발달 단계　59
성애性愛　75, 270, 271
성적 어려움Sexual difficulty　80
셰이퍼Schafer. R　35, 37, 55
수용　12, 18, 21, 26, 27, 28, 29, 31, 32, 33, 40, 49, 68, 75, 84, 87, 107, 109, 139, 140, 141, 142, 145, 147, 153, 172, 173, 189, 191, 201, 206, 217, 228, 240, 252, 271, 281, 293, 295, 312, 313, 329, 336

ㅇ

아라그노Anna Aragno　32, 54
안나 프로이트Anna Freud　31
알아차림　96, 136, 137, 197, 198, 206, 256

애정 결핍　74, 76, 78, 79, 80, 106, 111, 116, 123, 125, 127, 131, 135, 149, 150, 151, 175, 176, 177, 194, 205, 206, 218, 221, 223, 225, 231, 233, 241, 248, 249, 252, 254, 258, 270, 272, 289, 290, 295, 297, 299, 306, 309, 311, 313, 319, 330, 331, 342
애정 욕구　31, 61, 73, 76, 77, 78, 80, 96, 98, 100, 106, 110, 116, 131, 135, 144, 151, 152, 173, 175, 176, 186, 193, 194, 204, 205, 206, 209, 218, 219, 223, 226, 229, 232, 233, 234, 240, 241, 252, 258, 268, 269, 270, 271, 272, 287, 291, 292, 295, 296, 297, 298, 299, 301, 311, 313, 330
양가감정　114, 115, 171
양성 전이　114, 115, 116, 119, 120, 123, 126, 127, 130, 149, 171, 254, 265, 267, 291, 293, 294, 295, 311, 319
에크하르트 톨레Eckhart Tolle　99
엘라 프리먼 샤프Ella Freeman Sharpe　36
역전이countertransference　67, 140, 143, 174, 323, 339
연민 훈련compassion training　50, 52, 53
오이디푸스 콤플렉스Oedipus complex　63, 64, 70, 71, 73
왜곡 인지　219
우울　28, 53, 74, 88, 106, 156, 226, 309
음성 전이　114, 115, 116, 120, 126, 129, 130, 131, 135, 137, 138, 139, 149, 171, 172, 173, 174, 208, 209, 223, 254, 266, 267, 270, 271, 293, 320, 323, 324, 336
이상화 전이　126, 127, 128, 129, 130, 131
이상화理想化　114, 115, 116, 117, 127, 128, 131, 134
인간 중심 상담　11, 12, 13, 17, 18, 19, 22, 23, 29, 30, 31, 42, 155, 156

ㅈ

자기 이해　136, 137
자기심리학　41
자애명상loving kindness meditation　51, 52
자유연상　24, 26
자코모 리촐라티Giacomo Rizzolatti　44
자폐 스펙트럼 장애autism spectrum disorder　46
작업 동맹working alliance　257
잠복기　59, 64
저항resistance　34, 40, 61, 70, 81, 83-9, 118, 119, 120, 121, 123, 136, 153, 154, 187, 224, 240, 246, 253, 271, 294, 295, 301, 319, 320, 322, 323, 324
전이 감정　113, 114, 117, 118, 134, 135, 137, 151, 171, 172, 174
전이 욕구　31, 100, 105, 106, 110, 112, 125, 126, 209
전이 저항　70, 89, 119-23, 150, 184, 185, 291, 293, 294, 295, 319, 331
전이 충족　255
전이 치유　125-7, 131, 132
전이transference　22, 31, 32, 59, 89, 91, 95, 98, 101, 103, 105, 111, 114, 118, 119, 120, 123, 124, 130, 132, 133, 135, 140, 141, 144, 145, 148, 150, 153, 154, 171, 174, 175, 193, 219, 221, 222, 232, 240, 246, 249, 250, 254, 255, 256, 261, 270, 311, 323, 325, 333, 337
정신분석　12, 13, 17-9, 22-6, 33, 35-7, 40, 41, 42, 59, 63, 84, 155, 257
조력적 진단　159
조적 방어manic defence　88, 190
조증 상태　190, 191
지그문트 프로이트Sigmund Freud　18
지금-여기　18, 22, 23, 177, 178, 181, 258
지성화知性化　135, 136, 198
직면화　42

ㅊ

초기 상담intake　215, 216, 217
초자아　22, 36, 64, 65, 69, 73, 252, 298
치료 동맹therapeutic alliance　36, 256, 257

ㅋ

카렌 호나이Karen Horney　25
칼 로저스Carl Rogers　18

ㅌ

투사projection　48, 149, 150, 179, 193, 245, 247, 248, 271, 294, 312
투사적 동일시projective identification　48

ㅍ

펫로스 증후군pet loss syndrom　112

ㅎ

하인즈 코헛Heinz Kohut　40, 61
항문기　59, 62, 63, 64, 68, 176
해리 스택 설리반Harry Stack Sullivan　25
행동화　123, 124, 233, 265

참고문헌

제1부

(1) Rogers, C. R. (1959). A theory of therapy, personality, and interpersonal relationships, as developed in the client-centered framework. In S. Koch (Ed.), *Psychology: A study of science*. vol.3. McGraw-Hill, pp.184-256. p.248.
(2) Rogers, (1), pp.184-256.
(3) Rogers, C. R. (1961). *On becoming a person: A therapist's view of psychotherapy*. Houghton Mifflin. (칼 로저스 상담의 원리와 실제 『진정한 사람되기』, 주은선 역, 2009, ㈜학지사)
(4) Heppner, P. P., Rogers, M. E., & Lee, L. A. (1990). Carl Rogers: Reflections on his life. In P. P. Heppner (Ed.), *Pioneers in counseling & development: Personal and professional perspectives*. American Association for Counseling and Development, pp.54-59.
(5) Rogers, (1), p.205.
(6) Rogers, (1), p.227.
(7) Rogers, (1), p.226.
(8) Rogers, (1), pp.203-204.
(9) Rogers, (1), p.228.
(10) Rogers, (1), p.227.
(11) Rogers, C.R. (1951). *Client-centered therapy*. Houghton Mifflin, pp.40-41.
(12) 土居健郎 『精神分析』 講談社, (1988), p.245.
(13) Rogers, (3), p.269.
(14) Rogers, (1), p.221.
(15) Freud,S.(1916-1917). Introductory lectures on psycho-analysis. rev. ed. In J. Strachey (Trans.) (1929). *The Standard edition of the complete works of Sigmund Freud. XV-XVI*. The Hogarth Press, pp.325-331.
(16) Rogers, (3), pp.11-12.
(17) Freud, (15)
(18) Freud, S. (1912). The dynamics of transference. In J. Strachey (Trans.) (2001). *The standard edition of the complete psychological works of Sigmund Freud XII*. The Hogarth Press.

(19) Greenson, R. R. (1967). *The technique and practice of psychoanalysis*. The International Universities Press, pp.9-10.
(20) Rogers, (1), p.489.
(21) Sullivan, H. S. (1940). *Conceptions of modern psychiatry: The first William Alanson White memorial lectures*. The William Alanson White Psychiatiric Foundasions, p.48.
(22) Horney, K. (1942) *Self-analysis*. W. W. Norton, p.175. (『내 성격은 내가 분석한다』, 정명진 역, 2019, 부글북스)
(23) Horney, (22) p.22.
(24) Horney, (22) p.22.
(25) Freud, (15) p.325.
(26) Freud, (15) p.328-331.
(27) Freud, (15) p.53.
(28) Freud, (15) p.329-330.
(29) Freud, (15) p.158.
(30) Rogers, C. R. (1951). *Client-centered therapy: Its current practice, implications, and theory*. Houghton Mifflin, pp.48-49.
(31) Freud, S. (1912). Recommendations to physicians practicing psycho-analysis. In J. Strachey (Trans.) (2001). *The standard edition of the complete psychological works of Sigmund Freud. XII*. The Hogarth Press, p.115.
(32) Greenson, (19) p.329.
(33) Freud. A. (1954). The widening scope of indications for psychoanalysis. *Journal of the Psychoanalytic Association*, 2 (4), 607-620. pp.618-619.
(34) Greenson, (19) p.391.
(35) Greenson, (19) p.394.
(36) Aragno, A. (2008). The language of empathy: An analysis of its constitution, development, and role in psychoanalytic listening. *Journal of the American Psychoanalytic Association*. 56 (3). 713-740. p.734.
(37) Orange, D. M. (2002) There is no outside: Empathy and authenticity in psychoanalytic process. *Psychoanalytic Psychology*, 19 (4), 686-700. p.686.
(38) Loewald, H. W. (1960). On the therapeutic of psycho-analysis. *The International Journal of Psycho-Analysis*, 41, 16-33. p.20.
(39) Strozier, C. B. (2001). *Heinz Kohut: The making of a psychoanalyst*. Other Press, p.186.
(40) Freud, S. (1921a). Group psychology and the analysis of the age. In J. Strachey (Trans.). (2001). *The standard edition of the complete psychological works of Sigmund Freud. XVIII*, p.110.
(41) Grant, D,. & Harari, E. (2011). Empathy in psychoanalytic theory and practice *Psychoanalytic Inquiry*, 31, 3-16. p.4.
(42) Shaughnessy, P. (1995). Empathy and the working alliance: The mistranslation of Freud's Einfühlung. *Psychoanalytic Psychology*, 12(2), 221-231. p.225.
(43) Freud, S. (1913). On beginning the treatment: Further recommendations on the technique of psychoanalysis. In J. Strachey (Trans.) (2001) *The standard edition of the complete psychological works of Sigmund Freud. XII*. The Hogarth Press, pp.139-140.
(44) Titchener, E. B. (1909). *Lectures on the experimental psychology of thought processes*. Macmillan.
(45) Aragno, (36) p.714.
(46) Gallese, V. (2003) The roots of empathy: The shared manifold hypothesis and the neural basis of intersubjectivity. *Psychopathology*, 36, 171-180. p.175.
(47) Montag, C., Gallinat, J., & Heinz, A. (2008). Theodor Lipps and concept of empathy: 1851-1914. *American Journal of Psychiatry*, 165, 1261.

(48) Breul, K. (1906). *Cassell's new German Dictionary*. Funk and Wagnalls.
(49) Shaughnessy, (42) p.225.
(50) Shaughnessy, (42) p.225.
(51) Rogers, (1), pp.210-211.
(52) Rogers, (3), pp.62-63.
(53) Schafer, R. (1959). Generative empathy in the treatment situation. *The Psychoanalytic Quarterly*, 28(3), 342-373. p.345.
(54) Aragno, (36) pp.720-721.
(55) Grant & Harari, (41) p.4.
(56) Aragno, (36) p.721.
(57) Sharpe, E. F. (1950). The technique of psycho-analysis: Seven lectures. In M.Brierly (Ed.) *Collected papers on psycho-analysis*. Hogarth Press. p.11.
(58) Fosshage, J. L. (2011). The use and impact of the analyst's subjectivity with empathic and other listening / experiencing perspectives. *The Psychoanalytic Quarterly*, 80(1), 139-160. p.157.
(59) Aragno, (36) p.735.
(60) Bolognini, S. (2001). Empathy and the unconscious. *The Psychoanalytic Quarterly*, 70, 447-471. p.455.
(61) Greenson, (19) p.382.
(62) Fosshage, (58) p.157.
(63) Fosshage, (58) p.157.
(64) Fosshage, (58) p.147.
(65) Aragno, (36) p.734.
(66) Greenson, R. R. (1960). Empathy and its vicissitudes. *The International Journal of Psycho-analysis*, 41, 418-424. p.421.
(67) Fliess, R. (1954). Countertransference and counteridentification. *Journal of the American Psychoanalytic Association*, 1, 268-284.
(68) Greenson, (19) p.382.
(69) Schafer, (53) p.343.
(70) Zanocco, G., De Marchi, A., & Pozzi,F. (2006). Sensory empathy and enactment. *The International Journal of Psychoanalysis*, 87, 145-158.
(71) Greenson, (19) p.370.
(72) Kohut, H. (1984). *How does analysis cure?* The university of Chicago Press.
(73) Grant & Harari, (41) p.4.
(74) Kitron, D. (2011). Empathy: The indispensable ingredient in the impossible profession. *Psychoanalytic Inquiry*, 31, 17-27. p.19.
(75) Greenson, (19) p.368.
(76) Kohut, (72) p.121.
(77) Rogers, C. R., & Russell, D. (2002). *Carl Rogers: The quiet revolutionary - an oral history*. Penmarin Books.
(78) Greenson, (19) p.393.
(79) Greenson, (66) pp.420-421.
(80) Schafer, (53) p.351.
(81) Strozier, (39) p.11.
(82) 山本昌輝 '24 コフート' 氏原寬ら共編『心理臨床大事典』培風館, (2004), pp.1382-1383.
(83) Rogers & Russell, (77) p.233.
(84) Rogers, (77) p.233.
(85) 川畑直人 'フロイトとその学説の展開' 日本心理臨床学会編『心理臨床学事典』 丸善出版, (2011), pp.16-17.

(86) Ornstein, P. H. (2011). The centrality of empathy in psychoanalysis. *Psychoanalytic Inquiry*, 31, 437-447. p.446.
(87) Loewald, (38) p.20.
(88) Ornstein, (86) p.439.
(89) Strozier, (39) p.420.
(90) Strozier, (39) p.420.
(91) Strozier, (39) p.419.
(92) Kohut, (72) p.243.
(93) Kohut, H. (1977a), *The restoration of the self*. International Universities Press.
(94) Strozier, (39) p.419.
(95) Strozier, (39) p.419.
(96) Kohut, (72) p.243.
(97) Kohut, H. (1977b). The role of empathy in psychoanalytic cure. In R. J. Langs (Ed.), *Classics in psychoanalytic technique. Jason Aronson*, 463-474. p.173.
(98) Kohut, (72) pp.241-242.
(99) Carter, R. (2010). *Mapping the mind*. Phoenix.
(100) Gallese, V. (2001) The 'Shared manifold' hypothesis. From mirror neurons to empathy. *Journal of Consciousness studies*, 8, 33-50. p.39.
(101) Gallese, V. (2003). The roots of empathy: The shared manifold hypothesis and the neural basis of intersubjectivity. *Psychopathology*, 36, 171-180 p.173.
(102) Gallese, V., Eagle, M. N., & Migone, P. (2007). International attunement: Mirror neuron and the neural underpinnings of interpersonal relations. *Journal of the American Psychoanalytic Association*, 55 (1), 131-176. p.133.
(103) Gallese, (100) p.38.
(104) Aragno. (36) p.731.
(105) Carter (99) p.227.
(106) Adolphs, R., Damasio, H., Traniel, D., Cooper, G., & Damasio ,A. R., (2000). A role for somatosensory cortices in the visual recognition of emotion as revealed by three-dimensional lesion mapping. *The Journal of Neuroscience*, 20(7), 2683-2690.
(107) Preis, M. A., Schmit-Samoa, C., Dechent, P., & Kroener-Hwewig. B. (2013). The effects of prior pain experience on neural correlates of empathy for pain: An fMRI study. *Pain*, 154, 411-418. p.411.
(108) Gallese et al., (102) p.142.
(109) Gallese et al., (102) p.141.
(110) Gallese et al., (102) p.132.
(111) Aragno (36) pp.730-731.
(112) Gallese (100) p.46.
(113) Gallese (101) p.174.
(114) 岡野憲一郎『脳から見える心―臨床心理士に生かす脳科学』岩崎学術出版社, (2013), p.5.
(115) Aragno, (36) p.731.
(116) Gallese et al., (102) p.155.
(117) Gallese et al., (102) p.155.
(118) Gallese et al., (102) p.132.
(119) Carter (99) p.133.
(120) Zanocco, G., De Marchi, A., & Pozzi, F. (2006). Sensory empathy and enactment. *The International Journal of Psychoanalysis*, 87, 145-158.
(121) Freud,S. (1921b). Psychoanalysis and telepathy. *The standard edition of the complete psychological works of Sigmund Freud. XVIII*, 177-193.

(122) Gallese et al., (102) p.146.
(123) Gallese et al., (102) p.149.
(124) Bolognini, S. (2001) Empathy and the unconscious. *The Psychoanalytic Quarterly*, 70, 447-471.
(125) Freud (121) p.298.
(126) Gallese et al., (102) pp.160-162.
(127) Weng, H. Y., Fox, A. S., Shackman, A. J., Stodola, D. E., Caldwell,J. Z. K., Olson, M. C., Rogers, G. M., & Davison, R. J. (2013) Compassion training alters altruism and neural responses to suffering. *Psychological Science*, 24(7), 1171-1180.
(128) Klimecki, O. M., Leiberg, S., Lamm, C., & Singer, T. (2012). Functional neural plasticity and associated changes in positive affect after compassion training. *Cerebral Cortex*. (http://cercor.oxfordjournals.org/content/early/2012/05/31/cercor.bhs142.full.)
(129) Maguire, E. A., Woollett, K., & Spiers, H. J., (2006). London taxi drivers and bus drivers: A structural MRI and neuropsychological analysis. *Hippocampus*, 16, 1091-1101.
(130) Scholz, J., Klein, M. C.,Behrens, T. E. J., & Johansen-Berg, H. (2009). Training induces changes in white-matter architecture. *Nature Neuroscience*, 12(11), 1367-1368.
(131) Mutschler, L., Reinbold, C., Wankerl, J., Seifritz, E., & Ball, T. (2013). Structural basis of empathy and the domain general region in the anterior insular cortex. *Frontiers in Human Neuroscience*, 7, 1-7.
(132) Grant, D. & Harari, E. (2011). Empathy in psychoanalytic theory and practice. *Psychoanalytic Inquiry*, 31, 3-16. p.8.
(133) Preis et al. (107) p.411.
(134) Gallese et al., (102) p.159.
(135) Aragno (36) p.733.
(136) Schafer (53) p.347.

제2부

(137) Freud, S. (1916-1917). Introductory lectures on psycho-analysis. rev. ed. In J. Strachey (Trans.) (1929). *The Standard edition of the complete works of Sigmund Freud. XV-XVI.* The Hogarth Press, pp.325-331.
(138) 土居健郎, 『精神分析』, 講談社, (1988).
(139) Freud (1), p.24.
(140) Freud (3). p.345-346.
(141) Freud (3), p.25.
(142) 小宮昇, 『こころの症状はどう生まれるのか―共感と効果的な心理療法のポイント』, 岩崎学術出版社, (2012).
(143) 小宮昇 (6)
(144) Freud (3). p.168.
(145) Freud (3). p.170.
(146) Freud (3). p.280.
(147) Greenson, R. R. (1967). *The technique and practice of psychoanalysis.* The International Unversities Press. pp.59-60.
(148) Greenson (11), p.91.
(149) Iwakabe, S., Rogan, K., & Stalikas, A. (2000). The relationship between client emotional expressions, therapist interventions, and working alliance: An exploration of eight emotional expression events. *Journal of Psychotherapy Integration*, 10, 375-401.
(150) 小宮昇, '精神分析、非指示療法、アドラー派の治療関係の比較', 『臨床心理学』, 六券二号, (2006). pp.284-286.

(151) 倉光修, 『心理臨床の技能と研究』, '心理臨床の基礎 3', 岩波書店, (2003). p.44.
(152) Greenson (11), pp.151-152.
(153) 中島勇一, 'Essay Vol.47：執着は手放せるのか', 『Therapy』, 六二券, (2005). pp.30-33, pp.32-33.
(154) Tolle, E. (1999). *The power of now: A guide to spiritual enlight enment*. Hodder and Stoughton, pp.126-127.
(155) 松岡三郎, 『教師のための人間の'こころ'の科学』, (1987), 京都市私立中高教会カウンセリング研究会（未公刊）
(156) 松岡三郎 (19)
(157) Greenson (11), pp.151-152.
(158) Demartini, J. F. (2002). The breakthrough experience: *A revolutionary new approach to personal transformation*. Hay House.
(159) Demartini, J. F. (2007). *The heart of love*. Hay House.
(160) 小宮昇, 『心理療法入門―理論総合による基礎と実践』, 創元社, (2001).
(161) Greenson (11), p.248.
(162) Sharpe, E. F. (1950). The technique of psycho-analysis: Seven lectures. In M. Brierley. (ed.), *Collected papers on psycho-analysis*. Hogarth Press and nInstitute of Psycho-Analysis.
(163) Freud, S. (1905). Bruchstück einer Hysterieanalyse.
(164) Fenichel, O. (1946). *The psychoanalytic theory of neurosis*. Routledge, p.29.
(165) Rogers, C. R. (1961). *On becoming a person: A therapist's view of psychotherapy*. Houghton Mifflin, p.205.
(166) 中島勇一 (17), p.33
(167) Komiya, N., Good, E. G., & Sherrod, B. N. (2000). Emotinal openness as a predictor of college students' attitudes toward seeking professional psychological help. *Journal of Counseling Psychology*, 47, 138-143.
(168) 小宮昇, '人はなぜカウンセリングを受けたがらないか', 水野治久・谷口弘一・福岡欣治・小宮昇編著『カウンセリングとソーシャルサポート―つながり支え合う心理学』, ナカニシヤ出版, (2007). pp.162-186.
(169) Rogers, C. R. (1951). *Client-centered therapy: Its current practice, implications, and theory*. Houghton Mifflin, p.161.
(170) Shostrom, E. (1965). *Three approaches to psychotherapy*. Psychological & Educational Films.
(171) Rogers, C. R. (1953-1955). *Miss. Mun*.
(172) Rogers, C. R. (1963). The concept of the fully functioning person. *Psychotherapy: Theory, Research and Practice*, 1, 17-26.
(173) 小宮昇, 『やさしいカウンセリング講義―もっと自分らしくなれる、純粋な癒しの関係を育むために』, 創元社, (2007). pp.144-165.

제3부

(174) Rogers, C. R. (1951). *Client-centered therapy: Its current practice, implications, and therapy*. Houghton Mifflin, P.172.
(175) 前田泰宏「クライエントの可能性を広げる見立て―共通要因の立場から」東斉彰・加藤敬・前田泰宏編著『総合・折衷的心理療法の実践―見立て・治療関係・介入と記法』金剛出版, (2014). pp.52-66.

발간사

호모스피릿쿠스 세 번째 발걸음으로 『조력 전문가를 위한 공감적 경청』을 발간한다. 코치나 상담가들이 하는 경청과 조직의 리더나 부모들이 하는 경청이 다르지 않다. 그런데도 책 제목을 이렇게 붙인 이유는 조력 전문가들을 위한 '경청' 전문 책이 없을 뿐만 아니라 내용 면에서도 이 책이 적당하기 때문이다.

경청은 모든 인간관계의 출발이다. 경청의 양과 질이 어떠한가에 따라 인간관계의 수준이 좌우된다. 부모-자녀 관계가 악화되는 것도 그 시작을 찾아보면 대부분 경청을 하지 않는 데서 비롯된다. 당연히 경청을 시작으로 회복 조짐을 맛볼 수 있다. 조직의 리더나 동료 관계도 지금 당장 경청을 실천하면 즉시 효과가 드러나고 관계도 달라진다. 조직과 개인의 이해 갈등, 정치적 입장 차이에 따른 겨루기와 대립에서 벗어나 협상으로 가고 싶은가? 먼저 이런 의사 표시를 하려면 일단 먼저 경청부터 하면 된다. 자신이 먼저 상대방의 이야기를 경청하면 그 사실을 아는 순간 상대도 경청하게 되고, 협상 의사를 의심 없이 확인하게 된다. 만약 화해할 수 없을 정도로 대립하는 상황에서 협상의 길을 가면서 경청 자세를 유지한다면 그 협상은 바로 해결의 지름길을 찾을 수 있을 것이다. 이 모두가 자명한 사실이다. 그런데도 막상 필요할 때 실행하기 어려운 것이 경청이다.

경청은 사람을 돕는 모든 전문 분야의 입구이다. 이 입구로 들어가지 않으면 어떤 것도 이룰 수 없고 오히려 도움을 빙자해 해를 입힐지 모른다. 조력 전문가의 경청은 마음을 얻는 첫 걸음이며, 상대를 신뢰와 안전감에 머물게 한다. 무엇보다 깊은 경청은 상대로 하여금 자기 자신을 더 깊이 보게 한다. 경청을 하지 않으면 다음을 이어가기 어렵다. 그렇지만 전문가 훈련 기간 동안, 그리고 훈련 이후에도 언제나 지속하고 벼려내야 할 역량이 경청이다.

"내 귀가 나를 가르쳤다." 글을 읽고 쓰지도 못했던 징기스칸이 남긴 말이나. 칭찬은 고래를 춤추게 한다고? 경청은 그 고래를 깨닫게 한다. 필자의 과거 컬럼 제목이다(2015.2.24. 헤럴드경제). 자신의 이야기와 숨겨둔 의도에 대해 경청 '받음'만으로도 리더십 영향력으로 확대할 수 있고, '가르침 없이 배우게' 하거나 슬그머니 따라 할 수 있게 만드는 것이 경청이 지닌 마력이다.

이제 우리는 부모, 부부와 연인들, 조직의 리더, 타인과 관계에서 갈등하는 사람들, 코치, 상담사, 심리치료사, 정신분석가, 컨설턴트 등 모든 전문가를 위해 경청의 힘을 기르는 안내서로 이 책을 추천한다. 임상 적용뿐 아니라 전문가 스스로 경청 능력을 배양하는 디딤돌이 되길 기대한다.

누구에게나 낯선 곳을 향해 첫걸음을 내딛는 것은 어렵고 힘든 일이다. 전문코치-되기의 힘든 여정을 꼼꼼히 내딛으며, 번역 작업을 두려움과 함께 건너온 코치이자 역자에게 감사와 격려를 드린다. 아무리 주변에서 많은 지원이 있어도 결국은 혼자 감당해야 하는 일을 온전히 감당했다. 어려운 출판 여정에 함께 하는 이상진 편집 디자이너, 편집자이자 코치인 정익구 코치에게도 감사를 드린다.

이렇게 호모스피릿쿠스가 세 발걸음을 띤다. 성공적 여정을 기대한다.

2021년 3월
발행인 김상복

저자 및 역자 소개

저자 : 고미야 노보루古宮 昇

미국 미주리 대학교 컬럼비아 캠퍼스University of Missouri-Columbia 심리학부에서 박사학위 취득. 미국 노스 다코타 대학교University of North Dakota 상근 심리사. 파인그룹 정신과병동 인턴 심리사. 미국 미주리 대학교 컬럼비아 캠퍼스 심리학부 비상근 강사 등을 거쳐 현재 오사카 경제대학 인문과학부 교수, 뉴질랜드 국립 오클랜드 공과대학 대학원 심리치료학 객원교수, 심리학 박사PhD. in Psychology, 임상심리사, 고베神戶에서 개업하여 상담 중.

역자 : 이주윤 Lee Juyun

일본 北海商科大学 상학부 관광산업학과 졸업, 가톨릭대학교 상담심리대학원 조직상담학 재학
한국코치협회 인증코치, 국제코치훈련원 전문위원
전문 분야 : 라이프 코칭, 커리어 코칭
mind_window@naver.com

호모스피릿쿠스

나르시시스트와 직장생활하기
Narcissism at Work: Personality Disorders of Corporate Leaders

마리 린느 제르맹 지음
문은영 · 가요한 옮김

정신분석 심리치료의 기본과 실천
: 정신분석•지지적 심리치료와의 차이

아가쯔마 소우 지음
최영은 · 김상복 옮김

조력 전문가를 위한 공감적 경청
共感的傾聴術
:精神分析的に"聴く"力を高める

고미야 노보루 지음
이주윤 옮김

철학과 정신분석 (근간)
Philosophy and Psychoanalysis

Richard Gipps,
Michael Lacewing 편집

호모코치쿠스

코칭 튠업 21
: ICF 11가지 핵심 역량과 MCC 역량

김상복 지음

뇌를 춤추게 하라
: 두뇌 기반 코칭 이론과 실제
Neuroscience for Coaching

에이미 브랜 지음
최병현, 이혜진 옮김

마음챙김 코칭
: 지금-여기-순간-존재-하기
Mindful Coaching

리즈 홀 지음
최병현, 이혜진, 김성익, 박진수 옮김

코칭 윤리와 법
: 코칭입문자를 위한 안내
Law & Ethics in Coaching

패트릭 윌리암스, 샤론 앤더슨 지음
김상복, 우진희 옮김

조직을 변화시키는 코칭 문화
How to create a coaching culture

질리안 존스, 로 고렐 지음
최병현, 이혜진 등 옮김

내러티브 상호협력 코칭
: 3세대 코칭 방법론
A Guide to Third Generation Coaching : Narrative-Collaborative Theory and Practice

라인하드 스텔터 지음
최병현, 이혜진 옮김

임원코칭의 블랙박스
Tricky Coaching

맨프레드 F. R. 케츠 드 브리스 등 편집
한숙기 옮김

마스터 코치의 10가지 중심이론
Mastery in Coaching

조나단 패스모어 편집
김선숙, 김윤하 등 옮김

코칭·컨설팅
수퍼비전의 관계적 접근
Supervision in Action

에릭 드 한 지음
김상복, 조선경, 최병현 옮김

정신역동과 임원코칭
: 현대 정신분석 코칭의 기초1
Executive Coaching :
A Psychodynamic Approach

캐서린 샌들러 지음
김상복 옮김

수퍼비전
: 조력 전문가를 위한 일곱 눈 모델
Supervision in the Helping Professions

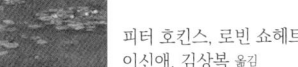

피터 호킨스, 로빈 쇼헤트 지음
이신애, 김상복 옮김

코칭 프레즌스
: 코칭개입에서 의식과 자각의 형성
Coaching Presence : Building Consciousness
and Awareness in Coaching Interventions

마리아 일리프 우드 지음
김혜연 옮김

멘탈력
정신적 강인함에 대한 최초의 이론적 접근
Developing Mental Toughness :
Coaching strategies to improve performance,
resilience and wellbeing

더그 스트리챠크직, 피터 클러프 지음
안병옥, 이민경 옮김

코치 앤 카우치
Coach and Couch

멘프레드 F.R. 케츠 드 브리스 등 지음
조선경, 이희상, 김상복 옮김

리더의 정치학
: 조직개혁과 시대전환을 위한 창발 리더십 모델
Leading Change: How Successful Leaders
Approach Change Management

폴 로렌스 지음
최병현 등 옮김

고용 가능성
고용+가능성 업그레이드 전략
Developing Employability and Enterprise:
Coaching Strategies for Success in the Workplace

더그 스트리챠크직, 샬롯 보즈워스 지음
조현수, 최현수 옮김

게슈탈트 코칭
바로 지금 여기

Gestalt Coaching: Right here, right now

피터 브루키트 지음
임기용, 이종광, 고나영 옮김

강점 기반 리더십 코칭
: 조직 내 긍정적 리더십 개발을 위한 가이드

Strength_based leadership Coaching in Organization An Evidence based guide to positive leadership development

덕 매키 지음
김소정 옮김

영화, 심리학과 라이프 코칭의 거울

The Cinematic Mirror for Psychology and Life Coaching

메리 뱅크스 그레거슨 편저
앤디 황, 이신애 옮김

영웅의 여정
자기 발견을 위한 NLP 코칭

The Hero's Journey: A voyage of self-discovery

스테판 길리건, 로버트 딜츠 지음
나성재 옮김

VUCA 시대의 조직문화와 피어코칭

Peer Coaching at Work

폴리 파커, 팀 홀, 캐시 크램, 일레인 와서먼 공저
최동하, 윤경희, 이현정 옮김

정신역동 마음챙김 리더십
: 내면으로의 여정과 코칭

Mindful Leadership Coaching : Journeys into the interior

맨프레드 F.R. 케츠 드 브리스 지음
김상복, 최병현, 이혜진 옮김

.... **(출간 예정)**

내러티브 코칭 이론과 실천

Narrative Coaching : The Definitive Guide to Bringing New Stories to Life

데이비드 드레이크 지음
김상복, 김혜연, 서정미 옮김

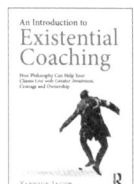

실존주의 코칭 입문
:알아차림·용기·주도적 삶을 위한 철학적 접근

야닉 제이콥 지음
박신후 옮김

ADHD Coaching
- 정신건강 전문가를 위한 가이드

Prances Prevatt, Abigail Levrini 지음

인지행동 코칭
: 30가지 특징

마이클 니난 지음
박지홍 옮김

수퍼바이저와 수퍼비전
: 수퍼비전을 위한 가이드

에릭 드 한, 윌레민 레구인 지음
한경미, 박미영, 신혜인 옮김

공감으로 완성하는 코칭
: 평범함에서 탁월함으로

앤 브록뱅크, 이안 맥길 지음
김소영 옮김

시스템 코칭
: 개인을 넘어 가치로

피터 호킨스, 이브 터너 지음
최은주 옮김

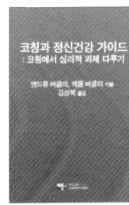
코칭과 정신건강 가이드
: 코칭에서 심리적 과제 다루기
A Guide to Coaching and Mental Health : The Recognition and Management of Psychological Issues

앤드류 버클리, 케롤 버클리 지음
김상복 옮김

정신역동 코칭
: 30가지 특징

클라우디아 나겔 지음
김상복 옮김

글로벌 코치 되기
: 국제코칭연맹 공식 가이드

조나단 페스모어, 트레이시 싱클레어 지음
김상학 옮김

코칭수퍼비전의 이론과 모색
Coaching and Mentoring Supervision : Theory and Practice

타티아나 바키로버, 피터 잭슨, 데이빗 클러터벅 지음
김상복, 최병현 옮김

비연속 단일회기 코칭
: 30가지 특징

윈디 드라이덴 지음
김상복 옮김

인지행동 기반 라이프코칭
Life Coaching : A Cognitive behavioural approach

마이클 니난, 윈디 드라이덴 지음
정익구 옮김

웰다잉 코칭
생의 마지막과 상실을 겪는 사람들을 위한 코칭 가이드
Coaching at End of Life

돈 아이젠하워, J. 발 헤이스팅 지음
정익구 옮김

임원코칭
: 시스템 – 정신역동 관점
- 현대 정신분석 코칭의 기초 3
Executive coaching: System-psychodynamic perspective

하리나 버닝 편집
김상복 옮김

정신역동 코칭의 이해와 활용
: 현대 정신분석 코칭의 기초2
Psychodynamic Coaching : focus & depth

울라 샤롯데 벡 지음
김상복 옮김

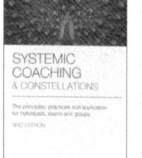
시스템 코칭과 컨스텔레이션
Systemic Coaching & Constellations

존 위팅턴 지음
가향순, 문현숙, 임정희, 홍삼렬, 홍승지 옮김

10가지 코칭 핵심주제 사례연구
: 20개 사례와 40개 논평
Complex Situations in Coaching

디마 루이스, 폴린 파티엔 디오콘 지음
김상복 옮김

코칭심리학(2판)
실천연구자를 위한 안내서
Handbook of Coaching Psychology

스티븐 팔머, 앨리스 와이브로 엮음

코칭 이론과 실천
The SAGE Handbook of Coaching

타티아니 바흐키로바, 고든 스펜스, 데이비드 드레이크 엮음

········· (코쿱북스)

코칭의 역사
Sourcebook Coaching History

비키 브록 지음
김경화, 김상복 외 15명 옮김

101가지 코칭의 전략과 기술
: 젊은 코치의 필수 핸드북
101 Coaching Strategies and Technique

글래디나 맥마흔, 앤 아처 지음
김민영, 한성지 옮김

리더십을 위한 코칭
Coaching for Leadership

마샬 골드 스미스, 로렌스 라이언스 등 지음
고태현 옮김

코칭 A to Z

누구나 할 수 있는 코칭 대화 모델
: GROW_candy 모델 이해와 활용

김상복 지음

세상의 모든 질문
: 아하에서 이크까지, 질문적 사고와 질문 공장

김현주 지음

첫 고객.첫 세션 어떻게 할 것인가
(1) 윤리적 가이드라인과 전문가 기준에 의한 고객 만남
(2) 코칭계약과 코칭 동의 수립하기

김상복 지음

코칭방법론
- 조직 운영과 성과 리더십 향상을 돕는 효과성 코칭의 틀

이석재 지음

집필자 모집

- 멘토링 기반 코칭 방안과 사례 연구
- 컨설팅 기반 코칭 방안과 사례 연구
- 조직개발 코칭 방안과 사례 연구(1:1 또는 그룹코칭)
- 사내 코치 활동 방안과 사례 연구
- 주제별·대상별 시네마 코칭 방안과 사례 연구
- 시네마 코칭 이론과 실천 방안 연구
- 아들러 심리학 기반 코칭 방안과 사례 연구
- 코칭 기획과 사례 개념화(중심 이론별 연구)
- 코칭에서 은유와 은유 질문
- '갈굼과 태움', 피해·가해자 코칭
- 미루기 코칭 이해와 활용
- 코치의 젠더 감수성과 코칭 관계 관리
- 정서 다루기와 감정 관리 코칭 및 사례연구
- 코칭 장場 field·공간과 침묵
- 라이프 코칭 핵심 과제와 사례 연구(청년 및 중년)
- 커리어 코칭 핵심 과제와 사례 연구(청년 및 중년)
- 노년기 대상 라이프 코칭 방안과 사례 연구
- 비혼·혼삶 라이프 코칭 방안과 사례 연구
- 코칭 스킬 총정리와 적용 사례
- 부모 리더십 코칭과 사례 연구(양육자 연령별)
- 코칭 이론 기반 코칭 방안과 사례
- 커플 코칭 방안과 사례
- 의식확장과 영성코칭
- 군 리더십 코칭
- 코칭 ROI 연구

■ 동일 주제라도 코칭 대상과 방식, 코칭 이론별 집필이 가능합니다.
■ 최소 기준 A4 기준 80페이지 이상. 코칭 이론과 임상 경험 집필 권장합니다.
■ 편집위원회와 관련 전문가 심사로 선정됩니다.
■ 선정 원고는 인세를 지급하며, 무료로 출판합니다.

Psychoeducation &
Empathic Listening

 호모스피릿쿠스 3

조력전문가를 위한 **공감적 경청**

초판 1쇄 발행   2021년 3월 22일

펴낸이	|	김상복
지은이	|	고미야 노보루
옮긴이	|	이주윤
편 집	|	정익구
디자인	|	이상진
제작처	|	비전팩토리
펴낸곳	|	한국코칭수퍼비전아카데미
출판등록	|	2017년 3월 28일 제2018-000274호
주 소	|	서울시 마포구 포은로 8길 8. 1005호

문의전화 (영업/도서 주문) 카운트북
　　　　전화 | 070-7670-9080   팩스 | 070-4105-9080
　　　　메일 | countbook@naver.com
　　　　편집 | 010-3753-0135
　　　　편집문의 | hellojisan@gmail.com 010-3753-0135
www.coachingbook.co.kr
www.facebook.com/coachingbookshop

ISBN 979-11-89736-23-1
책값은 뒤표지에 있습니다.